16	3	2	13
5	10	11	8
9	6	7	12
4	15	14	1

Pierre Clastres

CRÔNICA DOS ÍNDIOS GUAYAKI

O que sabem os Aché,
caçadores nômades do Paraguai

Tradução
Tânia Stolze Lima e Janice Caiafa

editora■34

EDITORA 34

Editora 34 Ltda.
Rua Hungria, 592 Jardim Europa CEP 01455-000
São Paulo - SP Brasil Tel/Fax (11) 3811-6777 www.editora34.com.br

Copyright © Editora 34 Ltda. (edição brasileira), 1995
© Plon, un département de Place des Éditeurs, 1972

A FOTOCÓPIA DE QUALQUER FOLHA DESTE LIVRO É ILEGAL E CONFIGURA UMA APROPRIAÇÃO INDEVIDA DOS DIREITOS INTELECTUAIS E PATRIMONIAIS DO AUTOR.

Edição conforme o Acordo Ortográfico da Língua Portuguesa.

Fotografias:
Pierre Clastres

Capa, projeto gráfico e editoração eletrônica:
Bracher & Malta Produção Gráfica

Revisão técnica:
Tânia Stolze Lima, Bento Prado Jr.

Revisão:
Leny Cordeiro, Alberto Martins

1ª Edição - 1995, 2ª Edição - 2020

CIP - Brasil. Catalogação-na-Fonte
(Sindicato Nacional dos Editores de Livros, RJ, Brasil)

C551c
Clastres, Pierre, 1934-1977
Crônica dos índios Guayaki: o que sabem os Aché, caçadores nômades do Paraguai / Pierre Clastres; tradução de Tânia Stolze Lima e Janice Caiafa. — São Paulo: Editora 34, 2020 (2ª Edição).
304 p.

ISBN 978-65-5525-032-9

Tradução de: Chronique des indiens Guayaki

1. Antropologia. 2. Etnologia. 3. Índios Guayaki - Cultura. I. Lima, Tânia Stolze. II. Caiafa, Janice. III. Título. IV. Série.

CDD - 306

CRÔNICA DOS ÍNDIOS GUAYAKI
O que sabem os Aché,
caçadores nômades do Paraguai

1. Nascimento 9
2. De dois tratados de paz 43
3. Ao revés 69
4. Gente grande 107
5. As mulheres, o mel e a guerra 143
6. Matar 177
7. Vida e morte de um pederasta 207
8. Os canibais 235
9. O fim 265

Fotografias 269
Nota sobre a grafia dos termos guayaki 300
Índice das ilustrações 301
Sobre o autor 303

Nota das tradutoras

Crônica dos índios Guayaki se desdobra num lugar da etnologia — a que Pierre Clastres já fez alusão — em que há um esforço de pensamento e escritura para produzir não um discurso mas um diálogo com as sociedades primitivas. Diálogo portanto com linguagens estranhas, que inclui o silêncio para poder enunciar essa alteridade. Nem por isso a linguagem de Clastres é obscura — é antes dotada de uma clareza própria. Justo essa clareza, que é seu estilo de pensar e escrever, tentamos acompanhar nesta tradução.

para Hélène

# 1.
NASCIMENTO

"*Beeru! Ejo! Kromi waave!*", sussurra uma voz a princípio longínqua e confusa, depois dolorosamente próxima, palavras estranhas e contudo compreendidas. Que esforço para subtrair-se em plena noite à felicidade do repouso no calor do fogo vizinho! "*Beeru! Ejo! Pichugi memby waave! Nde rõ mechã vwa!* Homem branco! Venha! O bebê de Pichugi nasceu! Foi você que pediu para ver!" Tudo se aclara bruscamente, eu sei do que se trata. Furor e desalento. De que adianta recomendar-lhes vários dias antes para me chamar logo na aparição dos primeiros sinais, se eles me deixam dormir enquanto se produz o acontecimento! Pois é uma ocorrência atualmente rara na tribo a vinda ao mundo de uma criança, e eu desejava tanto ver Pichugi parir.

Foi seu irmão Karekyrumbygi, Grande Quati, quem se inclinou sobre mim. As chamas se agitam sobre sua grande face imóvel e nenhuma emoção anima seus traços grosseiros. Ele não porta o tembetá e pelo furo que divide seu lábio inferior escorre um delgado filete de saliva brilhante. Vendo que eu já não durmo, ele se ergue sem uma palavra e desaparece rapidamente na escuridão. Eu me precipito sobre seus passos, esperando que o bebê não tenha nascido há muito tempo e que eu encontre ainda o que satisfazer minha curiosidade etnográfica: talvez de fato eu não tivesse mais ocasião de assistir a um parto entre os Guayaki. Quem sabe que gestos efetuados nesta circunstância, que palavras raras de boas-vindas ao recém-chegado, que ritos de acolhida a um pequeno índio arriscam escapar-me para sempre. Aqui nada poderia substituir a observação direta: nem questionário — por mais preciso que seja —, nem narrativa de informante — qualquer que seja sua fidelidade. Pois é frequentemente sob a inocência de um gesto semiesboçado, de uma palavra subitamente dita, que se dissimula a singularidade fugitiva do sentido, que se abriga a luz onde todo o resto se aviva. Eis por que eu esperava com tanta impaciência quanto os próprios índios o parto de Pichugi, decidido a não deixar escapar o menor detalhe daquilo que, irredutível ao puro desenrolar biológico, assume imediatamente uma dimensão social.

Todo nascimento é vivido dramaticamente pelo grupo como um todo, ele não é a simples adição de um indivíduo suplementar a tal ou qual família, mas uma causa de desequilíbrio entre o mundo dos homens e o universo das potências invisíveis, a subversão de uma ordem que o ritual deve aplicar-se em restabelecer.

Um pouco afastado da choça onde vivem Pichugi e sua família, queima um fogo cujo calor e claridade mal temperam o frio desta noite de junho. É inverno. A muralha das grandes árvores protege do vento sul o pequeno acampamento; lá tudo é silêncio, e sobre o farfalhar surdo e contínuo das folhagens agitadas se destaca a crepitação seca dos fogos familiares. Alguns índios estão lá, agachados em torno da mulher. Pichugi está sentada sobre um leito de palmas e samambaias, coxas abertas. Com as duas mãos, ela se agarra a uma estaca solidamente fixada na terra diante dela, que lhe permite, pelo esforço de tração que exerce contra a estaca, acompanhar os movimentos musculares da bacia, e assim facilitar a "queda" da criança (pois *waa*, nascer, significa igualmente cair). Confortado, eu me dou conta de que fui injusto com Karekyrumbygi. De fato, ele me preveniu a tempo, pois, de um pacote surgido bruscamente e sobre o qual um olhar secretamente lançado me permite perceber rastros sanguinolentos, jorra um gemido colérico: a criança "caiu". A mãe, um pouco ofegante, não emitiu o menor gemido. Estoicismo ou menor sensibilidade à dor? Não sei, mas um e outro podem ser verdadeiros. Em todo caso, as índias têm a reputação de parir muito facilmente e eu tenho a prova diante dos olhos: o *kromi* está lá, uivando, e tudo se passou em alguns minutos. É um macho. Os quatro ou cinco Aché que cercam Pichugi não dizem palavra, nada se deixa decifrar sobre os rostos atentos onde nem mesmo um sorriso se desenha. Menos avisado, eu não veria talvez nisso senão brutal insensibilidade de selvagens diante do que, em nossas sociedades, suscita emoções e alegrias tão logo exprimidas. *Quando a criança chega, o círculo da família*... Ora, a atitude dos índios não é menos ritual que a nossa: longe de denotar uma indiferença que os escandalizaria se a descobrissem em outros, seu silêncio é ao contrário desejado, intencional e a *discrição* de que dão prova na circunstância traduz somente o cuidado que eles têm com o recém-nascido: encarregam-se em definitivo desse frágil membro do grupo, são responsáveis por sua boa saúde. É preciso, desde agora, guardá-lo ao abrigo daqueles-que-não-se-veem, os habitantes noturnos da floresta, já na espreita da jovem presa, e que não esperam senão o sinal de um ruído, de uma palavra, para descobrir e matar a criança. Se eles percebessem que nasceu esta noite o bebê de Pichugi, seria seu fim, ele morreria sufocado por *Krei*, o fantasma mortal: assim não se deve jamais, quando uma mulher pare, *nem rir nem falar*, e vela-se por manter em disjunção nascimento de criança e ruído humano. Eu sei então que os Guayaki estão felizes, ainda mais que sua preferência pelos meninos acha-se satisfeita. Não certamente que poupem sua afeição às meninas: estas são estimadas com tanta ternura como seus irmãos. Mas o gênero de vida desta tribo é tal, que a chegada de um futuro caçador é acolhida com mais satisfação que a de uma menina.

Entre aqueles que traçam em torno de Pichugi uma espécie de círculo protetor, duas pessoas sobretudo vão desempenhar um papel decisivo. O *kromi chãpirã* (a jovem criança com os olhos injetados de sangue) acaba de lançar seu primeiro grito, e jaz ainda sobre a terra. Ajoelha-se um homem que traz a mão uma longa casca de bambu; é essa a faca dos Guayaki, muito mais cortante e perigosa do que se poderia crer. Em alguns movimentos precisos e rápidos, o oficiante corta o cordão umbilical e o amarra: a separação da mãe se operou. Próximo, sobre o solo, encontra-se um grande *daity*; trata-se de um recipiente de forma ovoide, trançado de finas lâminas de bambu e recoberto exteriormente de uma camada de cera de abelha selvagem, que o impermeabiliza. Ele está cheio de água fria. O homem recolhe um pouco d'água na concha da mão e começa a banhar a criança: derramando água sobre todas as partes do pequeno corpo, ele o desembaraça com gestos a um tempo doces e firmes das serosidades que o sujam, e breve a toalete termina. Uma jovem mulher se abaixa então, e, agachada, toma a criança, segura-a na concha de seu braço esquerdo e aperta-a contra o seio: trata-se agora de aquecê-la, depois do banho frio na noite gelada. Também com a mão direita ela a submete ao *piy*, à massagem que percorre sucessivamente os membros e o tronco, e os dedos ágeis modelam de leve a carne do bebê. Essa mulher é chamada pelo nome de *tapave* (aquela que tomou em seus braços), mas mais frequentemente pelo de *upiaregi*, aquela que levantou. Por que retêm os índios, para nomeá-la, seu gesto aparentemente anódino de levantar a criança do chão, mais do que a ação de tomá-la nos braços ou de aquecê-la massageando-a? Não é puro acaso e uma lógica sutil preside a essa escolha linguística. Notemos primeiramente que o verbo *upi*, levantar, se opõe àquele que exprime o nascimento: *waa*, cair. Nascer é cair, e para anular essa "queda" é preciso suspender, *upi*, a criança. A função da *upiaregi* não se reduz a oferecer-lhe calor e reconforto, consiste sobretudo, no pensamento indígena, em completar e fechar o processo do nascimento que se inaugura por uma queda. Pode-se mesmo dizer, nascer no sentido de cair é nem-ser (ainda), e o ato de suspendê-la assegura à criança o acesso, a ascensão à existência humana.

Encontra-se aqui, sem dúvida, a ilustração, nesse ritual de nascimento, do mito de origem dos Guayaki, que em suma não é outro senão o mito de nascimento dos *Ache jamo pyve*, os primeiros ancestrais dos Guayaki. Que história o mito nos conta? "Os primeiros ancestrais dos Guayaki viviam na terra grossa e terrível, eles se foram todos... Para sair, para ir embora, os primeiros ancestrais dos Guayaki encravaram suas unhas, como tatus..." Para se transformar em humanos, em habitantes da terra, os Aché originais deviam deixar sua morada subterrânea e, para consegui-lo, eles se *elevavam* ao longo da parede vertical, que escalavam cravando lá suas unhas, semelhantes ao tatu que cava profundamente sua toca sob o solo. A passagem, claramente indicada no mito, da animalidade à humanidade se opera então pelo abandono do *habitat* pré-humano, da toca, e pela ascensão do obstáculo que separa o mundo animal inferior (o baixo) do mundo humano da superfície (o alto): o ato de "nascimento" dos primeiros Guayaki foi uma *subida* que os separou da terra. Da mesma maneira, o nasci-

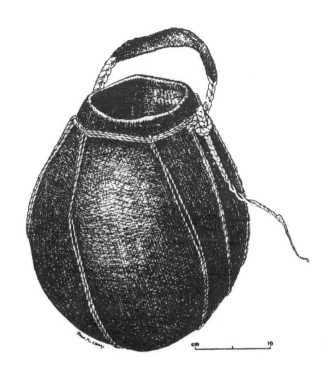

FIG. 1: *daity*. Recipiente para transportar líquidos.

mento de uma criança se efetua no ato em que o indivíduo toma verdadeiramente sua origem, não absolutamente no *waa*, queda que restabelece a velha conjunção do homem e da terra, mas no *upi* que rompe o laço. A mulher ergue a criança, arrancando-a assim à terra onde ela foi posta a jazer: metáfora silenciosa desse outro laço que o homem cortou, há alguns instantes, com sua faca de bambu. A mulher libera a criança da terra, o homem a libera da mãe. Texto e imagem, o mito de origem e o ritual de nascimento se traduzem e se ilustram um ao outro, e os Guayaki, para cada recém-nascido, repetem sem saber o discurso inaugural de sua própria história, nesse gesto que é preciso ler como se escuta uma palavra.

Que a articulação do relato mítico organize as diversas fases do ritual (ou que, inversamente, o desenvolvimento do rito forneça ao relato sua sintaxe), é o que nos indica ainda mais claramente a correspondência entre um momento do rito e uma sequência do mito. Uma vez cortado e atado o cordão umbilical, banha-se a criança; seu primeiro nascimento para a existência humana consiste assim em um contato com a água cuja presença aqui, decerto tecnicamente necessária, participa provavelmente também da ordem ritual. É sugestivo, para decifrar o sentido do banho como ato ritual e não somente higiênico, considerá-lo como a operação que precede e prepara a seguinte, isto é, o *upi*: ter-se-ia assim uma conjunção da criança e da água, preliminar à disjunção da criança e da terra. Ora, o mito, se bem que de maneira bastante obscura, nomeia a água indicando que, para deixar a terra, os Aché mitológicos devem ter passado pelo elemento líquido: "... O caminho dos primeiros ancestrais dos Guayaki foi uma água bonita para sair e ir embora sobre a terra grossa...". Além disso, o mito parece justificar a referência à água pelo estado no qual se encontravam os homens, no fundo de seu buraco: "... Os primeiros ancestrais dos Guayaki tinham as axilas muito fedorentas, a pele amarga, a pele muito vermelha...". Vale dizer que sujos como um recém-nascido, eles tinham como este necessidade de um banho. E o jogo de espelho entre mito e rito ainda mais se aclara e se confirma ao se acrescentar que, para os Guayaki, um acampamento onde uma mulher acabou de parir é declarado *ine*, fedorento. A ordem secreta das coisas se desvela assim pouco a pouco, uma mesma lógica subtende a história e a cerimônia, o mesmo pensamento impõe a lei de suas formas inconscientes à sucessão das palavras e dos gestos, e a velha floresta abriga uma vez mais a celebração fiel de seu encontro.

    Os índios, sempre silenciosos; toda palavra seria inútil, pois cada um sabe o que tem que fazer. A mulher continua a segurar a criança, aquecida agora. Então intervém de novo o *jware*, o homem que há pouco procedeu ao banho. Ele empreende uma massagem bastante forte na cabeça do pequeno. A palma bem aberta de sua mão direita pressiona com força o crânio, como uma matéria mole que se tratasse de modelar. É precisamente isso que o *jware* busca obter: ele pensa impor assim à cabeça a forma arredondada que os índios julgam a mais bela, mas, como se pode mesmo duvidar, essa massagem é sem efeito. O *jware* realiza essa "deformação", mas outros podem prossegui-la — testemunho de afeição pelo bebê e vontade de participação direta no ritual; a própria mãe, durante os três ou quatro dias seguintes, submeterá ao mesmo tratamento a cabeça da criança. O homem para e cede seu lugar a um outro índio. O vento atormenta as chamas, abrindo por vezes na escuridão uma fatia de luz. Indiferentes ao frio, os Guayaki prestam atenção somente ao *kromi*: eles estão comprometidos em acolhê-lo e a menor falha na seriedade de sua tarefa poderia ser-lhe fatal. Eis por que os olhares, os movimentos da mãos e dos corpos nus desdobram em torno do novo Aché o espaço de devotamento, de devoção mesmo, que marca, entre os índios, a relação dos adultos com as crianças.

O parto se passa muito bem, pois o delivramento não tardou a seguir a chegada do bebê ao mundo. Um homem, reunindo em pilha as samambaias sobre as quais deslizou a placenta, apanha tudo e vai enterrar a alguma distância do acampamento: questão de higiene certamente, mas mais ainda prudência elementar que pede afastar as ameaças que encerra essa matéria provinda das entranhas da mulher. Bem entendido, o fato de enterrar a placenta não basta para neutralizá-la, e é preciso mais para exorcizar os demônios que ela atraiu. Isto será o objeto da segunda fase do ritual, que ocupará uma boa parte da jornada de amanhã: será preciso velar pela segurança dos adultos após ter assegurado a do recém-nascido. Por esta noite, tudo parece terminado. A *upiaregi* passa o pequeno a sua mãe; esta o instala na larga tipoia que colocou a tiracolo. Eis, de agora em diante, a morada da criança, dia e noite; ela só a deixará para começar a andar. Viverá na espera, em completa simbiose com a mãe, atenta em antecipar seu apelo oferecendo-lhe o seio desde a primeira careta, desde o primeiro grunhido. Também é raro ouvir uma criança chorar entre os Guayaki; não dá, por assim dizer, tempo, pois na boca aberta para soltar um grito vem instantaneamente se meter o seio nutriente, acabando logo com toda manifestação de mau humor. Sistema duplamente eficaz que autoriza o repouso dos adultos ao manter a criança numa espécie de repleção permanente. Pichugi contempla seu bebê, e a ternura infinita de seu sorriso abole por um instante as privações da tribo. Ela se levanta e alcança sua choça com

Nascimento 15

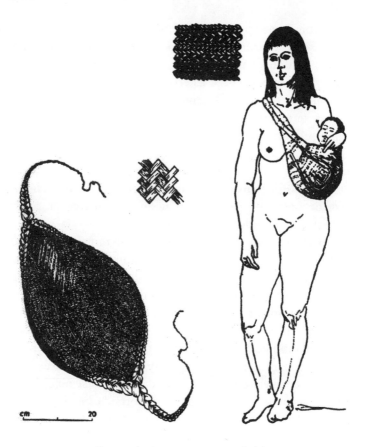

Fig. 2: tipoia para carregar o bebê.

a criança, sem ajuda; não parece muito abalada. Seus dois maridos, Chachugi e o velho Tokangi, não estão lá; mas ela não ficará sozinha, pois um índio e sua família vão passar a noite em sua companhia. Ainda sem qualquer barulho, os índios se separam, cada um alcança seu *tapy*. "*O pa*", murmura Karekyrumbygi, "acabou." Alguns minutos mais, e tudo dorme no acampamento. O vento e a floresta prosseguem seu diálogo milenar, os fogos crepitam na noite e a tribo conta com um membro a mais.

Nada de tropical nessa aurora cinza. O sol aflora a custo no horizonte de um céu baixo e o corpo ainda petrificado do frio noturno espera com angústia o calor do dia. O acampamento se compõe de uma dezena de choças, ou antes de abrigos rudimentares, irregularmente dispostos em círculo em torno de um espaço desbastado. De toda parte, a sombra, a espessa muralha vegetal que prolonga em teto sobre nossas cabeças o emaranhado de lianas, de ramos de plantas parasitárias. Mais longe um pouco, uma pequena clareira rompe a continuidade da floresta. A erva que a recobre é, nessa estação, mais amarelada que verde; mas esta manhã ela está branca de uma geada que não desaparecerá senão com o sol do zênite. Algumas crianças nuas já correm. "Vocês estão com frio?" — "*Duy pute*, muito frio", respondem tiritantes e sorridentes; mas não se queixam: como seus pais, elas suportam. Os índios estão acordados há muito tempo. De ordinário, os homens não esperam nem mesmo o despontar do dia para ir à caça; mas hoje eles se sentem *kyrymba iã*, sem coragem; entorpecidos pelo frio, os músculos seriam inábeis para esticar o arco e os caçadores preferem dormitar ainda um momento ao pé do fogo. Além disso, alguns dentre eles deverão estar presentes quando se efetuar o *kymata tyrõ*, agora necessário pelo parto de Pichugi. Esta, sentada sobre os calcanhares, aleita o bebê: "Ele come bem", diz ela, "será um *bretete*, um grande caçador!". Kajapukugi — grande gato selvagem — apronta-se para partir sem arco e flechas, munido somente de sua faca metálica: "Aonde você vai? — *Kaari kymata eruvwã*, na floresta para trazer *kymata*". Esse termo designa uma espécie de liana, a qual não é outra senão o timbó, cujas propriedades ictiotóxicas são conhecidas e utilizadas por um grande número de tribos da América do Sul, em uma técnica particular de pesca, dita por envenenamento. Esta liana contém uma substância que, espalhada na água, tem como efeito asfixiar literalmente todos os peixes. Mas, quanto aos Guayaki, eles ignoram tal uso do timbó, de que não se servem senão para fins rituais. Kajapukugi partiu então para buscá-lo.

Eu me informo sobre os maridos de Pichugi: o principal, Chachugi (o *chachu* é o grande porco selvagem), e o secundário, Tokangi (do pássaro tucano). Nenhum dos dois passou a noite no abrigo comum. Chachugi dormiu com seu irmão. É ele o *apãete*, o pai verdadeiro do recém-nascido: não no sentido de uma paternidade biológica, mas segundo a instituição do casamento poligâmico. Os esposos da mulher no momento do nascimento são os pais da criança, mas desigualmente se pode dizer, de modo que o *japetyva*, ou marido secundário, goza apenas de um estatuto e de privilégios nitidamente inferiores àqueles do *imete*, ou marido principal. É por isso que Tokangi — mesmo se, apesar da sua idade, ele tenha podido obter por vezes os favores de Pichugi — não será para a criança senão um *apã vai*, uma espécie de meio-pai. Certamente, eles demonstrarão afeição e respeito, mas o filho de Pichugi saberá contudo que, de seus dois pais, é Chachugi o Pai. Sob o abrigo, junto-me a Chachugi. Ele retesa seu arco enorme, de quase 2,50 metros; depois, com o dedo, experimenta a ponta em madeira dura das longas flechas que talha, se estão rombudas, com a ajuda da concha perfurada de um grande caracol muito comum na floresta. "Nde bareka o, Você vai caçar? — *Go*, sim." Ele não é muito loquaz. "Por que você não dormiu no seu *tapy*? — *Pane vwã*, por causa do *pane*", responde laconicamente, sem desviar os olhos do trabalho.

A ideia de *pane* ocupa no pensamento dos Guayaki um lugar central. Muito frequentemente já os índios evocaram-na a propósito de circunstâncias ora graves, ora fúteis de sua existência cotidiana, e mil ocasiões ainda me ensinarão a não subestimar o que eles vivem quase com intimidade e que, de um certo ponto de vista, comanda e ordena em grande parte suas ações e suas representações. Também não devo absolutamente surpreender-me da pouca prolixidade da resposta de Chachugi, tanto para ele é evidente a regra de conduta que lhe impõe sua atual situação de marido de uma mulher que acabou de parir. O que é *pane*? Sob sua aparência anódina, essa pequena palavra perigosa designa de fato a pior das coisas que pode acontecer a um índio: a má sorte na caça. E pode-se medir, para um caçador, o alcance do fracasso eventual quando a vida econômica da tribo depende inteiramente da caça e da coleta, mas sobretudo da caça. Voltar de mãos vazias da floresta significa que não se tem nada a distribuir e então, a curto prazo, que não se terá nada a receber, pois o equilíbrio da produção alimentar é demasiado frágil para suportar por muito tempo o peso morto de um indivíduo *pane*. Os homens não podem então fazer outra coisa que matar animais para nutrir a tribo. Quer dizer que, para um Guayaki, não há alternativa possível para a missão que lhe confia o grupo: o homem é por definição, por princípio e vocação, um caçador. Suporte da comunidade e ponto de honra pessoal de cada homem, a caça porta em sua própria negação o limite mesmo da sociedade. Também a preocupação maior e constante de um caçador, sua obsessão poder-se-ia dizer, é evitar cuidadosamente todas as circunstâncias suscetíveis de torná-lo *pane*. Chachugi se encontra justamente nesse caso, pois o parto de uma mulher implica diretamente o marido. Antes de tudo, ele não pode assisti-lo: eis por que Chachugi deixou sua choça. Se simplesmente visse a esposa parindo, a sanção desse "contato" ocular logo se abateria sobre ele; ele se tornaria *pane*. Mas tomou precauções pois, de medo que mesmo acidentalmente seu olhar caia sobre Pichugi, volta resolutamente as costas para o lugar onde ela se encontra; enquanto não se completa a celebração do ritual, ele não irá ter com ela. É aliás por isso talvez, pela situação perigosa na qual se encontra, que ele não se interessa muito em falar dessas coisas. Quanto a mim, não quero insistir demais. Os índios não são com efeito máquinas de informar, e seria um grande engano crê-los em cada instante prontos a fornecer resposta a toda questão. Eles respondem se têm vontade, se estão de bom humor, se têm tempo. Ordinariamente, a maior parte deles prefere antes dormir a conversar com o etnólogo e, em todo caso, as melhores informações são frequentemente aquelas que os índios comunicam espontaneamente. De qualquer modo, Chachugi controlou todas as suas flechas, está prestes a partir e parece mesmo muito apressado.

Constato que, de todos os caçadores presentes, ele é hoje o único a partir para a floresta. Esse não é contudo um dia favorável; faz frio, e os animais permanecem encolhidos em suas tocas, no oco das árvores, no mais profundo das folhagens. Ora, não foi em vão que Chachugi preparou a arma, sua conduta não é de modo algum desarrazoada, e se alguém nesse dia tem chances de encontrar e de flechar alguma caça é ele. Provavelmente ele responderia mesmo, se eu o interrogasse, que está certo de retornar com presas. Não que se considere melhor caçador que os outros: tal sentimento está ausente da psicologia guayaki. Certamente, ouvir-se-á cada índio afirmar com força: "*Cho rõ bretete*, eu sou um grande caçador", mas jamais ele dirá: "Eu sou o melhor de todos", e menos ainda "Eu sou melhor que tal ou qual". Se todo caçador guayaki se estima excelente, nenhum em troca sonhará em se comparar aos outros, e cada um admite de bom grado que a perfeição possa ser uma qualidade igualmente partilhada por todos. A certeza de Chachugi não provém então de uma presunção, que lhe é estrangeira, mas de um saber: "*Ure kwaty*, nós mesmos bem sabemos". Tal é o comentário que acrescentam sempre os índios quando eu não compreendo suas explicações, ou bem quando a coisa lhes parece muito evidente: "Nós sabemos, é assim...". Quando dão assim um giro dogmático em seu discurso, pode-se estar seguro de que nos encontramos na pista de uma informação particularmente interessante e que se trata de prestar atenção. De onde provém o saber de Chachugi? De que o mundo ao redor não é, para os índios, um puro espaço neutro, mas o prolongamento vivo do universo humano: o que se produz neste afeta sempre aquele. Quando uma mulher pare, a situação do grupo se encontra profundamente transformada, mas a desordem atinge igualmente a natureza, a própria vida na floresta recebe um impulso novo.

Desde a noite passada, desde que nasceu a criança, Chachugi está *bayja*: ele é "aquele que atrai os seres", ele é o centro para o qual convergem os habitantes da floresta. No vestígio de seu caminhar silencioso através da selva, emana dele o que nossas palavras são quase inaptas para dizer: uma potência que o cerca mas que escapa a seu domínio, uma potência que, a cada um de seus passos, difunde ao longe os signos de sua presença. Quando um homem está *bayja*, os animais vêm em grande número: tal é o saber de Chachugi e o segredo de sua certeza. Se há, para um caçador, uma circunstância que lhe permita desdobrar à vontade seu talento, é bem essa em que se encontra atualmente Chachugi: ele vai à caça porque está certo de encontrar animais, ele está *bayja* porque sua esposa acaba de parir (o *bayja* não toca senão os homens e não provém senão das mulheres). Compreende-se desde

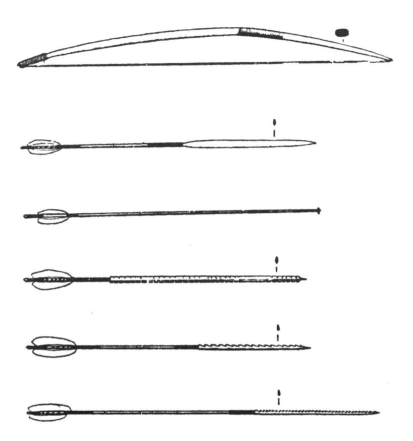

FIG. 3: tipos de flecha dos caçadores guayaki.

logo o cuidado que teve em se manter afastado toda a noite e não lançar o menor olhar sobre sua mulher: seria preciso ser louco para arriscar-se assim ao *pane* em um dia como esse, quando suas chances de trazer caça estão provisoriamente multiplicadas.

Mas isso não é tudo. Chachugi com efeito não vai à caça somente para aproveitar uma ocasião excepcional, para acrescer facilmente uma "produção" alimentar. Não é, nesse caso, a perspectiva de satisfazer facilmente a necessidade de nutrição que o encoraja a enfrentar o frio: possuísse ele em sua choça abundantes reservas de carne, partiria da mesma maneira. Simplesmente, ele não

Nascimento

pode não empreender essa incursão à floresta pois, tomado até o mais profundo de seu ser da situação criada pelo parto de Pichugi, ele não é livre para escolher. É obrigado a ir à caça menos para obter carne do que *para salvar a sua própria vida*: uma ameaça terrível pesa sobre ele, o estar *bayja* faz-lhe correr um risco mortal e, para escapar a isso, é absolutamente preciso que mate animais. Em que consiste essa ameaça? A potência atrativa que possui agora Chachugi — e que os Guayaki parecem considerar um tipo de duplo invisível do homem — impele para ele esses que precisamente ele deve atingir com sua flecha, os bichos selvagens. Aparentemente, tudo tende então para o melhor e o caçador cumprirá sua missão com tanto mais facilidade quanto os animais acorram para ele: os termos do problema e os meios da solução são dados simultaneamente. De fato, o homem se beneficia graças à presença mascarada do duplo que o acompanha, da "cumplicidade" da caça: esta se precipita quase que diante dos tiros. As coisas na realidade não são tão simples e o estranho apelo a que respondem os animais não facilita senão em parte a tarefa, pois todos lhe fazem eco, sem discriminação. Do ponto de vista dos Guayaki, eles se repartem em duas classes principais: de um lado aqueles que os índios matam habitualmente (macacos, tatus, porcos selvagens, veadinhos etc.), de outro lado os jaguares. Estes são os primeiros a descobrir a presença no mato de um homem em estado de *bayja* e, dizem os índios, "*Ache bayja bu baipu tarã ikõ*, quando um Guayaki está *bayja*, os jaguares chegam em grande número". Mil olhares seguem assim a marcha rápida de Chachugi, a floresta inteira está silenciosamente agitada de uma vida furtiva e o caçador bem sabe que, mesmo se não os percebe e não os ouve, os jaguares estão perto, espiando nas brenhas obscuras ou amontoados sobre os rasos ramos das árvores. Eles espreitam o homem, esperam o momento propício para assaltá-lo e estraçalhá-lo, atraídos que estão pelo *ete-ri-va*, esse poder estranho que hoje acompanha Chachugi. Neles reside a ameaça que pesa sobre ele e que ele somente afastará matando um ou vários animais: ou, em outros termos, se o homem não se realiza como caçador arrancando à floresta uma parte da caça de que está rica nesse dia, será ele mesmo a se tornar caça para esse outro caçador que é o jaguar.

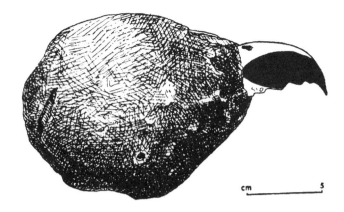

Fig. 4: bola de cera *ganchi* utilizada como cola. Ela é comprimida em torno de um bico de tucano.

Não se trata então de uma caça ordinária. Habitualmente, o jaguar é para Chachugi sobretudo um concorrente, pois os dois se empregam a matar os mesmos animais. Mas, por ora, o homem é a um só tempo caçador e caça, pois o animal que o jaguar vai tentar fazer em pedaços hoje é o homem. A fim de reconquistar e manter sua humanidade ameaçada, a fim de não regredir à animalidade sob a forma de presa de jaguar, ele deve afirmar-se como caçador, como matador de animais. Para permanecer homem, é preciso ser caçador, e a alternativa de Chachugi é perecer como um animal ou matar como um caçador. Tais são os efeitos de *bayja*: ele fornece ao homem que afeta os meios de reafirmar sua humanidade conferindo-lhe o poder de atrair os animais, mas num só golpe isso lhe multiplica os riscos representados pelos numerosos jaguares que não falham em acorrer. Estar *bayja* é então existir na ambiguidade, é ser ao mesmo tempo caçador e presa, é em suma encontrar-se entre natureza e cultura. Eis talvez, subjacente à explicação consciente que dão os Guayaki, a significação subterrânea do *bayja*: o perigo que ameaça Chachugi não é senão a metáfora vivida desse vacilo em seu estatuto ontológico, o preço da vida é este risco de morte em que está engajado.

Compreende-se melhor, desde logo, o cuidado que tomava Chachugi de não deixar seu olhar errar sobre os lugares onde se encontrava sua mulher. Pois, assim como a expedição de caça empreendida hoje comporta uma dimensão cósmica, sagrada mesmo, atravessada como está de parte a parte pelo ritual, também a má sorte que afetaria o homem se ele sucumbisse à curiosidade conduziria a consequências bem mais terríveis que o *pane* "técnico" habitual, se se pode dizer. Encontrar-se-ia irreversivelmente desarmado nesse face a face com os jaguares, nesta circunstância em que, precisamente, ele tem a maior necessidade de ter sorte. Desta vez, estar *pane* não se limitaria a voltar de mãos vazias ao acampamento; significaria para o homem sua própria condenação a tombar sob as presas e as garras das feras. E se, em algumas horas, nós não o vemos voltar, saberemos que oração fúnebre pronunciar: "*Baipu rõ upa*, o jaguar o devorou, completamente". Dos pensamentos de Chachugi eu não posso certamente nada saber (seria preciso ser ingênuo para imaginar que se pode penetrar assim no universo interior de um selvagem). Mas eu sei que, atento a não sucumbir aos apelos enganosos da floresta e valente como de hábito, ele avança num passo certeiro em um mundo perigosamente *vivo*. Ele caminha em realidade à frente de si mesmo, está em busca de seu próprio eu, de sua própria substância. Não que esteja já perdido de si mesmo, mas este é, acabamos de ver, o risco que ele corre. O importante é menos não morrer (os índios ignoram tal temor) do que constrangê-lo a *reconhecer* a terra em que ele pisa, os animais que aí vivem, os homens que a habitam e as potências que a controlam. A possibilidade de uma morte real na selva traduz de modo lírico um questionamento mais profundo de seu ser, um lançamento à morte efetiva, ainda que simbólica, tanto ela o abala até o coração de seu ser. Tudo se passa como se o mundo se fechasse a Chachugi, como se quisesse lhe negar o lugar que ele aí ocupava até o momento. O homem se acha então comprometido em reimpor sua existência, em reafirmar por um gesto de caçador seu direito de estadia na terra.

Onde se origina, entretanto, essa brutal subversão que joga assim com a sorte de Chachugi, que força súbita e fatal faz o homem se engajar no caminho que ela indica, quer aniquilá-lo levando-o a afrontar a morte? (O estado real do mundo cessa aqui de ser pertinente: a certeza de Chachugi é de que os jaguares chegam em grande número, estão realmente presentes então, lá, na floresta.) Colocar tal questão implica que não se está satisfeito com o discurso consciente dos índios, e que se busca então atingir um nível de sentido mais profundo, o patamar inconsciente de seu pensamento. Muito explicitamente, a teoria dos Guayaki remete a situação de Chachugi ao fato de estar *bayja*, e este ao fato de que a esposa desse homem acaba de parir. Por consequência, quando uma mulher pare, ela põe por isso mesmo em perigo a vida de seu (ou de seus) marido(s). Mas a ameaça do *bayja* só aparece aos homens em caso de parto? Precisamente, não: está também presente quando da primeira menstruação da moça, e quando um aborto (acidental ou provocado) se produz. Aparentemente então, a força do *bayja* não é liberada senão nas circunstâncias em que a feminilidade da mulher faz irrupção a um tempo em sua vida biológica individual e na vida social do grupo. A incidência de um aborto ou da aparição das primeiras regras de uma mulher não repercute menos com efeito que um parto sobre o plano sociológico da vida tribal, e a integração desses diversos acontecimentos se opera sempre mediante a instituição: o ritual é o meio de transformar, socializando-o, um dado bruto imediato em um sistema simbólico mediatizado; ou, para dizê-lo de outro modo, é no e pelo espaço do ritual que a ordem natural se converte em ordem cultural. Será preciso por conseguinte conectar o *bayja* à mulher enquanto mulher, quer dizer, à sua dimensão impura (apreendida ao menos como tal pelos índios), cuja sujeira os homens — observei em mil ocasiões — tomam grande cuidado em evitar? As diferenças no desdobramento do ritual fornecem a resposta: se cada uma das três situações acima evocadas pede a mesma cerimônia de purificação (nesse momento mesmo preparada pelos homens que assistiram a Pichugi na noite passada), em troca é somente no caso do parto que o esposo tem, além de tudo, que ir à caça. Seguramente, uma primeira menstruação, um aborto e um parto apresentam propriedade comuns, colocam aos homens da tribo problemas idênticos (na medida em que essas três ocorrências provocam o *bayja* e os perigos de que é portador) e as obrigações rituais que daí decorrem para eles são as mesmas: tudo isso constitui um todo articulado, um sistema de que uma explicação geral pode sem dúvida dar conta. Mas o parto oferece, contudo, uma especificidade evidente que impede de confundi-lo com o resto, o grupo lhe credita um alcance mais vasto, em uma palavra, ele guarda em si uma "sobra" de significação, um excesso ao qual justamente responde essa sobra ou esse excesso de ritual que é a caça de Chachugi. O *bayja* cuja ameaça ele quer, por esse meio, afastar, não é o *bayja* ordinário, aquele que a purificação pela liana timbó basta para expulsar.

A diferença na resposta ritual remete evidentemente a uma diferença ao nível dos termos do problema que o *bayja* coloca aos homens: que há então a mais, no parto, que constrange o esposo da mulher a partir para a caça, enquanto que nas outras circunstâncias essa obrigação não existe? Há, tão simplesmente, a criança. Se a relação da mulher com o homem determina totalmente o ritual purificador que se segue à primeira menstruação e ao aborto, ela não o determina mais que parcialmente no caso de parto, pois que só aqui se estabelece um novo laço: aquele que une o homem ao recém-nascido e que, de um esposo de uma mulher, faz o pai de uma criança. É de sua presença que emana a aura mais viva de perigo que faz a angústia invadir a alma do pai, e este a entrar em combate nas brenhas obscuras. O peso simbólico da mulher, experimentado como ameaça para os homens, tende a obliterar a existência daquele em quem esquece-se de pensar porque está por demais presente: o bebê. O parto pede então um ritual mais complexo que as outras etapas da vida feminina, ele se desdobra de fato para o homem em dois momentos e, se o banho purificador o libera do *bayja* que tem sua fonte na mulher, a elucidação do sentido da caça ritual deve se operar em função da criança.

Abandonemos a mãe e perguntemo-nos por que a vinda ao mundo do bebê projeta o pai em tão dramática conjuntura. Trata-se para ele de disputar aos numerosos jaguares a presa que vai salvá-lo de seus ataques. Então, no instante mesmo em que a criança aborda um mundo que os homens querem tornar para ela acolhedor, pacífico e amigo, nesse instante esse mesmo mundo torna-se hostil ao pai, imbui-se de agressividade, busca aniquilá-lo lançando sobre seus rastros uma excepcional abundância de jaguares. Misteriosa e maliciosa, a regra dessa divisão encontra ao se formular a secura da lei: a conjunção do mundo e da criança significa no mesmo lance a disjunção do mundo e do pai. O pensamento dos índios, que o desenrolar de suas ações exprime, parece proclamar que o pai e a criança não podem habitar a terra juntos. Os jaguares, portadores de morte e mensageiros da criança, incumbidos de restaurar a ordem do mundo, vão cumprir um destino inconscientemente pensado pelos índios sob a forma do parricídio: *o nascimento de uma criança é a morte do pai*. Este, cuja existência é assim contestada, só poderá sobreviver matando uma presa; gesto vitorioso que o imporá aos jaguares, isto é, à criança mesma da qual eles encarnam a potência. Um nascimento é em si provocação de desordem social e, mais além, de desordem cósmica: o surgimento de um novo ser se opera somente pela negação de um outro, e a ordem destruída por um nascimento não pode se restabelecer senão por uma morte compensatória. Mesmo se o pai escapa ao jaguar flechando um animal, simbolicamente já está votado a uma morte cuja sentença lhe é exprimida pelo nascimento do filho. E o que finalmente a *démarche* ritual dos índios procura apontar, é a descoberta, cada vez renovada, de que os homens não são eternos, de que é preciso resignar à finitude e que não se pode ser a um só tempo um e outro. Curioso encontro entre um pensamento selvagem inconsciente de si, no fato de que apenas os gestos o dizem, e o *logos* o mais potentemente senhor de si do pensamento ocidental; unidade, afinal de contas, do espírito que, num índio ou num filósofo, encontra o obstáculo a seu esforço na impossibilidade crua de pensar a vida sem pensar a morte.

Que o mundo do jaguar, não como fera da floresta, mas como agente das potências invisíveis, seja central na preocupação dos índios, é bem o que confirmava retrospectivamente a informação recolhida algumas semanas antes. Uma mulher pariu (em minha ausência). No dia seguinte, seu marido foi à caça mas retornou à noite de mãos vazias: "*Pane*", ele comentou sobriamente. Talvez não tenha respeitado escrupulosamente a interdição de olhar. Em todo caso, o perigo se apresentava e ele não precisava esperar que a purificação pelo timbó o afastasse: "O que você vai fazer? — *Ai*

Nascimento 27

mita tatape jono baipu iã vwã. Lançar cera de abelha no fogo, para que não haja jaguar". Ora, a cremação ritual da cera não se efetua senão em uma outra circunstância: em caso de *eclipse*, quando o jaguar azul, o jaguar celeste, procura devorar a lua ou o sol. Então a fumaça que a cera queimada exala se eleva até ele e o obriga a se retirar, o astro ameaçado é salvo e o fim do mundo é adiado uma vez mais.

O sol, quase vertical agora, fez desaparecer a geada. O ar está mais tépido e os índios saíram do torpor em que os havia mergulhado o frio noturno. Um grupo de mulheres retorna da floresta; curvadas sob o peso de sua grande cesta de palmas trançadas, elas esticam a nuca no esforço de reter a carga presa à testa por uma grande tira. Trazem laranja, várias dezenas de quilos, logo distribuídas a todos os membros da tribo. Não de mão em mão, mas lançadas ao chão em direção ao destinatário: e como o terreno é inclinado, as frutas rolam e se espalham por todos os lados. Essas laranjas não são autóctones, não têm nada a ver com o *apepu*, "laranja" silvestre abundante na floresta, mas demasiado ácida para o paladar dos Guayaki. Trata-se de plantas introduzidas desde o século XVII no Paraguai pelos missionários jesuítas nas famosas reduções Guarani. Estas desapareceram há muito tempo, mas os laranjais permaneceram, se multiplicaram mesmo, graças sem dúvida aos animais e aos pássaros que transportam as sementes ao mais profundo da selva. De sorte que, por vezes, um viajante forasteiro descobre ao longo de sua rota, feliz, um manso vergel no coração da floresta, lugar de encontro e de festança, quando as frutas estão maduras, de porcos selvagens, de pássaros, de macacos... e de Guayaki.

Kajapukugi voltou também; ele não precisou aliás se distanciar muito, pois o timbó não é raro. Trouxe um grosso feixe de lianas, do qual desembaraçou cada pedaço da casca. A pequenos golpes de faca destaca aparas que se dobram em anéis e formam pouco a pouco um pilha impressionante. O homem trabalha sem parar, pois a purificação começará com o retorno de Chachugi e, como todos aqueles que estão envolvidos no parto devem se submeter ao ritual, uma quantidade considerável de timbó é necessária. A operação do *kymata tyrõ* (timbó-limpar), ou purificação pela liana, é tão frequente entre os Guayaki que parece ser para eles uma panaceia quase universal. Longe de limitar seu uso a certos momentos cruciais da vida individual ou coletiva, utiliza-se o recurso do banho ritual cada vez que se trata de proteger alguém (mais frequentemente um homem) de um perigo previsível — como é o caso agora — ou de parar um processo já deflagrado e suscetível de se agravar — por exemplo, um homem está doente por ter infringido um tabu alimentar, sua saúde e mesmo sua vida estão ameaçadas, então, a fim de eliminar o "espírito" da doença que está nele, ele é submetido ao *kymata tyrõ*. Mas preventiva ou terapêutica, a utilização do timbó se inscreve sempre num contexto ritual, e sua eficácia, puramente simbólica, provém de uma biologia "sobrenaturalista". Assim Kajapukugi prepara o timbó que permitirá exorcizar o *bayja*, desembaraçar os homens que poderiam ser suas vítimas e as mulheres que arriscariam transmiti-lo a outros homens.

O perigo implicado pelo *bayja* não se reduz aos jaguares apenas. Menos imediatamente presente que os senhores da floresta, mas tão perigoso quanto eles, reina no céu um monstro temível, por vezes visível mas mais frequentemente escondido, o *memboruchu*, a Grande Serpente, o arco-íris. As faixas coloridas que o compõem são de fato duas serpentes gigantes onde uma se encontra no interior da outra. Quando, depois de uma tempestade, o arco-íris desdobra a curva de seu corpo, os gritos furiosos dos índios acolhem sua aparição: é preciso espantá-lo, amedrontá-lo com barulho. Ele é de hábito perigoso o bastante para que seja recomendado não apontá-lo com o dedo. Mas é contra os homens sujeitos ao *bayja* que desencadeia verdadeiramente sua maldade: tenta engoli-los vivos e, enquanto eles não são purificados pelo timbó, o *memboruchu* espreita lá do alto pronto a lançar-se sobre eles, a precipitar-se nos riachos ou sobre as clareiras. A Grande Serpente é inquietante por anunciar a presença da morte, mas, além disso, quando divide o céu, os índios sabem que os jaguares querem estraçalhá-los: donde a urgência, para os homens em estado de *bayja*, de realizar o rito de purificação.

É o começo da tarde. Chachugi emerge da floresta. Ele escapou ao *pane* pois dois gordos *kraja*, macacos guariba, pendem sobre sua espádua esquerda. Nenhum comentário; ele oferece os dois animais aos outros índios. Se não conserva nenhum, é porque ele mesmo não pode jamais consumir sua própria caça, e sua mulher, por ter acabado de parir, está submetida a diversas proibições alimentares, das quais uma afeta a carne de *kraja*. Se ela violasse o tabu, teria dor de cabeça e seus olhos se injetariam de sangue. Uma mulher grávida deve, ela também, respeitar o mesmo interdito sobre a carne de guariba, mas por razões diferentes. Seu futuro bebê seria vítima do *kyrypy opo*, expressão que me é ainda obscura: literalmente significa *ânus-saltar*, e designa talvez uma anomalia congênita.

Em todo caso, ela evoca as injúrias que se lançam às crianças (cu vermelho! cu de macaco!), e se refere certamente a essa particularidade anatômica do macaco.

Enquanto isso, Kajapukugi transportou sua provisão de timbó para o lugar onde Pichugi pariu, muniu-se também de um grande recipiente (*daity*) cheio d'água. Apanhando em grandes punhados as aparas emaranhadas, ele as embebe na água e as pressiona cuidadosamente para espremer toda a seiva. O líquido logo se tinge de branco, e a operação é repetida até se obter uma mistura julgada suficientemente rica. Está tudo pronto agora, a cerimônia pode começar, os Guayaki "impuros" estão lá, todos aqueles que participaram diretamente do parto e os dois maridos de Pichugi. É por ela que se inaugura a purificação. A mulher está de pé e se apoia com as duas mãos num bastão enfiado na terra. Kajapukugi, assistido por um outro índio (são sempre os homens que purificam), pega um punhado de aparas não utilizadas, mergulha-as no banho e começa a esfregar com vigor as costas de Pichugi. Os dois homens se encarregam de uma limpeza metódica, e nenhuma parte do corpo, até suas dobras mais íntimas, nenhum recanto do rosto são poupados de seu zelo escrupuloso. A espuma que o timbó exsuda é tão eficaz quanto um sabão. À medida que é purificada, Pichugi é enxaguada com a mesma água. Os purificadores obram em silêncio, atarefados e indiferentes à minha presença.

Então, de um abrigo próximo, brota um estridente *chenga ruvara*, canto ritual das mulheres. Esse "canto" em verdade é uma lamentação: curvada para a frente, a mulher esconde o rosto na palma dos mãos e derrama por entre os dedos longos soluços; segue-se, num tom plangente e gritante ao mesmo tempo, uma melopeia apenas modulada cujas palavras, ora desmesuradamente dilatadas, ora ao contrário entrecortadas e contraídas, são completamente incompreensíveis para um não-Guayaki. Essa declamação se prolonga por um ou dois minutos, depois de novo os soluços e assim por diante. O *chenga ruvara* raramente dura mais de dez minutos. Trata-se aí do que já se conhecia sob o nome de *saudação lacrimosa*. Em numerosas tribos, saúda-se um estrangeiro que se encontra pela primeira vez, ou um membro do grupo ausente desde há muito, com esses prantos de boas-vindas. Assim se passa entre os Guayaki; mas eles pontuam igualmente dessa maneira todas as circunstâncias algo excepcionais de sua vida, por exemplo, um ritual de purificação. Por outro lado, o *chenga ruvara* não é jamais solitário. A mulher que acaba de entoá-lo é a esposa de um dos dois chefes guayaki — canta-chora só por alguns instantes; é um sinal, pois, de uma só vez, todas as mulheres presentes a imitam e de todos os lados se eleva sob as árvores a grande lamúria própria a angustiar um ouvinte não prevenido. Quando expira o último soluço, as cabeças se elevam e as mãos descobrem não máscaras torturadas, mas rostos virgens de lágrimas, tranquilos. A alguns passos de lá as crianças, indiferentes, brincam sem prestar a menor atenção às atividades dos adultos. O concerto não interrompeu a tarefa dos purificadores. Uma outra mulher substituiu Pichugi, banham-na com o mesmo cuidado e pouco a pouco todos os "pacientes", mulheres primeiro, homens em seguida, passam pelas mãos diligentes dos dois oficiantes; só restam os dois. Com o que resta da água e de aparas de liana, eles se purificam mutuamente sem jamais dar a impressão de descuidar-se de seu trabalho, pois o dedo impiedoso de um vai até o nariz do outro tirar um muco esquecido.

Em certo momento da cerimônia, vejo a filha mais velha de Pichugi, de mais ou menos dez anos, executar uma série de gestos rápidos e à primeira vista estranhos. Sob o abrigo de seus pais queima um fogo; ela daí pega um tição, vem mergulhá-lo, apagando-o assim no recipiente da água purificante, depois traz para a choça e o repõe em seu lugar com as outras achas. Às minhas questões espantadas, os índios respondem que é para impedir "*y pirã mombo, y pirã wachu ulwy mombo*: para impedir que a água vermelha se precipite, que a água vermelha grossa se erga e se precipite". Ora, a expressão *água vermelha* ou *água vermelha grossa* designa na mitologia dos Guayaki o Dilúvio Universal que outrora aniquilou quase toda a primeira humanidade.[1] O comportamento da garotinha (ditado certamente por um adulto) visava então a evitar a repetição de um tal cataclismo. Esse simples gesto e o comentário conciso que o explica resumem e condensam em si — meandro do espírito selvagem que se reveste das mais anódinas aparências para dissimular seus prestígios — todo o pensamento cosmológico dos Guayaki e sua filosofia do destino do mundo. Trata-se então de desdobrar, de algum modo, esse "texto" tão concentrado que se reduz a um gesto, trata-se de deixar falar liberando pela análise o rico feixe de significações ligadas num todo pela mão pronta de uma garotinha obediente. Que o pensamento guayaki confie a essa mensagem silenciosa — morada maliciosa onde vibra secretamente um mundo de sentido — o cuidado de eleger o sentido do mundo, assinala a nossos esforços o limite de seu alcance: não se pode saber tudo, sempre resiste um irredutível impossível de dominar, e o pensamento indígena se governa entretanto o bastante para saber ainda dissimular o que quer manter em segredo. No entanto, o que dá a entender esse gesto que, um instante distraído, eu não teria visto?

Um paradoxo, primeiramente: se a água e o fogo foram desde sempre pensados como o par exemplar de contrários, parecem votados aqui a uma solidariedade inesperada, pois a negação do fogo — o tição apagado — permite a negação da água — o dilúvio universal evitado. Sigamos o que talvez seja uma pista e vejamos como arrisca desencadear-se a "grande água vermelha". Quase sempre, as mulheres são sua causa potencial. Se uma delas co-

---

[1] Ver ao final do capítulo o texto completo do mito.

metesse a imprudência de tocar a água quando atravessa seu período de menstruação, a catástrofe não deixaria de se abater sobre a terra que as águas submergiriam. Mas mesmo os homens não estão isentos de desencadeá-la. Os purificadores de uma moça que acaba de aceder à nubilidade, ou bem ainda o matador de um outro Aché, não podem ter contato com a água sob pena de provocar o dilúvio, enquanto o banho ritual não neutralizar essa potência que trazem em si. Mas tal não é o caso agora, ninguém cometerá a conjunção sacrílega com o elemento líquido: o perigo vem de alhures. É preciso certamente articular a possibilidade do dilúvio ao parto de Pichugi, e mais precisamente ao nascimento da criança, cuja fresca presença nesse momento pôde introduzir aí, viu-se, uma desordem capaz de perturbar o céu, a terra e os homens. Que é então desse tição mergulhado na água e reposto no fogo? A referência explícita ao dilúvio universal, ou seja, a um momento da cataclismologia guayaki, convida a escrutar de mais perto a significação dessa acha em chamas. Se a mitologia dos Aché não contém alusão direta a um incêndio da terra (polo complementar do par devastador que ele forma com o dilúvio), descreve em contrapartida uma época em que o mundo não conhecia a escuridão; era o tempo do dia eterno e o sol, permanentemente fixado no zênite, ardia em todos os seus raios. Reconhece-se aí o equivalente do incêndio universal. Sabendo então que a destruição da terra pelo fogo está presente no pensamento cosmológico dos Guayaki; considerando por outro lado a atmosfera de desordem cósmica provocada pelo recente nascimento, pode-se admitir que a significação desse tição apagado se alça à dimensão geral — quase sagrada — do contexto em que ele tem lugar, e que está aí para ocupar, de alguma forma, o lugar vazio que a "grande água vermelha" designa. O fogo que consome esse pedaço de madeira assume aqui a figura metonímica do fogo universal, e a extinção das brasas na água purificante se desvela ato conjurador desse outro fogo que fervilha secretamente e cuja ameaça se encontra assim abolida.

Não haverá então incêndio universal. O problema se formula agora assim: para impedir o dilúvio é preciso impedir o fogo celeste. Trata-se-ia aí de uma relação de causalidade unindo dois termos (o fogo e a água) exteriores um ao outro? Se esse fosse o caso, seria muito difícil, talvez impossível, descobrir a natureza desse laço, pois os índios não disseram nada de mais a respeito disso. Mas, atendo-se ao que indica o pensamento indígena inconsciente, há que persistir em ver na água e no fogo um par estruturalmente ligado, um sistema a ser tomado tal qual, se se quer compreendê--lo. Seja então o conjunto constituído pelo incêndio e dilúvio universais. Um e outro são os dois modos de desaparição da primeira humanidade, os dois rostos do apocalipse índio, são o sistema da morte. Como, por outro lado, um não vai sem o outro — não simultaneamente decerto, mas no decurso da eternidade do tempo —, pode-se esperar ver a ameaça de um se redobrar com a ameaça representada pelo seu oposto complementar, sobretudo se as circunstâncias são tais que a desordem toma a medida do cosmos. Em suma, um nascimento deve implicar tanto o incêndio como o dilúvio. Resulta, então, que se a aparição de um implica necessariamente a do outro, reciprocamente a desaparição do segundo determina a do primeiro: afastar em consequência o risco do incêndio geral apagando sua imagem simbólica permite impedir o dilúvio universal.

Resta perguntar por que é a morte do fogo que o ritual indígena invoca para provocar a morte da água. Antes de tudo, é mais fácil pensar a supressão do fogo pela água do que o contrário. Não obstante, trata-se aqui antes de um problema de anterioridade cronológica: com efeito, a mitologia guayaki (como aliás a de numerosas outras tribos) situa o incêndio da terra *antes* do dilúvio. Pode-se descobrir no gesto de apagar o tição — de abolir a possibilidade de incêndio —, para afastar o perigo contrário, a repetição ritual da ordem temporal de aparição do fogo, depois, da água, que descrevem os mitos. Um último detalhe pede explicação: um adulto teria podido realizar o que fez a garotinha, ou essa tarefa não poderia ser executada senão por uma criança? Observando que ela mergulhou o tição não em qualquer água, mas na decocção purificante de apara de liana, lembrar-se-á que o clima em que se banham desde ontem à noite a vida da tribo e a vida do próprio universo se encontra profundamente marcado de impureza geradora de desordem. É por isso que os índios recorrem à água lustral a fim de dissolver essa impureza e eliminar essa desordem; é por isso também que, semelhantes assim a todo outro adulto na fé que os liga à infância, eles confiam a uma mão inocente, ainda poupada da grande contaminação que agrava irremediavelmente a idade do homem, o cuidado de salvá-los. Que dizem finalmente as palavras dos índios e que medida desenham seus gestos? Não descobrimos em sua língua o som familiar das certezas as mais modestas e as mais dolorosas? Um nascimento de criança porta em si um germe mortal, põe em questão a existência dos outros: assedia-nos aqui a sábia e cruel constatação de que os homens não são deuses e que, para eles, toda posição de vida faz sinal para sua morte.

O ritual chegou ao fim, as forças más são dominadas e a vida da tribo, por um instante transtornada, vai retomar o curso pacífico de seu ritmo cotidiano. No entanto, não se deveria pensar que o nascimento do menininho de Pichugi seja vivido pelos Guayaki apenas segundo sua dimensão negativa, e que de tal acontecimento eles retêm somente os perigos que lhes faz correr. A alegria, discreta mas evidente, que experimentam diante do bebê bastaria para demonstrar o contrário. Mas há mais: a chegada entre eles de um novo membro do grupo contribui intensamente para reforçar sua coesão e solidariedade. É a principal aquisição de que se beneficia a tribo. De que maneira esse ganho sociológico é obtido? Se um nascimento ata laços definitivos entre a criança e certos adultos, é ao mesmo tempo a ocasião de concluir alianças entre famílias e, por isso mesmo, de consolidar o sentimento comunitário do bando.

Entre as diversas pessoas que participam de um parto, duas desempenham os mais importantes papéis, e é com elas que a criança entreterá desde logo, e até sua morte, relações as mais afetuosas. Trata-se, já se adivinha, da mulher que a levanta da terra — a *upiaregi* — depois que o cordão umbilical foi cortado pelo *jware*: o equivalente, de algum modo, da madrinha e do padrinho de nossas sociedades. Eles nomearão seu "afilhado" com um termo especial — *chave* — e se situam em relação a ele numa posição análoga à do pai e da mãe da criança. Com efeito o *jware* não pode ter relações sexuais com sua menina *chave*, enquanto que a *upiaregi* não o pode com seu menino *chave*. Raras (mas não completamente ausentes) são as transgressões dessa proibição, e a atmosfera das relações entre a criança e aqueles que presidiram a sua vinda ao mundo é marcada não da tensão do interdito, mas de doçura, afeição e gentileza. Durante toda a sua infância o *chave* recebe de seus padrinhos pequenos presentes, mais frequentemente comida. Mais tarde, quando o menino tornou-se um caçador, ele oferece por sua vez a caça que matou. Mas, sobretudo, a função decisiva da *upiaregi* e do *jware* se repete, uma vez mais, na vida de seus *chave*: quando aparece o primeiro sangue menstrual da moça, e quando o menino, por volta dos quinze anos, merece aceder ao estatuto social do homem adulto. O momento crítico do ritual de iniciação, afrontado com angústia por moças e rapazes, se adoça para eles com a presença benévola desses — os padrinhos — que outrora asseguraram seu nascimento. A morte da *upiaregi* e sobretudo, ao que parece, do *jware* é profundamente sentida pelo *chave*. Os prantos que saúdam sua desaparição, por serem ritualmente necessários, não são menos emocionados, as lágrimas visíveis o atestam. E durante vários dias fazem-se ouvir os cantos de luto dos quais cada "verseto" é pontuado por algumas notas da flauta de Pã, triste lamentação sobre a irreversível ausência do padrinho: "Meu *jware* não está de volta, ele não estará nunca, meu *jware* não está mais vivo e eu estou chorando muito...".

O ritual de nascimento funda igualmente estreitas relações de amizade entre os padrinhos e os pais da criança. E, como os primeiros não pertencem necessariamente à parentela próxima dos segundos, resulta que o nascimento é também a ocasião de estabelecer alianças novas entre várias famílias antes "estrangeiras". De imediato, esses laços são sancionados por certos usos linguísticos. Padrinhos e pais utilizam doravante entre si os termos requeridos pelo contexto novo que faz deles aliados, ou parentes, "por artifício": *cho vaichy* dirá a mãe da criança à *upiaregi*; *cho kaveru*, dirão o pai e a mãe para se dirigir ao *jware*; quanto aos filhos da *upiaregi* ou do *jware*, eles os nomearão seus *kave*. Podem-se formar assim (contanto que o padrinho e a madrinha não sejam já parentes próximos do pai e da mãe da criança, o que é bastante frequente) grupos de famílias no seio dos quais se desdobram mais vivamente o sentido de ajuda mútua e o espírito de cooperação: deslocamentos em comum na floresta, trocas de comida, assistência em caso de doença ou quando de certos atos rituais etc. Socialmente utilizado em proveito do grupo, o nascimento cessa então de ser negócio privado de uma família elementar para se revelar ocasião de enriquecer a vida da sociedade como um todo. Tal ocorrência é mesmo suscetível de fornecer pretexto, se as circunstâncias o exigem e bem se prestam, ao estabelecimento de verdadeiras relações *políticas*, que abrem em uma unidade fechada sobre si um horizonte de aliança com uma outra unidade igualmente fechada sobre si. Essa função "aperitiva", o nascimento do filho de Pichugi ilustra perfeitamente: eis de que maneira, em benefício de todos, operou-se a exploração política desse acontecimento.

Os índios com quem eu me encontro provêm na realidade de dois grupos diferentes, pertenciam a duas pequenas tribos que até data recente não tinham nenhum contato, não se conheciam, consideravam-se mesmo inimigos, se bem que uma e outra fossem da "nação" guayaki (relatarei mais tarde o que os levou a se encontrar). É suficiente por agora saber que, votados desde algum tempo a coexistir pacificamente, os dois grupos persistiam no entanto em testemunhar-se certa reserva, se não uma frieza marcada, em muitas circunstâncias de sua vida cotidiana. Não eram mais inimigos, seguramente, mas, apesar de um casamento "misto", permaneciam ainda uns para os outros *Irõiangi*, Estrangeiros. Tal situação não podia prolongar-se por muito tempo sem se tornar algo absurda. Os índios compreendiam isso muito bem. Resolveram então, ao menos aqueles que, por serem os primeiros a chegar a esse acampamento, desempenhavam o papel de anfitriões, exprimir aos outros por uma atitude sem equívoco que estavam prontos a liquidar definitivamente o "litigioso" que os separava ainda. Foi a gravidez de Pichugi que forneceu a ocasião: mais precisamente, a escolha do nome que daria à criança que ela trazia.

Todos os Guayaki portam nomes de animais (ou quase todos: Pichugi justamente é uma exceção pois o *pichu* é uma variedade de larva). Um nome de pessoa compõe-se de um nome de espécie animal, ao qual se acrescenta o sufixo *-gi* para indicar que se trata

Nascimento 37

desde logo de um humano e não de um bicho. Por outro lado, a maior parte das espécies que habitam a floresta são representadas na lista de nomes guayaki. As exceções mais notáveis são constituídas por um certo número de pássaros com papel particularmente importante na mitologia dos índios, chamados os "animais domésticos do Trovão". Além do mais, entre os Guayaki, nenhum se chama cutia: pela razão sem dúvida que a mesma palavra designa a um tempo esse pequeno roedor e o pênis. Chamar-se Tavwagi seria certamente muito ridículo. Há alguns dias, uma mulher atrevida, cheia de ardor, comentava as belas proporções do membro viril de seu esposo. Este estava presente e se mostrava mais constrangido que lisonjeado. Voltando-me para ele, eu lhe digo: "Você vai se chamar então Tavwapukugi, Grande Pênis"... Foi um regozijo geral diante da confusão do marido, que não pedia tanto. Mas sua mulher estava radiante. Assim, os nomes não são sexuados, homens e mulheres portam, indiferentemente, os mesmos: o que não facilita a clareza da conversação, pois que se deve constantemente precisar, quando se fala desse ou daquele, o sexo da pessoa em questão. Como, por outro lado, se efetua a atribuição do nome? Ela precede o nascimento da criança e é à mãe que cabe escolher. Durante os últimos meses de sua gravidez a mulher retém, entre os diversos tipos de caça que é levada a consumir, a carne de um animal particular, e decide que será essa o *bykwa*, a "natureza" de seu futuro bebê, o qual em consequência portará o nome desse mesmo animal. Pichugi, por exemplo, comeu algumas semanas antes carne de *kande*, a pequena espécie de porco selvagem, e quis que fosse essa a "natureza" da criança a nascer: o nome do bebê nascido na noite de ontem é então Kandegi.

Uma questão se coloca: segundo qual critério a mulher opera sua escolha? Será em função de uma preferência por tal carne em relação a outra, preferência derivada talvez de uma ordem "irracional" análoga àquela que determina os "desejos" das mulheres grávidas na nossa sociedade? É possível, é mesmo verossímil, a julgar pelas respostas de várias índias às minhas questões. Mas talvez não se trate aí senão de uma função individual e inconsciente derivada de uma intenção propriamente sociológica. Ao eleger com efeito tal animal, quer dizer, ao eliminar as outras espécies — os outros nomes — possíveis, a mulher estabelece uma relação de natureza social entre ela mesma, seu marido, a criança de um lado e o caçador que ofereceu a carne escolhida de outro, o *chikwagi*. Pois se o caçador e a criança estão destinados a experimentar um pelo outro afeição e amizade (como o segundo poderia esquecer o que ele deve ao primeiro, àquele de quem ele toma seu nome, sua identidade pessoal?), essa relação privilegiada e inter-individual se prolonga e se amplia para integrar o mundo social dos adultos a seu campo de extensão. Como no caso do *jware* e da *upiaregi*, é evidente que os laços entre os pais da criança que vai nascer e o *chikwagi* não atravessam indiferentes o momento da transmissão do nome, e que eles são investidos de uma função organizadora do grupo como tal. Ora, esta se desdobra com um brilho particular a propósito de Pichugi. Essa mulher escolheu, com efeito, para futuro nome de seu filho, o porco de que lhe fez dom um caçador da outra tribo: presente de carne certamente, mas também, apenas disfarçada, *oferta de paz definitiva* entre os dois grupos até então rivais. O homem, ao se propor assim como *chikwagi* de uma criança dos "Estrangeiros", indicava claramente e discretamente que ele e seus companheiros desejavam atar com os outros relações amigáveis e irreversíveis. E que melhor ocasião que aquela do nascimento de uma criança da qual ele podia tornar-se um "pai"! Reciprocamente, a sabedoria política sendo igualmente compartilhada por todos os Guayaki, o grupo solicitado de pronto respondeu favoravelmente a esse apelo: entre todos os *chikwagi* possíveis, Pichugi decidiu escolher um representante dos Estrangeiros que, desde logo, cessavam em um sentido de sê-lo para se tornarem aliados. Diplomacia realista e profunda dos selvagens ao abrigo da floresta... Ser o fornecedor da "natureza" e do nome da criança conferia doravante a Kajapukugi a qualidade de "criador" do bebê, e o reconhecimento desse papel e de sua significação propriamente política selava assim um pacto social entre as duas tribos.

Como para pôr em prática, sem perder um minuto, o acordo concluído, Kajapukugi e sua família desde a noite passada elegeram como domicílio a choça de Pichugi, desertada provisoriamente por seus dois maridos. De modo algum, naturalmente, a parida e seu filho seriam deixados sós: os seres invisíveis cobiçam a jovem vida do bebê, que será preciso proteger durante alguns dias ainda. Para montar essa guarda contra o povo da noite, contra os espíritos e fantasmas, o grupo de Pichugi escolheu um homem da outra tribo, um ex-Estrangeiro: todos são doravante *irondy*, pessoas que têm "costume de ser companheiros". Uma refeição preparada pela esposa do "guardião" é compartilhada por Pichugi, seus filhos e a família de Kajapukugi, depois do fim da purificação. Refeição solene, certamente, por sancionar ao mesmo tempo um nascimento e uma aliança — um e outra de natureza a regozijar o coração dos índios — mas não um banquete, pois toda carne está ausente, e compõe-na somente um tipo de farinha cozida na água, extraída do miolo da palmeira pindó. A exclusão da caça marca com efeito, quase sempre, as refeições que seguem a celebração de um ritual: mas, empobrecida por se reduzir ao vegetal, a comida então consumida se enriquece contudo por ser destinada a nutrir menos o corpo dos participantes que a vida social do grupo por inteiro. Preocupação constante dos índios em utilizar o acontecimento da história individual como meio de restaurar a unidade tribal, como pretexto para ressuscitar em cada um deles a certeza de constituir uma comunidade. Vê-se desenrolar aqui uma oposição, modestamente exprimida pela cozinha, entre comida rica, de carne e familiarmente consumida, e comida pobre, vegetal e socialmente absorvida. Dissimulam-se aí um ética pessoal e uma filosofia da sociedade, segundo as quais é proclamado que o destino dos homens desenha sua figura somente sobre o horizonte do coletivo e exige de cada um a renúncia à solitude de seu eu, o sacrifício da delícia privada.

A luz do dia desaparece e se esvaece a atmosfera séria, algo tensa com que foi marcada desde a aurora essa jornada inteiramente votada às atividades rituais. As regras foram respeitadas, as palavras necessárias encontraram para dizê-las os lábios que eram necessários e nenhum gesto ficou no esquecimento. Merecedores, os índios podem agora abandonar-se sem inquietude ao sono de uma noite que o frio não poupará mais que a precedente. O cotidiano está de volta, e as achas estalam nos grandes fogos de acampamento adormecido.

Ao fim de algumas horas, ainda no coração da noite, um ruído familiar me desperta: um homem canta. De joelhos e sentado sobre seus calcanhares, Chachubutawachugi — Grande Pecari de barba espessa — parece desafiar as trevas tanta é a força que põe em sua voz. De tempo em tempo, distraidamente, atiça o fogo cujas chamas dançam sobre seu corpo inteiramente nu. O ar preso numa profunda aspiração é lentamente expelido ao som de um "ê-ê-ê-ê..." que se prolonga até esvaziar os pulmões. Nova aspiração, novo "ê-ê-ê-ê..." e assim por diante. O canto é fracamente modulado, mas deixa perceber com nitidez um jogo sutil da glote que permite agradáveis e justas mudanças de tom. Em raros intervalos, a melopeia é seguida de algumas palavras quase indiscerníveis. Chachubutawachugi desempenhou desde a véspera um papel eminente, pois ele é o *jware* da criança e, durante a tarde, era um dos dois purificadores. Ei-lo agora, velando sozinho, cantando.

Ora, seu canto é um desafio: desafio triunfante àqueles da noite, a Krei sobretudo, Krei cuja vocação é estrangular os recém-nascidos, mas que agora não pode se aproximar pois o ritual colocou o bebê fora de seu alcance. O canto arma então uma barreira protetora ao redor da criança, o barulho da voz espanta os fantasmas e os lança na escuridão. Há vinte e quatro horas, no momento em que Pichugi paria, era exatamente o contrário: um muro de silêncio perturbado somente por alguns cochichos assegurava ao pequeno Kandegi uma tranquila vinda ao mundo. Não era preciso evitar emitir todo o ruído suscetível de informar Krei? Agora que foi cumprido tudo o que um velho saber ensinou outrora aos Aché, pode-se retornar à ordem normal das coisas, povoar a noite de um canto vitorioso de novo torna-se possível, convém mesmo provocar e ameaçar Krei: o mundo dos vivos é doravante inacessível à sua ameaça.

Sem trégua, ao fio das horas, Chachubutawachugi faz ressoar na noite o que ele clama ao céu e à terra: os mortais não são culpados, uma vez mais eles conquistaram o direito de existir sob o olhar dos divinos.

Nascimento 41

Mito do dilúvio universal

Quando a água vermelha, a água vermelha e grossa, se pôs a subir, então, ela levou inumeráveis Aché. A água vermelha, a grande água vermelha, levava muitos Aché. Um homem e sua mulher treparam numa palmeira até o topo, até o topo de uma velha palmeira eles treparam. Vendo, de lá do alto, que a água não desaparecia, puseram-se a chorar. E a água continuava a subir. Tanto se elevou a onda que abateu a árvore e os dois Aché tiveram de subir no alto de outra, velha e sólida. Essa palmeira não foi abatida. Pegando seus frutos, eles os jogaram embaixo: pluf! A água estava lá ainda. Mais tarde, recomeçaram a lançar os frutos: pum! Haviam batido na pedra. Então, eles puderam descer. A água tinha levado todos os Aché e estes se haviam transformado em capivaras. É na água que moram, transformadas em capivaras, as almas desses Aché.

2.
DE DOIS TRATADOS DE PAZ

1953. Os quatis não se mostravam naquele dia mais nervosos que de hábito. Sem dúvida, com essa estúpida obstinação que fazia rir as crianças, eles se punham a roer com os longos caninos os arbustos ou os postes dos abrigos em que seus donos os retinham prisioneiros. Mas não havia por que se inquietar, pois de fato eles não paravam nunca de tentar escapar. Em vão aliás: a cordinha que apertava sem dó o pescoço dos animais, e os mantinha colados à madeira onde se atava, era demasiado curta para lhes permitir qualquer movimento que fosse. Mal conseguiam eles atingir de vez em quando a casca, então despedaçada a golpes de dentes raivosos. Ninguém prestava atenção, salvo talvez as crianças para se divertir um instante. Bem entendido, uma agitação normal dos quatis ou mesmo seus gritos agudos punham então todos os índios em guarda. Os *bita* — animais domésticos — lhes assinalavam assim a presença, na proximidade do acampamento e sobretudo durante a noite, de visitantes desconhecidos e provavelmente indesejáveis: alguma serpente cujo rastejo distraído extraviava por lá, ou bem o *baipu*, o jaguar insolente que vinha errar ao redor dos fogos Aché. À sua aproximação, os quatis ficavam loucos: medo ou cólera, cuspindo de raiva e o corpo torcido no vão esforço para romper seus laços, eles quase se estrangulavam e sua algazarra logo alertava as pessoas. O mais frequente era que nada de extraordinário se produzia. A fera, advertida ela também de que sua presença fora descoberta, recuava, os quatis se acalmavam pouco a pouco e todo mundo adormecia.

Desde certo tempo o *baipu* já não preocupava tanto os Aché. Ele se fazia aliás mais raro, e os próprios jovens se lembravam que, antes, ouvia-se mais frequentemente o esturro rouco dos jaguares em caça. As coisas haviam mudado na floresta, e os anciões evocavam, mais espantados com sua juventude livre que com a amargura de seus últimos anos, o tempo em que podiam postar-se à margem de tal rio ou à orla de tal clareira, à espreita de veados sedentos ou de porcos selvagens que passavam sem discrição. Não se ia mais agora caçar nesses lugares, nem em outros mais; o oeste tinha-se tornado perigoso e as velhas crenças, que faziam do lado do sol poente a estadia das almas defuntas, pareciam desmentidas na medida em que a morte abandonava sua morada para ir afligir os Aché. Estes, durante todos esses últimos anos, tiveram que ceder-lhe terreno; e em seu lento recuo na floresta, para o leste, deixavam para trás, vez por outra, o cadáver de um companheiro. Os Aché sabiam desde sempre que era preciso se manter afastados das savanas, evitar essas grandes ilhas que de todos os lados a floresta abre, passar ao largo dos descampados preferidos pelos *Beeru*, que não gostavam muito de se distanciar. Alguns caçadores audaciosos arriscavam-se no entanto a se aproximar silenciosamente dos grandes abrigos desses seres terríveis. Eles paravam nos limites da floresta; agachados no mato espesso ou empoleirados sobre os galhos baixos de uma árvore, na mão o arco munido de uma flecha pronta na corda, observavam horas a fio, o coração batendo de pavor mas por demais fascinados para deixar tremer o corpo, resignados a morrer mas calculando já a duração do relato que fariam à noite de volta ao acampamento longínquo, antecipadamente impacientes pelas exclamações entusiastas dos homens e soluços das mulheres, mas esperando a cada instante que os *Beeru* desencadeassem seu trovão, eles observavam, prontos a fugir bem diante deles, mais ruidosamente que os tapires, e contudo mais imóveis que a floresta; eles os viam viver, aos poderosos de bizarros costumes, tão mortalmente poderosos que não se podia mesmo ver neles inimigos (os inimigos eram próximos e familiares, sabia-se o que era preciso fazer com um Machitara ou um *Irõiangi*, podiam-se prever suas reações e mesmo — tratando-se dos *Irõiangi* — falar-lhes antes que as flechas felizes os transpassassem: mas que fazer com os *Beeru*?), tão numerosos e tão prontos a rilhar com seus fogos a velha floresta que eram tão absurdos quanto os papagaios e mais desesperadores que as formigas: os Aché espreitavam os homens brancos.

Era preciso alguma bravura e mais ainda sabedoria; também, poucos caçadores consentiam em se afastar demais do território da tribo, tomando assim medida de si mesmos para levar até o fim esse jogo perigoso. Os animais dos *Beeru*, vacas e cavalos, pastavam pacificamente sem procurar deixar seus donos, que os Aché viam ir e vir, algumas vezes lançados sobre sua montaria em incríveis corridas. Os índios apreciavam bastante a elegância do cavalo e o nomeavam *bai-purã*, o belo animal. Mais ainda os emocionavam o sabor dessa carne tão doce. Desde muito tempo com efeito, tinham tomado o hábito de matar os cavalos isolados e as vacas sonolentas — as *Achi-purã*, os belos chifres — quando a primeira claridade da aurora permitia aos caçadores dirigir suas flechas contra os animais semiadormecidos. A época do frio, de junho a agosto, era particularmente propícia, pois os bichos abandonavam então a pradaria para se meter no abrigo sob as árvores e escapar ao vento gelado do sul. Mais desconfiados que as vacas, os cavalos frequentemente desapareciam a trote antes que os Aché conseguissem alcançá-los. Mas os "belos chifres" eram quase sempre uma presa fácil. Alvos derrisoriamente fáceis por seu talhe, mugindo sob a ferida das longas flechas que por vezes as atravessavam de lado a lado, quando não se quebravam contra os ossos, eram abatidas rapidamente, estrebuchando sobre as raízes e as lianas. Melhor que fosse assim, pois os índios não perseguiam quase nunca os animais feridos fora da floresta. Os homens não perdiam tempo em esperar a morte da vaca; era preciso ser rápido, antes que os *Beeru* chegassem, e prontamente as facas de bambu cortavam sem fraquejar enormes quartos do animal ainda vivo. Cada homem lançava sobre o ombro o que podia carregar de carne e todos desapareciam na penumbra da floresta, ansiosos por chegar sem incidentes ao pé das mulheres e das crianças que os esperavam, barriga vazia. Frequentemente aliás, os longos momentos passados em observar os *Beeru* permitiam aos índios conhecer os hábitos dos animais e os lugares aonde iam de preferência. O riso dos Brancos lhes chegava também, quando não estavam muito distantes: "Os *Beeru* riem muito alto", pensavam, descontentes, os índios. Um ser terrível era o aliado dos Brancos. A potência de seus uivos, o furor constante em que parecia viver e sua obstinação em seguir a pista dos Aché quando a havia farejado, tudo isso os enchia de horror, e homens bravos em afrontar o jaguar apenas com seu arco corriam como mulheres, quando ao longe se faziam ouvir os latidos dos *baigi*: assim nomeavam eles o cão, aquele-que-é-o--animal, a violência natural por excelência.

Ora, os cães e seus donos penetravam mais e mais profundamente na floresta. Outrora, a partilha era mais ou menos nítida: os *Beeru* na savana, os Aché nos bosques. Mas agora, os grandes fogos que os Brancos acendiam no fim do inverno corroíam pouco a pouco o território índio; caminhos aí se abriam, por onde os *Beeru* carregavam troncos que cortavam, e a floresta passava pouco a pouco por entre suas mãos. A vida dos Aché estava muito complicada. Seu antigo terreno de caça se reduzia sem cessar; quando um *Beeru* instalava sua casa em alguma parte, logo queimava um espaço para aí plantar sua mandioca e seu milho, seus cavalos e suas vacas se espalhavam por todo lado, os cachorros uivavam e as crianças gritavam: acabava o silêncio, a caça abandonava esse lugar, não se podia mais caçar. É por isso que os jaguares partiam também. E por todos os lados os *Beeru* faziam a mesma coisa. Os encontros com eles eram mais e mais frequentes, apesar de toda a prudência dos Aché, e agora não faltava quase nunca, na tribo, mulher de rosto pintado de negro e de crânio raspado, em luto de um pai, de um irmão ou de um filho desaparecidos. Pois alguma coisa de incompreensível, de mais aterrador que tudo o que eles já conheciam, punha ódio e angústia no coração dos Aché: os *Beeru* os perseguiam na floresta para lhes roubar os *kromi*, as crianças, não se sabia por quê, ignorava-se o que faziam delas, numerosos eram já os meninos e as meninas criados pelos Brancos. As mulheres choravam e cantavam tristemente, e os homens, que não podiam como elas verter lágrimas, enervados pelos soluços estridentes de suas esposas, se batiam ferozmente com grandes golpes de arco, para arrancar de seu peito essa tristeza que oprimia seu coração e os fazia morrer um pouco. Quando os homens tinham muito desgosto, eles tornavam-se *yma chija*, naturezas violentas: então eles combatiam, queriam bater em todo mundo. As crianças fugiam, as mulheres gritavam: "Eles querem flechar! não flechem! não flechem nãããão!". E precipitando-se bravamente sobre os homens começavam a exaltar-se e a entrechocar as flechas, bloqueando com o corpo o braço prestes a soltar a corda do arco. Os homens se deixavam acalmar bem facilmente, estavam meio irritados somente, e um bom *piy*, uma massagem-carícia sobre todo o corpo, conseguia apaziguá-los, se bem que por vezes um soco desferido sobre a cabeça fazia rolar a mulher.

Por todas essas razões, os Aché Gatu eram obrigados a nomadizar sobre um espaço ainda vasto, mas que o avanço dos Brancos reduzia constantemente. Jyvukuji, o chefe, estava inquieto: "Em qual boa floresta", perguntava-se ele, "hei de guiar os Aché se de todos os lados nós cruzamos os caminhos dos *Beeru*?". Vivia dificilmente a pequena tribo que ele tinha a cargo desde aquele dia em que, tendo atacado e pilhado sozinho um pequeno acampamento de lenhadores paraguaios, retornou aos seus munido de machados e facas que distribuiu entre todos os homens; sua valentia e sua generosidade, e o prestígio que daí adquiriu, fizeram com que um de seus pais, o velho Bywangi, ele mesmo dirigente da tribo, declarasse aos Aché, pouco tempo antes de perecer durante um embate com os Brancos: "Este será vosso *Eruaregi*, eis vosso condutor quando eu morrer, ele é *kyrymba*, meu filho, ele é bravo".
E, desde então, toda tarefa de Jyvukuji consistia em saber guiar os seus não somente lá onde a caça abundava, mas sobretudo longe dos *Beeru*. Deslocando-se sem cessar, não dormindo senão poucas noites no mesmo acampamento, no risco mesmo de não seguir estritamente as regras que organizavam as festas de iniciação dos meninos quando se lhes perfurava o lábio, ou das meninas quando saía o sangue, a esse preço Jyvukuji chegou durante muito tempo a assegurar à tribo uma vida quase tranquila, perturbada somente por vezes pela morte de um *irondy* fulminado pelo trovão dos Brancos. A partir de então, tornou-se muito difícil; havia Brancos demais, eles entravam por toda parte ao mesmo tempo e, sobretudo, tomavam as crianças. E entretanto, como enfrentá-los, eles e seus *chuvi*, o trovão que matava de tão longe? Contra isso, as flechas não valiam nada, e os caçadores contavam pouco com elas, apesar das mulheres velhas de vagina toda seca, as muito antigas *waimi* que, quando na aurora eles partiam à caça, gritavam-lhes com a voz cheia de ódio: "Vão lá no caminho dos Brancos! Escon-

dam-se atrás de uma árvore abatida e lá fiquem de espreita! Flechem-nos e vazem-lhes os olhos! Em seguida pendurem seus cadáveres de cabeça para baixo!'". Não havia nada a esperar dos Brancos senão a morte. Pouco tempo atrás, algumas mulheres acompanhadas de um homem aproximaram-se de uma plantação de mandioca. Estavam ocupadas em encher suas cestas quando trovejou o *chuvi. Teeh!*, gritou o homem caindo e vomitando sangue. As mulheres fugiram e na manhã seguinte o bando quis levar o cadáver. A cabeça do companheiro os acolheu, espetada numa estaca no meio de uma nuvem de moscas que rodopiavam sobre o sangue seco.

O sol não se fazia ainda vertical nesse dia de 1953. Quase todos os Aché Gatu se achavam reunidos, salvo algumas famílias que haviam partido para a caça. A chegada dos *Beeru* foi tão súbita que os quatis nem tiveram tempo de reagir. O barulho assustador das pequenas chamas vermelhas e a fumaça isolavam a paz do acampamento e o tempo parou para os Aché. Por uma eternidade, por um meio-segundo, deu-se uma ilha de silêncio e de repouso. A mão que polia a flecha retinha imóvel a concha de caracol, uma boca aberta esperava a larva pronta para entrar e uma mulher sorria sem parar para seu bebê. As detonações estalavam e o odor amargo da pólvora abafava o das carnes assando. As crianças se puseram a gritar, as mães abaixaram a cabeça, tapando as orelhas com as mãos. Os atiradores, dissimulados atrás das árvores a algumas dezenas de metros do acampamento, descarregavam seus pesados fuzis de guerra. Folhas, galhos quebrados pelas balas tombavam ao redor. Atiravam no ar, e o chefe deles, cheio de sangue-frio, tentava avaliar o número dos Guayaki. Mas seus homens tinham medo pois não sabiam de que eram capazes esses seres, os mais ferozes bichos da floresta, aliás providos de uma cauda segundo certos conhecedores. Desses relatos fabulosos e certamente muito antigos, não duvidavam nem mesmo as pessoas ditas "cultivadas", como esse inglês, Mastermar, que em 1879 publicou em Buenos Aires seus *Sete anos de aventura no Paraguai*. Eis o que se pode ler lá a propósito desses índios, de que ele deforma o nome:

"Eles parecem pertencer ao tipo mais baixo da espécie humana, sua frágil estatura, sua pele quase negra, seus membros magros e franzinos me lembravam desagradavelmente os macacos; sua inteligência parecia inferior à dos animais. Eles não constroem choças, não portam vestimentas, não conhecem o uso do fogo; vivem nas florestas e se alimentam de frutos e raízes... Não parecem possuir linguagem articulada... Os Guyracuis (sic)... são possuidores de uma curta cauda que obriga seus proprietários a munirem-se de uma bastão pontudo a fim de cavar um buraco no solo para poder sentar-se comodamente". O que era certo é que os índios viviam nas árvores tão à vontade quanto os macacos e que, abandonados por Deus, não eram mais batizados que eles. "*Bichos del monte no más*... Bichos da floresta, nada mais..." O medo e a exaltação de encontrar-se no coração da floresta, cercando um acampamento daquilo que o país considerava mais selvagem entre suas tribos, esquentava o sangue dos mestiços e fazia descer os canhões dos *chuvi* entre os dedos mais e mais nervosos. O jovem Brejugi (Raia de Rio), furioso e desesperado, saca seu arco e flecha: "*Epytake!*", grita em guarani o assaltante mais próximo. "Para!" E o dedo apertou o gatilho da Mauser, a bala mordeu o peito de Brejugi, o homem e sua flecha inerte tombaram no barulho da explosão.

Os homens estavam contentes com seu patrão, Pichin Lopez, caçador profissional de índios e experto corredor desses bosques que cobrem em grande parte a zona oriental do Paraguai, embora interrompidos frequentemente por imensos campos onde pastavam os rebanhos. Estavam satisfeitos pois a caça era boa e a captura, sem combate, de todo o grupo, os enchia de entusiasmo e fazia esquecer as fadigas das longas jornadas passadas a seguir os Guayaki. Os ganhos seriam substanciais. Havia aí bem quarenta cabeças, machos, fêmeas e pequenos, mudos de terror e empilhados uns contra os outros em torno de homens reduzidos à impotência pelas cordas que mantinham atadas suas mãos às costas. Em toda a região de San Juan Nepomuceno, apreciavam-se muito os Guayaki, cujo preço médio por unidade era uma vaca ou um bom cavalo, ou, líquidos, quatro ou cinco mil guaranis (160 a 200 francos). Era um ganho prodigioso para esses homens pobres que possuíam somente sua montaria, um facão e um grande revólver

38. Era a primeira vez, também, que um bando inteiro era capturado. O butim se reduzia habitualmente a uma ou duas crianças. Não havia jamais dificuldade em escoar os produtos da floresta, pois a demanda de jovens Guayaki era bem maior que as ofertas episódicas. Essa demanda ia mesmo aumentando e numerosas eram as famílias que desejavam comprar um pequeno selvagem. A fim de satisfazer-lhes, vários *montaraces*, homens vigorosos e habituados à dura vida da floresta, eram pouco a pouco transformados em especialistas dessa caça lucrativa que quando bem-sucedida não acarretava senão benefícios. Localizar os índios: esse era o problema. O trabalho, é verdade, podia ocupar dias ou mesmo semanas nos bosques pacientemente em seu encalço. Os Guayaki moviam-se sem cessar, não deixavam senão poucos traços, e podia-se passar nas proximidades de um acampamento sem dele se aperceber. A tarefa se achava ainda assim facilitada, pois o espaço onde nomadizava a tribo dos Aché havia diminuído muito sob a rilhadura dos colonos, que apagavam cada ano um pouco de floresta. Além disso, toda fuga estava doravante interdita aos índios: ao norte, por uma grande estrada asfaltada que, ligando há pouco tempo a capital Assunção ao Paraná, partia definitivamente em dois seu antigo território; a oeste e ao sul, por uma cadeia ininterrupta de estabelecimentos paraguaios, a leste, enfim (mas isso os Brancos não sabiam), por uma tribo Guayaki inimiga de que os Aché Gatu desconfiavam bastante, se bem que não tivessem mais notícias dela há longo tempo. Eles andavam em círculos, dentro de seu refúgio.

Por que os paraguaios desejavam tão ardentemente possuir crianças guayaki? Alguns estavam persuadidos de que lhes prestariam um incalculável serviço fazendo-as passar assim da animalidade à humanidade, pela graça do batismo logo ministrado. Mas a maior parte nem se dava o trabalho de mascarar sob preocupações teológicas o que não era de fato senão cálculo econômico e dos mais brutais: um pequeno Guayaki tornava-se o escravo da família que o comprasse e para quem, até a morte, estava destinado a trabalhar gratuitamente. De resto, esses índios capturados não eram forçosamente maltratados enquanto não procurassem fugir. Desaparecendo, privavam seu senhor de sua força de trabalho e, falta mais gravemente sentida, punham em questão, por sua ausência, o prestígio dos patrões que, desprovidos de um escravo, não mais podiam então figurar como senhores: a isso, não se duvida, eles não se resignavam facilmente. As moças Guayaki fugiam raramente, pois depressa se tornavam as concubinas de seu senhor e afundavam na prostituição. Mas os meninos, uma vez adolescentes, e sabendo-se para sempre privados de toda possibilidade de relações sexuais, pois nenhuma mulher paraguaia aceitaria ir ter com esses meio-animais, sentiam crescer neles a obsessão do retorno à floresta e aos acampamentos dos companheiros; cedo ou tarde tentavam sua sorte. Tentava-se sempre apanhá-los, por vezes em vão. Por ter querido restaurar sua glória reavendo seus escravos, um camponês perdeu a vida. Era 1943. Esse homem possuía dois jovens capturados outrora no curso de um ataque. Uma noite, os dois Guayaki escaparam. Seu senhor logo se lançou em seu encalço, após ter tomado de um outro habitante da região três índios de que era proprietário. Alguns dias mais tarde, a pequena expedição atingia os dois fugitivos, que não haviam tido tempo de encontrar a tribo. O homem infligiu a golpes de chicote uma formidável correção aos dois culpados, e retomaram o caminho de volta. À noite, instalou-se um sumário acampamento. O senhor se sentia tão profundamente convencido de seu poder sobre os índios, e seu desprezo por eles era tão total (teme-se a vingança de um cachorro ou de um boi?) que, após se refazer, adormeceu incontinenti ao pé do fogo, deitado no seu *poncho*, seguro de que as coisas tinham voltado à ordem e que toda preocupação era supérflua. Morreu por não ter podido imaginar um instante que os Guayaki eram capazes de assumir uma atitude humana e que o gosto da liberdade não lhes era completamente estrangeiro. Bela ocasião. Enquanto ele dormia, os dois Guayaki explicaram a seus companheiros que não queriam mais voltar para os Brancos, que iam fugir de novo, mas que desta vez era preciso matar o *Beeru*. Sussurrando com paixão na noite porque sabiam próxima a tribo, tentavam arrastar consigo os três irmãos de raça. Um deles aceita segui-los; os dois outros se resignam ao retorno ao mundo paraguaio, pois, lá vivendo desde há muito, temiam talvez não mais poder se acostumar à antiga liberdade da floresta. Mas sua cumplicidade passiva foi obtida. Os conjurados procederam então à execução do

De dois tratados de paz

Branco. Foi cruel. Dois índios o mantinham colado ao solo firmando-lhe a cabeça e os pés, enquanto o terceiro enfiava em sua garganta a ponta inflamada de um tição. A morte foi rápida e silenciosa. Vingança cumprida, eles desapareceram na noite carregados das armas de sua vítima, e nunca mais se ouviu falar deles. Os dois outros chegaram alguns dias depois entre os paraguaios e contaram o que se passara. Quanto a mim, recolhi a história da boca do filho da vítima. Preocupado em vingar o pai, ele se fizera caçador de Guayaki e participava do ataque em 1953.

Havia ainda outra coisa para avivar o desejo dos paraguaios de obter crianças guayaki: ao cuidado cristão de salvar a alma desses pagãos, aproveitando-se do corpo, acrescentava-se uma preocupação de ordem, pode-se dizer, cromática. Numerosas eram as lendas que se contavam, e a imaginação das pessoas corria tanto mais livremente quanto não havia nenhum meio de verificá-las, pois os índios se obstinavam em se esconder. Se para alguns os Guayaki se assemelhavam a macacos por seu apêndice caudal e sua vida arborícola, para outros ao contrário eles eram quase sobre-humanos no sentido de que, gênios da floresta, senhores de poderes e saberes inquietantes, ofereciam além disso, por seus cabelos louros, seus olhos azuis e sua pele branca, uma aparência física muito inesperada. Tal era a fábula, da qual se verá que encobria alguma verdade. O que mais apaixonava os paraguaios era a convicção de que os Guayaki tinham a pele branca, e isso era para eles uma diferença positiva à qual eram sensíveis o bastante para desejar possuir um desses brancos. Fazendo assim, eles se reconheciam a si mesmos, mas sem se dar conta, como gente de cor. Com efeito, uma grande parte da população paraguaia, e sobretudo os camponeses, provém de uma intensa mestiçagem entre índios Guarani e espanhóis que se inaugurou desde a primeira metade do século XVI, quando os *Mburuvicha*, os caciques Guarani, aceitaram a aliança com os primeiros Conquistadores contra seus inimigos comuns, as tribos guerreiras do Chaco. Tratava-se para os Brancos recém-chegados de atingir a oeste o fabuloso Eldorado de onde provinham, segundo as indicações dos índios, os objetos de ouro, de prata ou de cobre que viajavam, ao termo de múltiplas trocas, até o Atlântico, no litoral brasileiro. Domingo de Irala e o punhado de soldados que comandava, chegados ao Novo Mundo pelo sul e subindo o Rio de La Plata até a localização da atual Assunção, fundada em 1536, ignoravam ainda que o Eldorado para o qual os impelia sua loucura de ouro não era outro senão o reino Inca e que seus próprios compatriotas, Pizarro e os seus, acabavam de derrubar, aprisionando e executando, o último imperador, Atahualpa. Entre eles e as minas de ouro se estendia o Chaco, imenso e hostil. Para atravessá-lo era preciso organizar expedições poderosas, aptas a repelir os assaltos dos Mbayá ou dos Payaguá, cujos bandos, cruzando o rio, atormentavam sem cessar as aldeias dos Guarani. Eis por que estes últimos viram logo na oferta de aliança dos *Karai*, dos Brancos possuidores de cavalos e armas de fogo, o meio político de obter uma vitória militar rápida sobre os inimigos detestados. E como para os índios a aliança não encontrava sua garantia verdadeira e definitiva senão inscrita nas relações de parentesco, transformaram os sócios espanhóis em cunhados e genros dando-lhes irmãs e filhas. O cálculo dos Guarani fracassou diante da resistência e agressividade dos índios do Chaco. Foram eles mesmos as vítimas de seu plano, permitindo a seus "cunhados" constituir haréns que reuniam dezenas de mulheres. Os espanhóis, menos preocupados que os Guarani em respeitar os laços de parentesco, submeteram os índios da região a uma exploração selvagem, tal que, duas ou três décadas após sua chegada, quase não restavam mais indígenas lá onde algum tempo antes eles viviam em dezenas de milhares. Viam-se em compensação numerosos mestiços, filhos dos fidalgos e de belas índias, e foi esse o núcleo fundador, reforçado pelas gerações seguintes, do atual povo paraguaio, cuja tez mais ou menos cobre e a morfologia do rosto traem nitidamente o sangue índio que, embora à revelia, corre em suas veias.

É, ao que parece, um traço recorrente de numerosas populações mestiças transferir a seus primos indígenas o desprezo com que os oprimem os Brancos. Certamente, a maneira como historicamente se constituiu a população do Paraguai limita a incidência de relações inter-raciais, pois as diferenças desse tipo são dificilmente reconhecidas. Não é menos verdade que um camponês paraguaio não sente ter nada em comum com um índio, mesmo *manso* ou domesticado, e que seus sentimentos em relação a ele oscilam

De dois tratados de paz 53

entre a condescendência divertida e o ódio, mesmo que seja o índio apenas pouco mais miserável que o camponês. E este, que ficaria bem surpreso — aliás recusaria tão simplesmente crer em coisa tão absurda — em saber que o índio e ele próprio têm ancestrais comuns, privilegia e valoriza espontaneamente o que ele não tem: menos a riqueza material a que pouco se prende que a brancura da pele ou a clareza dos olhos. Essa preocupação aparece bem no ideal feminino da estética popular, expressa sem rodeios em guarani: a mulher absolutamente desejável é a *kyra, moroti ha haguepa*, gorda, branca e muito peluda. Esse gosto pelas epidermes brancas e a convicção que essa era a aparência dos Guayaki cumulavam seus efeitos para fazer desses índios os objetos ambíguos do desejo dos paraguaios.

Assim, ora secreto, ora transparente, compõe-se o lugar de encontro dos índios e dos outros; sua simbólica confusa ajudará talvez a melhor compreender como, um dia de 1953, um grupo armado conseguia capturar a tribo dos Aché Gatu. Os caçadores de índios não tiraram aliás, daquela vez, nenhum proveito de sua expedição. Em certo sentido mesmo, ela os ridicularizou. Uma vez chegados à proximidade de San Juan Nepomuceno, onde contavam vendê-los, e por falta de um local bastante grande para conter a quarentena de cativos, os raptores decidiram, parece, deixá-los fora, no interior de um *corral* normalmente destinado às vacas. "Os Guayaki estão tão habituados ao espaço livre da floresta que encerrados em alguma parte se tornam como que paralisados e não sabem escapar", explicavam com calma às pessoas. A ingenuidade de sua lógica fez então os paraguaios tratar os índios como uma tropa de vacas. Seguramente, durante a noite, Jyvukugi deu o sinal da fuga e ao alvorecer o recinto estava vazio. A coisa produziu na época algum rumor. Os detalhes chegaram ao conhecimento de altos personagens de Assunção e se decidiu pôr fim a essas práticas. Um decreto de proteção aos indígenas foi promulgado e, pela primeira vez na história do país, caracterizava-se como delito o assassinato de um índio. A falta de meios de controle limitou sua eficácia e, durante os anos seguintes, os Aché Gatu viveram só um pouco menos encurralados.

Em todo caso, isso não era para eles senão um sursis e, no mês de agosto de 1959, os índios capitularam. Mais que abrigo, a floresta, para eles, tinha se tornado prisão, os contatos com os *Beeru* se multiplicavam, os caçadores matavam cada vez mais vacas e cavalos, as incursões primitivas eram cada vez mais brutais. De sorte que, não vendo mais saída, Jyvukugi decidiu render-se. A três ou quatro léguas de San Juan Nepomuceno, vivia um camponês cujas plantações margeavam a floresta. Ex-caçador de Guayaki, ele havia conservado, butim de uma expedição anterior, dois prisioneiros adultos, um já de certa idade. Esse paraguaio rude e astuto (não imaginava ele apropriar-se algum dia dos tesouros confiados à guarda dos Aché!) soube não se mostrar jamais violento com os índios, fazendo-os trabalhar, mas sem excesso, em seus campos, nutrindo-os sempre convenientemente. Ele conseguiu oferecer-lhes a imagem incrível de um *Beeru* não *tawy*, de um Branco não selvagem, que fazia mesmo o esforço de aprender um pouco de sua linguagem. Assim se apaziguaram o medo e a desconfiança dos dois Aché e se fortificou neles a certeza de que Arroyo Moroti (Riacho Branco, era o nome desse lugar) representava a salvação da tribo, o ponto calmo onde existia o único *Beeru* protetor dos Aché. Eis por que eles desapareceram um dia e aquele que havia habilmente oposto sua própria equanimidade à violência dos outros Brancos não ficou muito surpreso quando, algumas semanas mais tarde, a noite deixou surgir dos bosques os dois índios seguidos de toda a tribo: Jyvukugi, cedendo à pressão desses dois companheiros dos quais um era seu irmão, e esgotado de fugir sempre sem esperança, renunciava a tudo e vinha pedir ajuda e proteção no mundo dos Brancos. Os nômades faziam uma parada definitiva.

Graças aos esforços de León Cadogan, modesto e tenaz autodidata paraguaio que consagrou uma grande parte de sua vida à defesa dos índios, e cujos trabalhos sobre a religião dos Guarani são insubstituíveis, a notícia se difundiu nos meios etnológicos: enfim se podia penetrar o enigma dessa tribo inapreensível há quatro séculos. Alfred Métraux, atento a tudo que vinha dos índios e entusiasmado por essa possibilidade, me ofereceu o que eu não podia então estimar em seu justo valor e que posso agora considerar uma chance extraordinária: aquela de ir estudar os Guayaki.

E com o auxílio do Centre National de la Recherche Scientifique, eu coloquei mãos à obra na floresta, em companhia de meu colega S., em fins de fevereiro de 1963. Nada de épico no tocante à preparação dessa viagem que eu não considerava de modo algum uma "expedição". A viagem em si não devia começar senão muito mais tarde, quando, ao cabo de vários meses de aprendizagem da língua, eu estava pronto para penetrar pouco a pouco o mundo interior dos índios que somente a observação, privada do socorro linguístico, não podia chegar a aclarar. Mas é preciso dizer que, quando da minha chegada entre os Guayaki, eu não estava totalmente cru. Cadogan foi por várias vezes a Arroyo Moroti, e seu profundo conhecimento dos três dialetos falados pelos últimos índios Guarani do leste paraguaio lhe permitiu compreender e aprender muito rápido o guayaki, pois esta língua, a despeito de traços específicos, é muito próxima do guarani. Tendo efetuado no campo numerosos registros, Cadogan fez a transcrição e a tradução, depois enviou tudo ao Musée de l'Homme em Paris, dando-me assim o meio de me familiarizar com uma língua indígena desconhecida, antes mesmo de me encontrar no meio daqueles que a falavam. Consagrei então várias horas por dia, durante os quatro meses que precederam minha partida, a escutar e reescutar as fitas, a me habituar a essa fonética estranha, a assimilar o vocabulário que continha: trabalho realizado sem esforço em Paris, mas que me teria demandado longos meses de paciência no campo. Mal chegando ao acampamento dos índios, eu podia compreender e mesmo pronunciar frases, simples sem dúvida, mas suficientes para estabelecer entre mim e eles esse mínimo de troca sem o qual cai-se no desencorajamento e no tédio. "*Nde ijõ ma ko*", me diz um Guayaki, algumas horas após nossa chegada. Eis que se encontrava diante de mim, falando comigo, um desses que se chamam homens da idade da pedra (o que na ocasião era verdade). Ele me falava e eu o compreendia: "Então você chegou?", perguntou polidamente como teria feito com um dos seus. "*Cho ikõ ma*, com efeito eu cheguei", respondi com cortesia, contente e aliviado pela facilidade desse primeiro contato com os índios. A conversa ficou por aí, ela não teria podido prolongar-se muito. Meu conhecimento da língua, algo rudimentar que era ainda, me desserviu, ao menos durante os primeiros dias, mais do que me ajudou. Pois os Guayaki, convencidos por minhas primeiras explorações de que eu falava perfeitamente como eles, recusaram-se a crer que frequentemente eu não os compreendia e acreditavam que de algum modo, por razões incompreensíveis, eu escondia o jogo. Donde, de sua parte, uma certa desconfiança a meu respeito, devida ao equívoco que lhes fazia atribuir-me mais talentos do que eu possuía. Felizmente o mal-entendido se dissipou graças sobretudo às crianças, que, melhor que seus pais, souberam avaliar desde o princípio o verdadeiro alcance de minha habilidade linguística.

Um pesado carro de bois transportava nossas bagagens. Ao sair de San Juan Nepomuceno, a aldeia construída em tabuleiros sobre as ruínas de uma antiga missão jesuítica, nós atravessamos primeiro vastos campos. Vez por outra aparecia nas pistas de terra vermelha um cavaleiro, os pés nus nos estribos, mas o calcanhar provido de um espora: mestiços taciturnos de acentuado tipo índio que não se deslocam jamais sem sua faca e frequentemente com seu Colt 38 na cintura. Quando se deixa Assunção, quase não se ouve mais falar o espanhol, que poucos camponeses articulam corretamente. O campo paraguaio é o feudo do guarani, só os imigrantes recentes e alguns esnobes da cidade pretendem ignorá-lo. Cada encontro de nosso carroceiro com um desses cavaleiros era ocasião de um curto diálogo: "*Mbaeixapa?* — *Iporante ha nde?* Como vai? — Bem e você?". E seguiam-se então rápidas perguntas: "*Ha ko guingo kova, mo'opa oho?* E esses gringos aí, aonde eles vão?". As explicações do interpelado eram imprecisas. Ele sabia que nós íamos para os terríveis Guayaki; mas para quê? Talvez fôssemos missionários protestantes, ou quiséssemos obter deles informações sobre os tesouros que conheciam na floresta. Em todo caso nós éramos muito ricos, e não íamos certamente "estudar" os índios: os gringos são muito malandros para perder seu tempo com semelhantes bagatelas! E o homem seguia caminho no passo rápido de sua montaria, os olhos brilhantes de espanto sob a aba abaixada do chapéu de palha. Capoeiras substituíam logo os campos; trata-se de plantações abandonadas que são em seguida inteiramente tomadas por uma vegetação muito antipática de altos espinhais, de arbustos e de moitas espessas que tornam o terreno doravante incultivável. Então o camponês, semelhante nisso a seu ancestral índio, desmata de novo algumas braças. O calor estava insuportável, desencorajando a admiração da magnífica plumagem dos tucanos tão facilmente notados por seu bico enorme; mas, no horizonte, a massa sombria da floresta se aproximava e nós estávamos enfim sob as grandes árvores. É verdade que, se estava sensivelmente mais fresco, nesse instante tomei conhecimento do flagelo principal: os insetos, que, em hordas inumeráveis, picam e mordem numa impunidade total. Os bois, indiferentes aos gritos do carroceiro (*Hake, añamemby!* Vamos filho da mãe, diabo!), avançam placidamente. Ao cabo de alguns quilômetros começava uma ligeira descida em cujo sopé se adivinhava uma clareira: era Arroyo Moroti.

Não se via nenhum Guayaki. Choças se dissimulavam na floresta, mas ninguém aparecia. Soube mais tarde reconhecer nessa impassibilidade índia a marca de uma polidez que deixa o recém--chegado chegar tranquila e discretamente: finge-se não se ter percebido. Um longo momento, por vezes mais de uma hora, transcorre: só aí então alguém se aproxima do estrangeiro ou do amigo de volta após uma longa ausência e o saúda. "Você chegou? — Cheguei." Além disso, uma legítima desconfiança impedia os Guayaki de se mostrar muito familiares com os Brancos e, de toda maneira, teve lugar nesse dia um episódio bem mais importante e interessante, aos olhos dos índios, que nossa chegada, a qual desse modo se encontrou um pouco eclipsada. Jyvukugi e seu grupo, como se viu, estavam aí desde agosto de 1959. Os Aché Gatu — assim eles mesmos se nomeavam: os Guayaki bons — viveram desde então meio nômades, meio sedentários: eles continuavam a percorrer os bosques, caçando ou coletando suas provisões, mas acabavam sempre por voltar, após um tempo mais ou menos longo que ora não ultrapassava uma jornada ora atingia um mês inteiro, ao acampamento fixo que o destino lhes havia assinalado em Arroyo Moroti. Esse lugar era-lhes porto e refúgio, o único num mundo hostil de ponta a ponta. Por outro lado, seu protetor paraguaio não os via partir por muito tempo com bons olhos e empenhava-se, a fim de poder controlá-los, em que eles não prolongassem suas rondas. Naturalmente, essas idas e vindas afetavam o tempo de caça dos homens e diminuíam, por conseguinte, a quantidade de comida necessária à tribo. Esse homem havia adquirido em toda a região um grande prestígio por ter conseguido pacificar os Guayaki. Mas ele tirava também de seu novo poder vantagens diretas, entre as quais as moças da tribo não ocupavam o último lugar: era preciso certamente muita santidade para não sucumbir à tentação desses graciosos corpos. Em suma, era ele agora o cacique. A administração paraguaia, sancionando o estado de fato, havia legalizado suas funções, e se o salário que recebia era modesto, a quantidade de alimentos — farinha, gordura, açúcar, leite em pó — destinados aos índios e enviados de Assunção era ao contrário bastante importante. Os Aché recebiam, sem dúvida, uma parte, mas o resto era desviado por seu chefe branco, que o revendia, em proveito próprio, aos camponeses da região. As expedições desses gêneros se faziam a *pro rata* da população que deles se beneficiaria, e o tráfico seria ainda mais frutífero se os índios fossem mais numerosos. Ora, a algumas léguas de lá, as colinas escarpadas de Yvytyrusu abrigavam há séculos uma outra tribo Guayaki.

Esses índios, sem ser melhor tratados pelos Brancos que seus primos Aché Gatu, não se encontravam contudo, como esses últimos, na obrigação de capitular. Seu espaço de nomadismo, a "Cordilheira", era um refúgio natural onde os paraguaios se aventuravam pouco. Eram antes os próprios Guayaki que lançavam por vezes ataques para rápido retomar as encostas arborizadas onde não se ousava persegui-los. Eles pareciam então capazes de subsistir livremente durante muitos anos ainda; os paraguaios não penetravam em seu território de caça, de relevo por demais tortuoso para que aí pudessem apascentar rebanhos. Mas a relativa tranquilidade de que eles tinham até o presente se beneficiado não ia durar muito tempo pois, preocupado em aumentar a fonte de seus lucros, o senhor dos Aché Gatu decidira apropriar-se desta nova tribo. Para qualquer outro, a empresa era impossível; mas ele tinha na pessoa de Jyvukugi e dos seus o meio de realizá-la facilmente. Descobrir, com efeito, um bando de nômades na floresta é quase impossível para quem quer que seja, salvo precisamente para outros nômades: seria para eles uma brincadeira de criança descobrir o segredo das pistas invisíveis a qualquer outro olhar. Ainda

De dois tratados de paz   59

precisava convencer Jyvukugi a tentar o contato, operação para a qual os Aché Gatu manifestaram muito pouco entusiasmo quando, aproximadamente dois anos após sua instalação em Arroyo Moroti, isso lhes foi sugerido. Eles conheciam a existência dessa tribo, a leste do seu próprio território, mas jamais encontraram nenhum de seus membros. Tacitamente, os dois grupos estavam de acordo em evitar qualquer encontro, e se tomava cuidado em não invadir os terrenos de caça dos vizinhos. Se caçadores descobriam rastros que não pertenciam ao seu próprio grupo, sabiam por isso que seu curso os havia conduzido longe demais e que pisavam o solo dos *Irõiangi*, os Estrangeiros. Imediatamente faziam meia-volta temendo tombar de surpresa com um bando desses que, embora Aché como eles, eram reputados ferozes. "Se encontramos os Estrangeiros", contam os índios num tom exaltado, "então grandes flechas! Muitas flechas! Eles são terríveis, os Estrangeiros, e quanto a nós, nós não somos valentes, nós temos medo. Então, nós corremos, nós corremos muito!" Cada uma superestimando a seu bel--prazer o espírito belicoso da outra, as duas tribos conseguiram assim coexistir pacificamente, as duas se encerrando em seu território respectivo, por medo das horríveis represálias com que os outros não deixariam de punir toda violação de fronteiras. E o horror culminava na acusação maior: esses outros eram canibais.

Jyvukugi mostrou-se então bastante reticente: os Aché Gatu tinham medo, convencidos de que os Estrangeiros os crivariam de flechas ao primeiro passo sobre o solo tribal, para devorá-los em seguida. A presença do chefe branco, e suas armas de fogo, acalmaram finalmente a inquietude e, no começo de 1962, um pequeno grupo de índios partiu à procura dos *Irõiangi*. Decerto, não manifestavam nenhum interesse em tal expedição e, se aceitaram a princípio, é porque, secretamente, viam aí uma boa ocasião para se vingarem desses inimigos que não haviam jamais visto; e, por antecipação, eles se regozijavam com o belo massacre ao qual poderiam, sem muito risco, entregar-se sobre esses selvagens desprezados e odiados. As coisas, naturalmente, não se passaram assim, índios mortos não eram de nenhum proveito para o paraguaio. Aos Aché não foi preciso senão alguns dias para notar os sinais procurados: aqui, um tronco portando à altura de um homem um

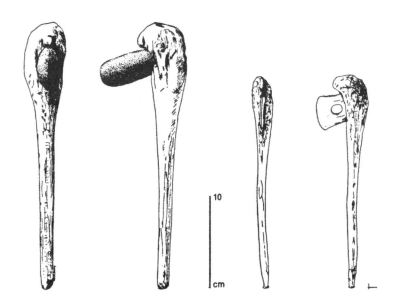

FIG. 5: machado de pedra e machado metálico, montados de modo semelhante.

minúsculo entalhe, imperceptível sinal em intenção das mulheres que seguiam atrás; um ramo de arbusto quebrado com a mão; mais longe, prova evidente de que se estava no caminho certo, uma palmeira abatida da qual haviam-se recolhido as folhas e que de sobra indicava, pelo estado de esmagamento das fibras, que um martelo de pedra havia aberto o entalhe. Aproximavam-se do alvo e os índios tornavam-se nervosos; adivinhavam os *Irõiangi*, esperavam a cada instante ouvir ruflar a corda dos arcos e assoviar as flechas: não fosse o *Beeru* armado de seus trovões, teriam voluntariamente parado aí a exploração, arriscando em seguida proclamar aos seus que haviam afugentado os inimigos. Uma manhã, pôde-se ouvir, a pouca distância mas abafado pela espessura da vegetação, um martelar: nesses golpes regularmente desferidos, os Aché reconheceram o barulho familiar de um machado de pedra batendo num tronco. "Os *Irõiangi* procuram mel", sussurravam. Aproximaram-se silenciosos, e viram, a algumas dezenas de pas-

De dois tratados de paz

sos, um homem que, trepado numa árvore, tentava alargar com um machado a entrada de uma cavidade onde as abelhas haviam estabelecido sua colmeia, de que ele cobiçava o mel. Ao pé da árvore, uma jovem mulher, sua grande cesta de palma trançada posta sobre o colo ao lado de um *daity*, recipiente impermeável que recolheria o mel, esperava que seu companheiro terminasse. Ninguém havia ouvido nada; o homem prosseguia seu trabalho e a mulher o olhava. Os índios dominaram sem dificuldade a mulher pasma de ver Aché desconhecidos acompanhados de um Branco. De susto, o homem deixou cair por terra seu pesado machado. Embaixo, três ou quatro arcos esticados dirigiam para ele suas flechas. "*Machi pira eme!* Não atirem flechas!", conseguiu articular. "*Ejy modo! Ejy modo!* Desce! Começa a descer!", uivavam os Aché Gatu. O catador de mel não compreendia: que faziam lá esses *Irõiangi* que, com certeza, iam matá-los? E esse *Beeru* sobretudo, por que estava ele com os Aché? Compreendeu que sua vida terminava aí e, resignado, desceu.

Seu nome era Kandegi, Pequeno Porco Selvagem, e a jovem mulher era sua filha. Kandegi era já um *chyvaete*, um ancião, tinha netos; não caçava mais com arco, mas podia ainda correr a floresta, seguir o voo das abelhas e escalar os troncos onde se aninhavam. De manhã cedo, ele havia deixado o bando para pegar o mel de uma colmeia antes assinalada. E como era viúvo desde há muito, havia pedido à sua filha para vir com ele a fim de transportar o mel no *daity*, tarefa que ele mesmo não podia realizar, pois carregar era ocupação de mulheres. Pensavam em voltar ao acampamento antes que o sol estivesse na vertical: e eis que esta coisa incrível acontecia. Kandegi pôs o pé na terra, sem se afastar do tronco a que se mantinha abraçado. Esperava o golpe do arco sobre a nuca que lhe quebraria o crânio, a menos que o *chuvi* do Branco deixasse explodir seu trovão. Em lugar disso, com grunhidos furiosos, os Aché se lançavam sobre ele, enchendo-o de socos e injuriando-o: "Vocês *Irõiangi* são muito bestas e muito mais! Vocês são Aché *vwagi*, comedores de Aché, canibais!". Ele não tentava se defender. O Branco que até então não havia dito nada lançou algumas ordens. Os homens se acalmaram, amarraram os braços de Kandegi, levantaram-nos a ele e sua filha, e o grupo se pôs em

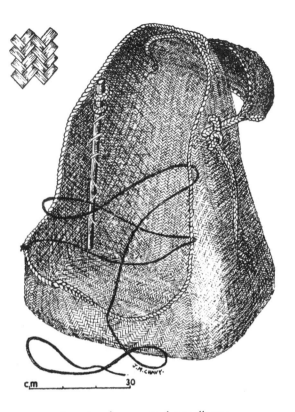

FIG. 6: *naku*, a cesta das mulheres.

marcha. Os Aché Gatu sabiam que os *Irõiangi* se lançariam em sua perseguição desde que se apercebessem do desaparecimento dos dois membros da tribo. Era preciso então afastar-se rapidamente; os *Irõiangi* não ousariam caçá-los além dos limites de seu território. Apertaram o passo no caminho inverso e, alguns dias mais tarde, chegavam sãos e salvos, e vitoriosos, a Arroyo Moroti.

Kandegi encontrava-se ao mesmo tempo no meio dos Aché inimigos e no mundo dos *Beeru*. Era incompreensível: os Aché e os *Beeru* juntos! E todos lhe eram hostis. Desde que os dois *Irõiangi* apareceram no acampamento, as mulheres Aché Gatu se esconderam e os homens resmungavam: "Vamos matá-los! Eles são muito malvados!". Um ancião se aproximou de Kandegi e desferiu-lhe na cabeça um grande soco. Era Paivagi, o mais velho dos Aché Gatu. Estava muito aborrecido desde algum tempo, pois sua mulher, sob o pretexto de que ele não podia mais copular, o havia abandonado por atrevidos mais vigorosos. E no entanto ele mesmo tinha por vezes vontade de possuir uma *dare*, uma dessas belas jovens mulheres da tribo. Oferecia-lhes larvas esperando obter seus favores: "*Meno vwã!* Para fazer amor!". Mas, insolentes, elas lhe riam na cara. "*Nde rõ tuja praruete! Meno kwa iã!* Você é um velho muito fraco! Você não pode fazer amor!" Tudo isso o deixava furioso e quando viu um desses *Irõiangi* detestados desde sempre, transferiu-lhe sua cólera e bateu nele. Mais tarde Paivagi e Kandegi tornaram-se bons amigos; vez por outra eles se davam pequenos presentes de comida. À parte o soco não muito violento do irascível Paivagi, Kandegi não teve que suportar nenhum outro insulto. Desembaraçaram-no de suas amarras. Estupefato, ele contemplava a casa do Branco, e, não podendo crer em seus olhos, rodeava-a três vezes a correr e a gritar, para grande emoção das mulheres que o vigiavam de longe. O *Beeru* fez trazer-lhe carne e ofereceu-lhe também comidas desconhecidas, entre as quais uma coisa deliciosa, quase tão boa quanto o mel: bombons. Os primeiros dias passados em Arroyo Moroti convenceram Kandegi e sua filha de que não se sonhava matá-los; seu pavor desaparece, deixando-os observar à vontade a vida estranha dos Aché e do *Beeru*. Este mostrava-se muito mais amigável que os Aché; se ele queria obter o concurso de Kandegi para realizar bem seus projetos, era-lhe preciso não somente seduzi-lo, mas persuadi-lo de que o interesse de sua tribo era juntar-se aos outros Guayaki em Arroyo Moroti. Explicava também pacientemente aos dois cativos que, graças a ele, os Aché não tinham mais nada a temer dos *Beeru*, que ele estava lá para impedir toda violência e que o acampamento era mesmo o único lugar da floresta onde a segurança dos índios estava assegurada. Esses argumentos caíam com força sobre o espírito de Kandegi: não passara ele toda a sua vida no temor dos Brancos matadores de índios? Quantos de seus companheiros terminaram sob as balas, quantos *kromi*, crianças raptadas e para sempre desaparecidas? Tudo o que dizia o *Beeru* parecia de natureza a eliminar enfim o pesadelo dos Aché.

Tanto que, ao fim de três semanas, o Branco chamou Kandegi e sua filha. Ao homem deu o que, mais que qualquer outra coisa, podia enchê-lo de alegria: um machado metálico e um facão, essas ferramentas de Branco das quais os Aché obtinham por vezes algum exemplar, frequentemente ao preço de sua vida. À jovem mulher ofertou um *tyru*, uma vestimenta de bonitas cores que ela logo arrumou em sua cesta. Eles estavam livres, podiam juntar-se à sua tribo, à qual deviam simplesmente contar o que haviam visto, e mostrar os presentes recebidos. O Branco prometeu também que, mais tarde, ele mesmo iria lá, nas montanhas dos *Irõiangi*, para conhecê-los e levar-lhes outros presentes. Eles se foram, ainda mais encantados com sua odisseia, porque no momento de sua captura criam-se votados a morrer longe dos seus. Mas graças a esse *Beeru gatu meete*, a esse Branco bom e grande doador, estavam vivos, estavam a caminho para encontrar os *irondy*, os companheiros: e com que prodigiosos relatos não iam premiá-los, quando seguramente todo mundo os imaginava já presa de jaguares e abutres, as mulheres, de cabelos tosados em sinal de dó, os homens afrontando-se em duelo a golpes de pau-d'arco para curar a dor!

O retorno foi rápido. Grandes *chenga ruvara* acolheram os chegados; na primeira noite Kandegi, sentado ao pé de seu fogo, cantou toda a noite o relato de suas aventuras. As pessoas estavam deitadas, parecendo dormir, mas na realidade escutavam-no com uma atenção apaixonada. Nos dias seguintes, à hora em que todos os caçadores estavam presentes no acampamento, longos conciliábulos reuniam os homens. Ninguém punha em dúvida o que dizia Kandegi, *chyvaete*, a quem sua idade não permitia mais desde muito falar como criança. Era preciso contudo confiar nos Aché estrangeiros e nesse Branco que os queria vivendo com ele? Mas havia os presentes, o pesado e brilhante *jamo jy*, o machado metálico: nenhum dos homens sabia ainda utilizá-lo mas, quando era preciso abater uma árvore ou desventrar uma colmeia, os velhos *itagy*, os machados de pedra, pareciam risíveis, muito bons para servir de pilão às mulheres. E o *Beeru* prometera dá-los a todo mundo!

Karewachuji, Grande Quati, hesitava. Muito tempo se passara desde que os Aché o reconheceram como guia. Ele soubera sempre, com a ajuda de seu irmão Kajawachuji, Grande Gato Selvagem, evitar aos seus os riscos de conflitos com os Aché hostis. Era o homem mais forte da tribo e seus braços enormes podiam curvar o arco até rompê-lo; os companheiros temiam seus golpes nos duelos, e nenhum dentre eles o achava excessivo quando cantava: "*Cho rõ bretete*, eu sou um muito grande caçador". Era o primeiro a saber descobrir *kaa gatu*, a boa floresta onde abundava a caça. Mas devia agora render-se às razões de Kandegi e tornar-se *cheygi*, amigo e aliado dos Brancos? Não esqueceria tão cedo como, quinze anos antes, inumeráveis *Beeru*, todos armados de seus *chuvi*, invadiram a terra dos Aché semeando durante vários dias a morte e o terror entre eles, enquanto a todo instante estalavam as denotações. A tribo que, durante os meses precedentes, matou uma grande quantidade de cavalos e de vacas teve que se retirar para longe dos terrenos de caça habituais. Uma parte dos Aché, desmoralizados com essa derrota, abandonou completamente o território e partiu para muito longe ao norte, lá onde viviam outros Guayaki: supunham-nos muito malvados, mas menos, sem dúvida, que os Brancos. Eles se foram então e não os viram mais: será que os Aché os comeram ou os receberam como *pave*, como irmãos? Os outros não puderam decidir deixar os lugares familiares e estabeleceram seu *etoa*, seu espaço de caça, no Ywytyrusu. Das alturas que ocupavam, viam brilhar ao longe as luzes que os Brancos acendiam durante a noite. Por vezes mesmo, escutavam um surdo grunhido sobre o caminho dos *Beeru*: era um de seus *bita*, um animal doméstico, monstruoso por seu talhe e seus rugidos, *Itapegi*, o caminhão. Os Aché viam tudo isso dos cimos onde se sabiam quase tranquilos: vai-se trocar a garantia dessa semissegurança por uma simples promessa de segurança total? Alguns foram imediatamente partidários de aceitar a oferta do Branco, entre outros, Pychãpurangi, Pé Torcido; ele sobreviveu a uma mordida de cascavel, mas ficou aleijado. Desde então, penava para seguir os outros em seus deslocamentos, coxeando sobre seu cotoco deformado. Outros se recusavam a crer na boa-fé do *Beeru*. Os Aché se dividiram. Finalmente uma maioria, mais sensível talvez à atração de uma aventura do que aos riscos corridos, firmou-se a favor da reunião, e Karewachugi adotou seu ponto de vista: nada mais restava senão esperar o Branco.

A expedição foi organizada em maio de 1962. Mais forte que a pequena incursão que surpreendera Kandegi, compreendia vários paraguaios e uma dúzia de Guayaki, homens e mulheres. A presença destas devia mostrar aos *Irõiangi* as disposições pacíficas da embaixada: quando os Aché decidiam alguma ação guerreira, só os homens participavam. Deslocar-se com as mulheres era então signo de paz. Os Brancos, no entanto, sabendo que iam encontrar-se face à tribo inteira e ignorando se a missão de que haviam encarregado Kandegi tinha sido bem-sucedida, preferiam não ser pegos desprevenidos; era preciso serem bastante numerosos para resistir, em caso de fracasso, a uma emboscada sempre possível. De fato, tudo se passou na calma. O acampamento foi uma manhã bruscamente cercado de assobios, de apelos agudos, de gritos, sem que se visse um único índio. Duas flechas brotaram da folhagem, mas lançadas bem acima das cabeças. Os Aché começaram a ter medo quando de repente, detrás das árvores, surgiram aproximadamente sessenta *Irõiangi*, homens, mulheres e crianças. Embora os caçadores portassem arco e flecha, nenhum deles aplicara na face e no torso essas pinturas negras destinadas a terrificar o inimigo quando o atacavam; não tinham intenções hostis. Um dos homens avançou e brevemente relembrou as promessas transmitidas por Kandegi. Por intermédio dos Aché Gatu, os Brancos confirmaram; algumas ferramentas metálicas foram distribuídas, as mulheres choraram suas boas-vindas aos Aché e aos *Beeru* e o grupo pôs-se em marcha: os *Irõiangi* abandonaram definitivamente seu *etoa*, como os Aché Gatu três anos antes.

Alguns, no entanto, não haviam podido se decidir, não mais de uma dezena, entre os quais o velho Torangi, que odiava e desprezava os *Beeru*. Havia duas crianças. O pequeno bando desapareceu e não se pensava jamais rever esses últimos irredutíveis quando, a 23 de fevereiro de 1963, no momento mesmo de nossa chegada a Arroyo Moroti, eles saíram da floresta e se apresentaram no acampamento. Não tinham podido durante esses nove meses suportar sua solidão, longe dos companheiros, dos quais a cada instante descobriam os rastros: foi um tal, diziam, que abateu essa árvore, e eis as larvas de um outro. Únicos senhores doravante do Ywytyrusu, temeram seu reinado. Além disso, uma de suas crianças, uma garotinha de oito ou dez anos, estava muito doente, *mano ruwy*, quase morta: talvez os Brancos soubessem curá-la. Eles se decidiram e à hora em que nós chegávamos entre os Aché, coincidência prodigiosa onde eu quis ver um sinal, aparecia o grupo de Torangi. Os oito homens e mulheres tinham tosado os cabelos. Uma pequena capa de pelo de gato selvagem cobria os ombros da criança. Silenciosos, estreitados uns contra os outros num só bloco de desconfiança, a floresta livre atrás de si, eles olhavam a nova vida. A chegada furtiva dos amigos e parentes desviou os Aché da atenção que nos teriam prestado normalmente. Voltando as costas à nossa carroça, contudo carregada de presentes que esperávamos repartir numa enorme cerimônia de troca, os índios foram ocupar-se dos chegados. Valeu-nos, é verdade, assistir algumas horas mais tarde, pela primeira vez, ao que os cronistas do século XVI, tais como André Thevet e Jean de Léry, contavam dos índios Tupinambá do litoral brasileiro: a saudação lacrimosa, ou modo ritualizado de saudar os estrangeiros. Jakugi, caçador Aché Gatu, não se encontrava lá nesse momento. Quando retornou no fim da tarde, anunciaram-lhe a novidade. Duas mulheres *Irõiangi*, uma velha e outra jovem, dirigiram-se à sua choça. Ele se ergueu; a *waimi*, a anciã, colocou-se face a ele, as mãos apoiadas sobre seus ombros, enquanto a jovem ocupava um lugar simétrico atrás dele. Ele se encontrava preso entre as duas mulheres que pressionavam estreitamente seus corpos ao dele e o apertavam em seus braços. Então começou o *chenga ruvara*, enfática recitação de frases apenas articuladas, entrecortadas, como um tipo de refrão dessa canção chorada, de lúgubres soluços. Vez por outra, Jakugi recebia a homenagem do *piy*, massagem no dorso e na nuca. Tudo isso durou dez minutos, constantemente marcado de uma dignidade inesquecível, ilha de graça e virtude em meio aos índios discretamente desatentos. Estive um longo momento sob o encanto dessa requintada cortesia, diversão bem-vinda ao calor e aos mosquitos: eu estava mesmo entre os Selvagens.

3.
AO REVÉS

Selvagens, eles o eram de fato, indiscutivelmente, sobretudo os *Irõiangi*. Seu contato com o mundo branco, aliás reduzido na maior parte do tempo a um único paraguaio, não remontava senão a alguns meses. De que maneira se manifestava a selvageria desses selvagens? Não na estranheza das aparências: nudez dos corpos, corte de cabelo, colares de dentes, cantos noturnos dos homens etc., que me encantavam, pois enfim era isso mesmo que eu tinha vindo procurar. Mas pela dura e ao primeiro olhar irremediável impossibilidade de se compreender, pela indiferença total, desencorajante, que os Aché opunham aos tímidos e sem dúvida ingênuos esforços para reduzir um pouco da prodigiosa distância em que eu os sentia persistir. Oferecia um facão a um homem sentado sob o abrigo de palma e trabalhando a apontar uma flecha? Ele mal levanta os olhos; pega-o sem rudeza mas sem manifestar a menor surpresa, examina a lâmina de que tateia o fio pouco cortante, é nova a ferramenta, põe-na de lado e retoma, sempre silencioso, sua tarefa. Há outros índios à sua volta; ninguém disse palavra. Decepcionado, quase vexado, volto sobre meus passos e aí ouço somente breves murmúrios: sem dúvida ele comenta o presente. Eu seria bem presunçoso se esperasse receber em troca um arco, ou o relato de um mito ou alguns termos de parentesco! Tentava várias vezes experimentar com os *Irõiangi* o pouco de guayaki que sabia. Havia reparado que, se sua língua era a mesma dos Aché Gatu, em troca eles a falavam diferentemente: seu falar me parecia muito mais rápido, as consoantes tendiam a desaparecer no fluxo das vogais, impedindo-me assim de notar palavras entretanto conhecidas; em suma, eu não identificava grande coisa. Mas, ainda por cima, parecia-me, eles tinham má vontade. Faço a um rapaz uma pergunta que sei não ser indiscreta, pois os Aché Gatu já responderam-na sem hesitar: "*Ava rõ nde apã?* Quem é seu pai?". Ele me olha; não se pode dizer que esteja espantado por uma questão extravagante, ou que não tenha compreendido (tomei cuidado em articular clara e lentamente); um pouco de enfado somente no olhar e nenhuma resposta. Talvez eu tenha pronunciado muito mal, é preciso saber o que se passou. Corro a procurar um Aché Gatu, peço-lhe para repetir a pergunta, ele a formula exatamente como eu alguns minutos antes e contudo obtém, ele, a resposta. Que fazer? Então me vem à memória o que já me havia dito Alfred Métraux: "Para poder estudar uma sociedade primitiva é preciso que ela já esteja um pouco apodrecida".

Ora, eu tinha diante de mim, ao menos com os *Irõiangi*, uma sociedade ainda verde, pode-se dizer, se bem que as circunstâncias tivessem constrangido a tribo a aceitar viver num espaço "ocidental" (mas, em certo sentido, sua vinda recente a Arroyo Moroti não resultava mais de uma livre decisão coletiva que de uma pressão exterior insuportável?). Apenas desflorados, apenas contaminados pelo ar mortal que é para os índios o ar de nossa civilização, os Aché conservavam o frescor ainda quieto de sua vida na floresta: liberdade provisória, que sobrevivia sem dúvida, mas que no momento não exigia mais nada, não murchara por nenhuma ferida por onde tivesse penetrado a insidiosa e rápida decomposição de sua cultura. A sociedade dos Aché *Irõiangi* não estava apodrecida, sua boa saúde a impedia de inaugurar comigo, com um outro mundo, o discurso de sua decadência. E por isso, num mesmo movimento, os Aché recebiam os presentes que não reclamavam, recusavam as tentativas de diálogo porque eram fortes o bastante para não precisar disso: nós começaríamos a falar quando eles estivessem doentes. O velho Paivagi morreu em junho de 1963; ele pensava certamente que não tinha mais nada a fazer no mundo dos vivos. Em todo caso, era o mais velho dos Aché Gatu e sua idade (tinha seguramente mais de setenta anos) me levava a querer interrogá-lo frequentemente sobre as coisas do passado. Ele se prestava em geral de muito bom grado a essas conversações, mas por breves momentos apenas, ao termo dos quais, cansado, ele se ocultava de novo em seu devaneio. Uma noite, quando se preparava para dormir ao pé do fogo, eu fui me sentar perto dele. Não apreciou em absoluto a visita pois murmurou, num tom doce e sem réplica: "*Cho rõ tuja praru. Nde rõ mitõ Kyri wyte.* Eu sou um velho fraco. Você é uma cabeça tenra, um recém-nascido ainda". Tudo estava dito; deixei Paivagi atiçar seu fogo e fui para perto do meu, um pouco desconcertado, como se fica sempre diante de quem diz a verdade. Tal era a selvageria dos Aché: cheia de seu silêncio, signo desolador de sua última liberdade, foi-me também a mim destinado desejar privá-los dela. Pactuar com sua morte: era preciso, à força de paciência e de astúcia, a golpes de pequenas corrupções (ofertas de presentes, de comida, gestos amáveis de toda espécie, palavras sempre doces, untuosas mesmo), era preciso quebrar a resistência passiva dos Aché, atentar contra sua liberdade e obrigá-los a falar. Quase cinco meses foram-me necessários para consegui-lo, graças sobretudo aos Aché Gatu.

Viviam eles em Arroyo Moroti há dois anos e meio. Esse tempo basta para levar uma tribo indígena à sua desagregação, quando entretém relações permanentes com os Brancos. Mas o quase isolamento desse lugar, onde não passavam senão raros visitantes paraguaios, deixava de fato os índios num face a face consigo mesmos; sem dúvida seus hábitos cotidianos se achavam afetados, mas sua cultura não estava ainda muito alterada. Era preciso por exemplo aprender a comer mandioca todos os dias, carne menos frequentemente, o que entristecia muito os Guayaki. Mas como não se fez nenhum esforço para cristianizá-los, sua vida espiritual não estava abalada e o mundo de suas crenças permanecia vivaz, protegendo sua sociedade da dúvida mortal que uma evangelização evidentemente imposta não teria deixado de introduzir. Os Aché Gatu continuavam então sendo Aché, a despeito de seu relativo costume ao comércio dos Brancos. Mas quando os *Irõiangi* vieram partilhar o acampamento, a gente de Jyvukugi, forte precisamente por esse avanço de dois anos e meio que possuía sobre os recém-chegados, adotou a seu respeito uma atitude altiva de iniciados face a neófitos, até mesmo de senhores diante de seus aldeões. A hierarquia se estabeleceu de imediato entre as duas tribos; ou, antes, os Estrangeiros aceitaram sem discussão o que os outros buscavam obter. Pois se para os Aché Gatu o chefe paraguaio era a única proteção contra o mundo branco, da mesma maneira Karewachugi e os seus precisavam de compatriotas: sem eles, não chegariam a compreender o que convinha fazer, arriscavam perder sua entrada no mundo dos *Beeru*. Eles se submeteram então à boa vontade dos Aché Gatu, que não podiam senão regozijar-se com disposições tão favoráveis.

A chegada dos *Irõiangi* não os havia, longe disso, enchido de alegria. Eles não se opuseram, pois que tal era a vontade do Branco, mas, anfitriões forçados desses incômodos convidados, reservaram-lhes uma acolhida insossa. Os dois grupos haviam sempre habitado suas florestas sem jamais procurar se conhecer, cada um era o inimigo potencial do outro, não havia então nenhuma razão para apregoar uma amizade de que ninguém fazia questão. Além disso, Jyvukugi bem sabia que os Estrangeiros iam se beneficiar dos favores do *Beeru* e que a parte dos Aché Gatu seria reduzida um tanto. Mas, sobretudo, a relação de força numérica era consternadora, e a tímida aparição dos outros teve para os primeiros o efeito de uma invasão. O grupo de Jyvukugi não contava mais que trinta pessoas: quatorze homens, sete mulheres e crianças. Os Estrangeiros eram sessenta, aos quais vieram acrescentar-se um pouco mais tarde os dez que eu vi chegar. Era esmagador: *"Tarã pute rõ Irõiangi!* Uma quantidade enorme! Eles são Estrangeiros!", suspiravam os Aché Gatu. Não iam se aproveitar de seu número para arrebatar as raras esposas que os homens partilhavam? Todos os temores eram justificados, como o era também o desprezo que suscitavam os *Irõiangi*: distribuíam-lhes machados e facas, e eles não sabiam nem mesmo usá-los, nem afiar as lâminas; era preciso explicar tudo a esses rústicos. Decidiu-se então evitar toda promiscuidade e não se misturar aos intrusos, empenhando-se em que se estabelecessem a alguma distância: de sorte que havia na realidade dois acampamentos nitidamente separados sob as árvores de Arroyo Moroti, de um lado e do outro do riacho. E depois fizeram-lhes sentir quem eram os verdadeiros senhores: a superioridade do número não compensava em absoluto sua ignorância profunda: *"Irõiangi kwa iã ete, ure kwa ty*. Os Estrangeiros não sabem nada, nós sim, nós estamos acostumados a saber". Os *Irõiangi*, pouco susceptíveis, estavam muito convencidos disso e não sonharam disputar com os Aché Gatu a preeminência que lhes conferia o saber aprendido junto aos Brancos. Humildemente, aceitaram o papel secundário e foi assim que, sem buscar diminuir o prestígio de Karewachugi junto aos seus, Jyvukugi tornou-se o líder de todos os Aché. Hábil político tanto quanto valente caçador, ele soube muito rápido explorar em proveito de seu próprio grupo a timidez e a falta de jeito dos Estrangeiros. E, para começar, arranjou uma mulher para seu irmão Pikygi, Pequeno Peixe, porque a sua o abandonou um pouco antes para seguir outro homem. Quando os Irõiangi chegaram, Karewachugi tinha duas esposas, uma antiga e a outra recente, jovem mulher cujo marido havia sido morto pelos paraguaios: Karewachugi tomou-a então por *japetyva*, segunda esposa. Um arranjo foi concluído e Karewachugi cedeu seus direitos a Pikygi. Ele se separou sem muita pena de sua jovem mulher, embora ela lhe tivesse dado uma filhinha, enquanto que da esposa principal ele tinha dois filhos, já casados e pais de família: mas quando se tem duas mulheres, é preciso caçar duas vezes mais. Karewachugi via ainda que, por esse abandono de direitos, caía nas boas graças de Jyvukugi. Quanto à jovem, ela ficou contente de ter por novo marido um desses Aché Gatu tão ricos e seguros de si. O ganho da operação era duplo: os Aché Gatu, pobres em mulheres, ganhavam uma, esse casamento transformava os dois grupos até então hostis em aliados. Por intermédio de Pikygi e de sua esposa, as pessoas das duas tribos tornavam-se enfim cunhados uns dos outros. O que era impensável quando todos os Aché viviam independentes na floresta, sua reconciliação em uma única comunidade onde todos eram *irondy*, companheiros, isso se realizava uma vez perdida sua liberdade. *Pave*, irmãos: tal eram eles desde então, e contudo não o haviam desejado.

O bom entendimento reinava então; um secreto rancor persistia mas não aparecia publicamente senão em raras ocasiões. De uma parte e de outra, por exemplo, evitavam se tratar de *Irõiangi*, o que para os *vaja*, cunhados, seria ofensivo. Mas quando se estava entre os seus, ninguém se aborrecia: esqueciam os *vaja*, para não falar senão de Estrangeiros. Kybwyragi revelou um dia a verdadeira natureza das relações; ele confiou-me, olhando vagamente um grupo de *Irõiangi*: "Quando eles morrerem todos, nós toma-

Ao revés 73

remos suas mulheres. Assim então, nós teremos muitas mulheres". As velhas se mostravam menos prudentes. Eu conversava uma noite à meia-voz com Jygi, Rã, mulher Aché Gatu, já bem idosa. Calma no acampamento quase adormecido, quando de repente de um *tapy* escapa, sonoro no silêncio circundante, um peido. Rindo, eu pergunto a Jygi: "*Ava rõ pyno?* De quem é esse peido?". Crendo sem dúvida que eu busco acusá-la, ela grita, furiosa, em voz bem alta para que ninguém o ignore: "Os Estrangeiros são grandes peidões. *Ine pute*, eles fedem imensamente! Nós mesmos, Aché Gatu, não peidamos nunca!". Ninguém reconheceu a injúria que, ainda mais, era caluniosa. Pois os Guayaki são muito discretos quanto às atividades naturais do corpo, deixam-se exprimir somente pelo arroto, índice são de um apetite satisfeito. Nenhuma outra linguagem é permitida. Mesmo as crianças pequenas se afastam bastante das choças para ir se aliviar, invisíveis e inaudíveis sob as árvores. Ouvem-se por vezes risos distanciar-se: são jovens mulheres que vão mijar juntas. E se, porventura, algum distraído permanece muito perto do acampamento, uma velha o repreende vivamente: "*Wata reko! Kaari rõ puchi!* Continua a ir! Na floresta sim, defeca!". A água do pequeno riacho de leito de areia muito clara — por isso os índios Guarani o chamavam *Moroti*, Branco — acolhia as abluções tanto dos Estrangeiros quanto dos Aché Gatu. Estes, não obstante, recusavam que seus cunhados fossem seus iguais, e raramente os caçadores de Jyvukugi partiam junto com os homens de Karewachugi. Essa atitude impertinente os impelia mesmo aos limites do ridículo: Jyvukugi, embora comedido em seus atos e em seus propósitos, mais inclinado a petrificar o interlocutor com um pesado olhar irônico do que a dizer qualquer coisa, o próprio Jyvukugi nem sempre escapava. Ei-lo um dia, atento a vigiar o trabalho de um *Irõiangi* que talha uma flecha. Ao cabo de um momento, ele o chama, quer examinar o corte: "*Mechã vwã*, para ver", diz sem se perturbar. O outro, pressionado, entrega. É uma boa flecha, armada de pontas sobre um único lado, como o são quase todas as flechas dos Aché. Jyvukugi verifica-lhe a retidão, a rigidez, investiga com cuidado a regularidade e a profundidade dos entalhes. Exibe-a então à sua mulher ao lado, e pronuncia, acabrunhado, um sorriso de piedade nos lábios: "*Vai pute!* Bem feio!".

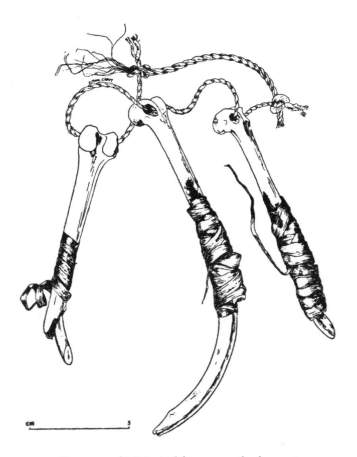

FIG. 7: *prachi*. Principal ferramenta dos homens para a fabricação das flechas.

A má-fé é patente, pois esta flecha é tão boa quanto qualquer outra. Por que então Jyvukugi, perito na matéria, a denigre? Porque o artesão, desprovido de lâmina de metal, fabricou-a com o buril tradicional dos Guayaki: o *prachi*, um longo incisivo de capivara montado num osso de macaco que faz as vezes de cabo, o conjunto colado com cera de abelha e amarrado com casca de liana. Resulta daí que os entalhes não oferecem o aspecto limpo e bem acabado obtido facilmente com uma faca de Branco, e não tanto com o *prachi*. Jyvukugi sabe tudo isso, mas quer assentar sua domina-

Ao revés

ção sobre a superioridade técnica dos seus e debocha das rústicas flechas dos *Irõiangi*. Não podendo rivalizar nesse plano com os *Beeru*, ele tem sua revanche sobre os mais pobres que ele: o mundo branco é tal que a igualdade lá é impossível; Jyvukugi tinha compreendido isso rapidamente.

Mas, se protegia antes de tudo os interesses de sua tribo, não negligenciava no entanto os dos Estrangeiros. Na medida em que estes o reconheciam, acima de Karewachugi, como seu verdadeiro líder, ele se sentia responsável por eles quase com os mesmos direitos que por sua gente. Também velava, quando o Branco procedia a alguma distribuição de comida, remédios ou utensílios, para que todos os Aché fossem dotados da parte que lhes cabia. Do mesmo modo, quando sobrevinha um acontecimento importante, ou era tomada uma decisão concernente a todo mundo, Jyvukugi tomava o cuidado de visitar o acampamento inteiro e de transmitir a novidade a todos os Aché, família por família, comentando-a e detalhando-a abundantemente a fim de que cada um estivesse bem ao corrente do que se passava. No começo, essas visitas de informação me surpreendiam muito, pois, de fato, os índios sabiam já do que se tratava. Quando o paraguaio tinha a declarar-lhes alguma coisa, ele os reunia diante de sua casa de taipa e lá falava em uma bizarra e confusa mistura de guayaki e de guarani: apenas três ou quatro Aché Gatu chegavam a compreender esse jargão, impermeável a todos os outros. Por isso era preciso traduzir-lhes o discurso, de que se encarregavam na hora os poucos iniciados. Malgrado isso, quando as pessoas tinham voltado para seus *tapy*, Jyvukugi repetia de maneira prolixa o que algumas palavras tinham acabado de informá-los. Os índios, escutando Jyvukugi, pareciam tudo ignorar do que lhes dizia: comédia estranha em que os ouvintes imitam surpresa, prestando toda atenção àquele que seguramente não podia ser enganado por seu fingido espanto. Qual era então o segredo desse jogo? Que regra se concordava em respeitar numa mesma cumplicidade? Por que era preciso que Jyvukugi repetisse inutilmente o que os outros já sabiam? Isso não dependia em absoluto da qualidade da informação dada pelo paraguaio; pois, quer fosse importante ou não, a atitude dos índios permanecia a mesma. Eles não se consideravam realmente informados senão a partir do momento em que obtinham seu saber da própria boca de Jyvukugi: como se só sua palavra pudesse garantir o valor e a verdade de qualquer outro discurso.

Eu apreendia aí, tão simplesmente, a natureza essencial do poder político entre os índios, a relação real entre a tribo e seu chefe. Enquanto líder dos Aché, Jyvukugi *devia falar*, era isso que esperavam dele e era a essa espera que ele respondia indo, de *tapy* em *tapy*, "informar" as pessoas. Pela primeira vez, eu podia observar diretamente — pois ela funcionava, transparente, sob meus olhos — a instituição política dos índios. Um chefe não é para eles um homem que domina os outros, um homem que dá ordens e a quem se obedece; nenhum índio aceitaria isso, e a maior parte das tribos sul-americanas preferiria escolher a morte e a desaparição a suportar a opressão dos Brancos. Os Guayaki, votados à mesma filosofia política "selvagem", separavam radicalmente o poder e a violência: para provar que era digno de ser chefe, Jyvukugi devia demonstrar que, diferente do paraguaio, ele não exercia sua autoridade por meio da coerção, mas que, ao contrário, a desdobrava no que é mais oposto à violência, no elemento do discurso, na palavra. E quando fazia a turnê do acampamento, não informava aos Aché nada de novo para eles, mas confirmava sua aptidão em exercer a função em que o investiram. A significação de seu discurso se duplicava então, pois o sentido aparente não estava lá senão para dissimular e revelar, a um tempo, o sentido escondido, mas verdadeiro, de uma outra palavra, de um outro discurso que percorria o que ele dizia. Palavra plena, discurso pesado que, ao manter igual a si o laço do grupo e de seu poder, enunciava de fato isto: "Eu, Jyvukugi, sou seu *Beerugi*, o seu chefe. Estou feliz em sê-lo, pois os Aché necessitam de um guia, e eu quero ser esse guia. Provei o prazer de dirigi-los, e quero prolongar esse prazer. Continuarei a desfrutá-lo enquanto vocês me reconhecerem como seu chefe. Vou eu impor à força esse reconhecimento, entrar em luta com vocês, confundir a lei de meu desejo com a lei do grupo, a fim de que vocês façam o que eu quero? Não, pois esta violência não me serviria de nada: vocês recusariam esta subversão, vocês cessariam, no mesmo instante, de ver em mim seu *Beerugi*, vocês escolheriam um outro e minha queda seria tão mais dolorosa que, re-

Ao revés

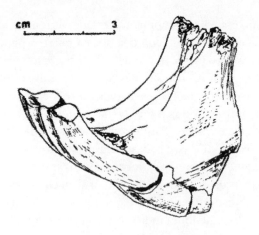

FIG. 8: maxilar de capivara.

jeitado por todos, eu seria condenado à solidão. O reconhecimento que sem cessar devo solicitar de vocês, eu o obterei não do conflito, mas da paz, não da violência, mas do discurso. Eis por que eu falo, faço o que vocês querem, pois a lei do grupo é aquela de meu desejo; vocês desejam saber quem sou eu: eu falo, me escutam, eu sou o chefe".

Esse pensamento do político, exprimido nesse discurso imaginário, não escapava, de uma certa maneira, à consciência dos índios. Testemunha-o esse homem que eu interrogava a propósito das atividades do chefe. Querendo perguntar-lhe o que fazia Jyvukugi (no sentido inglês de *to do*), utilizava o verbo *japo* que significa fabricar (*to make*); ele me respondeu com vivacidade: "*Jyvukugi japo ia, inandy!* Jyvukugi não 'faz', ele é aquele que tem costume de falar". Não que Jyvukugi não "fizesse": ao contrário, ele trabalhava muito, fabricando flechas sem cessar. Mas o que queria explicar meu informante é que Jyvukugi se definia não segundo o *fazer*, mas segundo o *dizer*, que nisso residia sua diferença com relação aos outros, e que por essa razão ele era o chefe. A obrigação de manipular cada vez que necessário o instrumento da não-coerção — a linguagem — submete assim o chefe ao controle permanente do grupo: toda palavra do líder é uma segurança dada

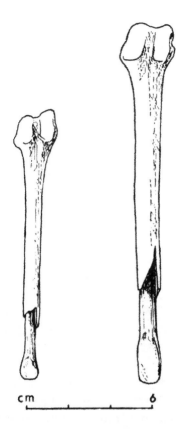

FIG. 9: *prachi* de ponta metálica.

à sociedade de que seu poder não a ameaça; seu silêncio em revanche inquieta. Decerto, os Guayaki não elaboram a teoria de seu poder político, eles se contentam em pôr em prática e em manter uma relação inscrita na estrutura mesma de sua sociedade e que se encontra, recorrente, em todas as tribos índias. O "poder", encarnado pelos chefes, não é aí autoritário, não no sentido de que essas sociedades primitivas teriam ainda grandes progressos a fazer para chegar a se proporcionar uma verdadeira instituição política (quer dizer, semelhante à que se encontra em nossa própria civilização), mas no sentido de que essas sociedades "selvagens" *recusam*, por um ato sociológico e portanto inconsciente, deixar seu poder tornar-se coercitivo. Os chefes são impedidos de utilizar sua função para fins pessoais; eles devem velar para que seus desígnios individuais não ultrapassem jamais os interesses da comunidade, estão a serviço do grupo, são seus instrumentos. Submetidos a seu controle permanente, os líderes não podem transgredir as normas que fundam e subtendem toda a vida social. O poder corrompe, diz-se: eis um risco que não espreita os índios, menos por rigor ético pessoal que por impossibilidade sociológica. As sociedades índias não foram feitas para isso, e morreram disso.

Pelo fim da primeira metade do século XVI, os Conquistadores penetravam o coração do continente sul-americano. Em expedições sucessivas, tendo os índios massacrado as primeiras, eles conduziam suas naus pelo Rio de La Plata — assim chamado pelos espanhóis que viam aí o caminho para o país dos metais preciosos, o Peru dos Incas. Eles mesmos não a conheciam ainda, mas os índios do litoral brasileiro, portadores de machadinhas de cobre e peitorais de prata martelada, lhes haviam explicado que esses objetos provinham de montanhas situadas muito longe a oeste, os Andes. Sabia-se também que um marujo português, Alejo Garcia, arremessado por um naufrágio em 1521 sobre a costa, aproximadamente no local do atual porto de Santos, rumou para o poente, acompanhado de índios Tupinambá. Chegando ao Paraguai, recrutou facilmente várias centenas de guerreiros Guarani, dos quais alguns conheciam já o país do ouro por, em primeiras caminhadas, tê-lo pilhado várias vezes. Alejo e seu bando atravessaram o Chaco, alcançaram a Bolívia nos limites do Império Inca, reuniram um grande butim de ouro e prata e rumaram para o Leste. Uma vez atingida a margem do rio Paraguai, os Guarani mataram o português: todo o butim ficou em suas mãos, mas Garcia era o primeiro Branco a ter atravessado a América do Sul e a ter podido contemplar a riqueza dos Caracara, os Urubus, nome guarani dos Incas. Nada disso inquietava os espanhóis, que não temiam grande coisa; ao contrário, o destino do audacioso português os encoraja: não havia ele fornecido a prova de que o Eldorado existia efetivamente e que estava ao alcance de suas mãos? As coisas se deram diferentemente. Entre o ouro e os Conquistadores estendia-se o Chaco, e os índios que o povoavam eram duros combatentes, inimigos mortais dos Guarani e portanto dos *Karai*, seus aliados brancos, de quem estimavam especialmente os escalpos. Quando, após várias tentativas infrutíferas, os espanhóis chegaram às montanhas, aprenderam dos índios que desde muito tempo homens brancos e barbudos, providos de armas de fogo e montados sobre cavalos, haviam semeado a guerra e a morte no norte do país: assim anunciavam-lhes que Pizarro se lhes havia antecipado e destruíra o Império. Para eles, era tarde demais, o ouro não lhes estava destinado.

Na verdade, muito tempo havia passado desde a época em que os jovens lobos da Andaluzia e da Extremadura, sem medo e sem escrúpulos, haviam posto o pé no Paraguai, lá fundando o fortim de Assunção, futura capital do país. Tempo bastante em todo caso para que, amolecidos pelo clima e pelas belas índias Guarani, desencorajados pelos fracassos sucessivos das *Entradas* através do Chaco, tivessem renunciado ao sonho de conquistar a riqueza. Praticamente isolados da Espanha, que não sabia mesmo mais em que tinham se transformado os Conquistadores do Rio de La Plata, eles preferiam agora se abandonar ao deboche entre os braços de suas amantes. A aliança recentemente concluída com os Guarani revertera, bem entendido, a seu favor: os homens tinham-se tornado seus escravos, as mulheres suas concubinas e cada espanhol era senhor de um harém numeroso. Por centenas já e em breve por milhares, os *Karai ra'y*, os mestiços de Brancos e índios, corriam em torno das casas de terra seca e nas roças onde seus tios, os orgulhosos guerreiros de outrora, cultivavam a mandioca e o milho para os senhores, seus cunhados.

Os fidalgos não dominavam certamente todas as tribos Guarani: somente as que viviam em torno de Assunção. Havia muitas outras ao norte e a leste, potentes e prósperas em suas grandes casas coletivas, cada uma podendo abrigar mais de duzentas pessoas. Os jovens lá eram valentes, os velhos prudentes e os grandes feiticeiros, os *Karai* de incríveis poderes, sabiam falar com os deuses: também nomeavam *Karai* os Brancos vindos do Leste, também eles pareciam senhores de uma potência incompreensível. Graças aos cantos e às danças dos xamãs, as colheitas cresciam nas plantações, e Tupã, apaziguado e seduzido pelas belas palavras dos *Karai*, enviava sua chuva benéfica quando era preciso. Quanto às florestas, a caça abundava: flechas, armadilhas e bordunas forneciam aos habitantes das *tava*, das aldeias, toda carne desejável. Havia enfim a guerra sem trégua dirigida contra os Ka'aygua. Quem eram eles? "Os da floresta": era o nome desprezível dado entre outros (pois servia aos Guarani para designar globalmente todas as tribos por eles julgadas selvagens) a essas gentes quase nunca avistadas, salvo quando se aproximavam das roças para pilhá-las; tão logo sua presença era descoberta, escutava-se o barulho de sua fuga nos bosques, como o tapir afobado que se enfia direto adiante. E era bem assim que os Guarani consideravam os Ka'aygua: animais cuja reputação aterrorizava as mulheres. Teriam-nos exterminado de bom grado, mas era impossível; eles não sabiam nem mesmo cultivar, não construíam casas, mas erravam constantemente por suas imensas florestas: não se podia atingi-los. Nem mesmo quando um de seus bandos, abandonando por um momento seu antro, se lançava ao amanhecer sobre uma aldeia. Uma revoada de flechas pregava nas redes os homens adormecidos, depois, durante o assalto, os machados de pedra e as pesadas bordunas de madeira despedaçavam crânios e membros. Os assaltantes logo partiam, arrastando consigo as mulheres que tinham vindo capturar. Por vezes, vigias descobriam a invasão e repeliam-se os Ka'aygua; por vezes, também, os guerreiros de várias aldeias faziam aliança para persegui-los: chegavam então a interceptá-los e em grandes banquetes se devoravam os prisioneiros para vingar as ofensas e os mortos. Mas, bem frequentemente, os Ka'aygua desapareciam na profundeza dos bosques que conheciam melhor que ninguém.

Os Ka'aygua não sabiam que os Guarani os designavam assim. Eles mesmos se nomeavam Aché, o que em língua guayaki significa as *pessoas*. E quanto aos Guarani, não os conheciam sob um outro nome que não Machitara: Muitas Flechas. Estes eram os inimigos, desde tempos tão antigos que não podiam lembrar ter tido com eles outros contatos que os da guerra e da emboscada. E como os Guarani eram infinitamente mais numerosos que os Guayaki, estes diziam: "As Flechas Inumeráveis". Machitara-Guarani de um lado, Aché-Guayaki de outro, os primeiros, sedentários na orla dos bosques que dissimulavam suas aldeias e suas roças, os segundos bem longe, atrás, no verdadeiro coração da floresta, nômades furtivos que passo a passo se defendiam contra o avanço progressivo dos outros: tais eram os índios da zona oriental do Paraguai, para sempre firmes em um ódio recíproco a que nada os fará renunciar. Se os Aché aceitaram o mundo branco, jamais teriam consentido em aliar-se aos Guarani. Enquanto eu me encontrava entre eles, uma parte dos Guayaki deixou Arroyo Moroti para instalar um acampamento provisório a uma jornada de marcha. Mas bem perto de lá justamente morava um grupo de uma trintena de Guaranis. Tão logo perceberam a chegada de seus inimigos hereditários, contudo muito pacíficos, retiraram-se e correram quarenta quilômetros de distância para se pôr sob a proteção dos soldados paraguaios: acreditavam que os Aché vinham massacrá-los para tomar suas mulheres.

Em que longínquo acontecimento se enraíza esse ódio? Na medida em que esta questão é de natureza histórica, é quase impossível respondê-la com certeza, tanto o passado dos índios americanos se apresenta, na falta de dados arqueológicos duráveis, marcado de obscuridade, de confusão e de desordem. Certas hipóteses não obstante são, mais que outras, carregadas de verossimilhança. As tribos Guarani ocupavam um território que, do rio Paraguai, estendia-se muito além do Uruguai, até quase tocar o litoral atlântico; os índios da costa brasileira, embora muito semelhantes aos Guarani pela língua e pela civilização, se nomeavam os Tupi: também fala-se dos Tupi-Guarani como de um conjunto cultural homogêneo. Ora, todos esses índios eram, evidentemente, conquistadores vitoriosos. Sua expansão através de todo o continente sul-americano respondia simultaneamente a uma inquietude religiosa que os levava a buscar, em grandes migrações, *Ywy mara ey*, a Terra sem Mal, o Paraíso Terrestre; a uma ética belicosa que propunha aos jovens o modelo glorioso de guerreiros; enfim, certamente, a uma necessidade de espaço vital provocada talvez por uma explosão demográfica. O fato é que os Guarani não são seguramente os primeiros ocupantes do Paraguai, mesmo se aí se estabeleceram desde séculos, como o atesta a descoberta recente de cerâmicas datadas do século VIII de nossa era. As primeiras vagas

Ao revés

de invasores, pode-se conjecturar, não ocuparam desertos. Encontraram provavelmente nesses lugares, e tiveram que reduzir pela força, populações cuja inferioridade numérica pouco as habilitava para afrontar os impiedosos *Kyreymba*, os guerreiros Guarani. Os meios desses últimos para assegurar o domínio de um território conquistado eram diligentes: se era possível, matavam-se os homens, esposavam-se as mulheres e adotavam-se as crianças. Nada prova, mas também nada impede de pensar que as coisas se passaram assim entre o Paraguai e o Uruguai: nesse caso é grande a tentação de considerar os índios Guayaki como os últimos sobreviventes de um velho estoque de povoamento predecessor dos Guarani nessas regiões. Uma razão suplementar milita em favor dessa hipótese. Contrariamente a uma opinião tão difundida quanto inexata, a maior parte dos índios da América do Sul — ao menos nas áreas tropicais, lá onde a agricultura é possível — eram agricultores para quem os frutos da terra eram tão importantes quanto os recursos selvagens da caça, da pesca ou da coleta. De fato as civilizações de nômades não-cultivadores são muito raras. Existem contudo, os Guayaki são um testemunho. Que se deve pensar? Admitamos que nos encontremos confrontados com verdadeiros fósseis vivos que nos reenviariam aos tempos longínquos em que a agricultura era desconhecida. Mas como explicar então que essas tribos tenham podido atravessar, incólumes, os séculos e mesmo os milênios que viram os povos vizinhos desenvolver e aperfeiçoar o trabalho da terra? Os Guayaki se teriam mantido à margem da história, rebeldes a todo empréstimo ou impermeáveis a toda influência, quando a agricultura é praticada sobre o continente desde dois ou três milhares de anos? Dificilmente se pode crer que tenham escapado até o presente ao "contágio" agrícola (à moda mesmo, poder-se-ia dizer): os nômades atuais não são verdadeiros arcaicos. Mas e então? Uma única via permanece aberta: se os nômades são desprovidos de agricultura, não é por falta de tê-la adquirido, *é porque eles a perderam*. E, nessa perda, é preciso ler precisamente, marcado em vazio, o cunho de uma História a que, não mais que os outros povos, eles não teriam podido subtrair-se.

Qual foi, para os Guayaki, o acontecimento maciço que preludiou sua história a contrassenso, sua regressão cultural? Alguma duvidosa catástrofe natural que os tivesse expulso para longe de suas roças? Antes uma relação de forças desfavoráveis, um choque de civilizações desiguais, em uma palavra, a guerra de conquista que os Guarani conduziram contra eles, obrigando-os a buscar refúgio à distância dos invasores. Eles levaram então uma vida quase clandestina, tentando ainda dissimular (o que é, ver-se-á, atestado) magras plantações: mas o impulso estava dado, o recuo era irreversível e, com as condições de insegurança se agravando pelo fato da pressão crescente dos Machitara, os Aché — em uma época bastante recente — renunciaram completamente à agricultura. Mas seria talvez excessivo reduzir à pura hostilidade as relações entre vencedores e vencidos, como se desde sempre os grupos tivessem coexistido sem se tocar. Aproximações temporárias, paradas provisórias, pausas na guerra puderam intervir, deixando aos Guayaki o lazer de adquirir e assimilar (mas de maneira fragmentária) os traços culturais mais sedutores dos Guarani. Assim puderam eles, ao fio das gerações e sem retornar à sua condição primeira, aprender, transformando-a, a língua de seus inimigos, tomar emprestado em parte seus mitos e suas crenças, copiar vagamente sua vida ritual. Tudo isso teve lugar, talvez, e os Guayaki seriam então não somente regredidos, mas além disso *guaranizados*. É talvez o sentido histórico que conviria assinalar nesse curto mito que os Mbya-Guarani do Paraguai sabem ainda contar: "No começo, os Mbya e os Guayaki viviam juntos sob o governo de Pa'i Rete Kwaray, o Deus com o Corpo de Sol. Um dia os Guayaki apareceram completamente nus na dança ritual; Pa'i Rete Kwaray, furioso, apostrofou-os, lançando sobre eles sua maldição, e dispersou-os na floresta. É por essa razão que eles viveram errantes e selvagens até o presente". Boa consciência, mas inconsciência dos Guarani: os Aché não têm senão o que merecem, não se devia ofender o deus transgredindo a regra do rito votado a celebrá-lo. Mas também essa inquietude subterrânea que impede de aceitar tranquilamente as diferenças e que, na falta de conseguir suprimi-las, procura incluí-las num código familiar, numa simbólica encorajadora. Os Guayaki não são, para os Mbya, gente de cultura diferente, *pois aí não pode haver diferenças na cultura*, eles estão para além das regras, a salvo do sentido e longe da lei, eles são Os Sel-

Ao revés 85

vagens: mesmo os deuses lhes são contrários. Toda civilização, decerto, possui seus pagãos; mas a nossa, a cristã, não hesitou jamais em entoar seu canto de glória ao Deus que, em meio a suplícios e massacres, outros recusavam adorar. Nisso também convém medir o verdadeiro valor de nosso mundo.

O primeiro momento da Conquista foi o dos soldados; em seguida vieram os padres e, desde o início do século XVII, o grande Ruiz de Montoya inaugurava a empresa missionária que devia culminar no espantoso império jesuítico do Paraguai. A tristeza e a dor não faltaram em absoluto, vários membros da Companhia de Jesus lá deixaram a vida. Mas sua obstinação e sua vontade de não utilizar a força para levar os Guarani a se instalarem nas missões venceram a resistência dos índios. Para estes últimos, a vida com os jesuítas logo se revelou uma alternativa à escravidão: com efeito, eles estavam presos entre dois fogos, entre os bandeirantes portugueses de São Paulo e os espanhóis de Assunção que, uns e outros, consideravam as tribos Guarani como uma inesgotável fonte de escravos. As missões foram a princípio refúgio e, um século mais tarde, os jesuítas puderam vangloriar-se de haver colocado sob seu controle e iniciado à religião cristã a maioria dos índios da região: dezenas e mesmo centenas de milhares, eles povoavam as "reduções". Muito rápido, os padres foram informados da existência dos Ka'aygua, de quem os Guarani pintavam um retrato aterrador. A curiosidade e o zelo apostólico se conjugaram para inspirar aos missionários o desejo de ver de perto "os da floresta" e ganhar para Deus almas particularmente vítimas do Maligno. Várias tentativas de contato pacífico tiveram lugar, mas todas fracassaram; os Guayaki eram inapreensíveis. Decidiu-se então sacrificar a não-violência à eficácia e uma expedição de tipo militar foi organizada com a ajuda dos Guarani, bem contentes de correr no encalço dos Ka'aygua. O sucesso desta vez coroou seus esforços; um bando de uma trintena de Guayaki foi capturado e reduzido numa missão. Os padres, que dominavam perfeitamente a língua dos Guarani, tiveram logo ocasião de notar sua afinidade com a linguagem dos Ka'aygua. Achavam mesmo no guayaki uma grande doçura e atribuíam sua musicalidade à pureza da água dos riachos florestais onde os Ka'aygua se saciavam. Mas não puderam prolongar muito suas observações; esses bárbaros com efeito se mostravam tão insubmissos para imitar o exemplo cristão que a maior parte deles preferiu deixar-se morrer de fome, enquanto o resto ganhava os bosques tenebrosos onde o demônio os atormentava. Os jesuítas, desencorajados, não quiseram renovar uma tão vã experiência. E, até o começo do século XX, não se ouviu mais falar dos Guayaki; sua existência teria sido quase mítica se, de tempos em tempos, não corresse a notícia de um de seus ataques que o rumor público ampliava até a desmesura.

Se os jesuítas se votavam sobretudo a propagar a fé, eles eram também sábios atentos aos estranhos espetáculos que então ofereciam o Novo Mundo e seus habitantes, cujos costumes e crenças eles consignavam por escrito, com o risco de aí descobrir a mão do Diabo. Os arquivos da Companhia de Jesus constituíam assim uma espécie de enciclopédia da América e todo esse saber, pacientemente acumulado ao longo das décadas, forneceu ao Padre Lozano a matéria primeira de sua elegante e erudita *História da conquista do Paraguai* que havia recebido missão de redigir. Trabalhou nela mais de vinte anos, visitando cada redução, compulsando todos os documentos e interrogando todos os testemunhos; seu trabalho não se achava concluído há muito tempo quando os jesuítas foram expulsos da América em 1768. Essa *História* formiga de informações sobre as tribos cristianizadas, mas também sobre as infiéis e, entre elas, os Guayaki. Até uma data bem recente, o que se sabia deles se resumia a algumas páginas que Lozano lhes consagrou. Ora, o retrato que ele traça, incompleto certamente, e não sem motivo, é contudo muito exato, como pude verificar *in loco*, constatando no mesmo lance a alta qualidade das informações que, mais de um século antes que o historiador as utilizasse, os Guarani haviam fornecido aos jesuítas a propósito dos Guachagui, como ele os chama. As armas, os utensílios, os instrumentos destinados a transportar os líquidos (água ou mel), os ornamentos, o corte de cabelo dos homens e das mulheres, a construção de acampamentos, as técnicas de pesca ou caça: tudo está corretamente descrito, a ponto de se lamentar o laconismo do autor, salvo quando aborda a questão das crenças. Sobre esse ponto, Lozano, como aliás todos os missionários, é enganoso na banalidade e no etnocentrismo; é verdade que na matéria ele se contentava em exprimir o ponto de vista ortodoxo da Companhia e não o saber concreto dos informantes guarani: "Em matéria de religião", escreve ele, "eles não têm erro ou superstição, e não adoram nenhuma coisa; simplesmente, têm um conhecimento elementar de um único Deus verdadeiro, Criador do céu e da terra, e algumas lembranças muito vagas de que os maus são castigados pelas chamas e pelo fogo, o que lhes dá certo temor". Não se saberia deformar melhor o universo religioso dos Guayaki, visivelmente inventado aqui com todas as peças para as necessidades da causa e sem grande esforço de imaginação: Lozano, tão singelamente, atribui aos Guayaki a concepção cristã de um deus criador, do Bem e do Mal, do Inferno enfim! Bem mais dignas de interesse, em compensação, são as breves notas sobre a sociologia dos Aché: "Eles têm costume por vezes de entregar-se entre si a guerras civis; e o objetivo é de ordinário roubar-se uns aos outros, suas mulheres, porque elas são poucas, e porque o número de machos é mais considerável, coisa rara certamente nas Índias Ocidentais". Aqui Lozano nota a justo título uma particularidade dos Guayaki que eles conservaram até agora: os homens são muito mais numerosos do que as mulheres quando, em regra geral, é o contrário que prevalece nas outras tribos índias. Essa desigualdade dos sexos me impressionou desde minha chegada a Arroyo Moroti: o grupo de Jyvukugi compreendia exatamente catorze homens e sete mulheres. Esse déficit feminino por si só explica as "guerras civis" que opunham as diferentes tribos Aché: procura-se tomar dos outros o que não se possui. Mas de onde provém essa inferioridade numérica das mulheres? Lozano não diz nada, pois ignorava tudo do mundo religioso dos Guayaki. Nenhuma necessidade com efeito de invocar uma anomalia biológica para dar conta desse desequilíbrio da *sex ratio*; a falta de mulheres remete diretamente à vida ritual, ela mesma articulada às crenças dos índios. Foi-me preciso alguma paciência para conhecê-las e o que eu pude aprender disso é, em certos aspectos, aterrador.

Prossigamos por um instante esta confrontação entre as observações dos Guarani nos séculos XVI e XVII e aquelas que eu efetuei há alguns anos. No livro de Lozano, uma passagem muito curiosa precede imediatamente as linhas reservadas aos Guayaki. O que está em questão são os índios Ka'aygua, termo que, relembremos, não designava para os Guarani nenhuma tribo em particular, mas o conjunto indiferenciado dos vizinhos, isto é, dos inferiores. Mas o que é dito a seu propósito corresponde tão bem ao Guayaki que nenhuma dúvida é permitida: aqueles Ka'aygua são os Aché. Ora, e é esse o ponto mais surpreendente, Lozano os localiza muito precisamente entre o Paraná e o Uruguai, quando o Paraná sempre foi considerado como o limite oriental do território guayaki. Exceto esta indicação de Lozano, de que não há nenhuma razão para desconfiar, nunca mais será feita menção de Ka'aygua nesta zona; além disso, jamais se descobriu aí população conforme à descrição do historiador jesuíta. Que se deve concluir daí? Não que essas gentes existiram somente na imaginação de Lozano, pois eu pude reconhecer neles os Guayaki; mas que os Aché de além do "grande rio" (pois tal é o sentido da palavra Paraná) desapareceram, exterminados ou assimilados pelos Guarani, quase no momento em que se começou a falar deles. O que não é excepcional: mil exemplos desse gênero pontuam a história trágica dos índios, tanto no norte quanto no sul da América, com a única diferença que, na maior parte dos casos, eles foram massacrados pelos Brancos antes mesmo que os assassinos conhecessem o nome de suas vítimas. Mas vejamos o que escreve Lozano: "Os costumes e o espírito dos *Caaiguas* estão entre os mais bárbaros que se descobriram na América... eles vivem entre os rios Uruguai e Paraná, em nossas missões do Paraguai. É uma nação muito pouco numerosa e para isso se dá como razão os assaltos contínuos que lhes fazem os jaguares e os animais ferozes na mata; pois eles vivem sem nenhuma união, cada um separado do outro a ponto de não poderem se socorrer, enterrados em selvas impenetráveis onde os forçam a entrar esses mesmos animais selvagens que perturbam sua tranquilidade".

E eis agora! O que se segue data do mês de janeiro de 1963, como se não houvesse passado o tempo entre a época em que os Guarani informavam os jesuítas e o momento em que os Aché Gatu me contaram o que aconteceu. Um dos dois bandos que compunham a tribo caminhava desde alguns dias por itinerários conhecidos, através da floresta, balizados por cortes de palmeiras pindó, abatidas há poucos meses, antes que o *duy pute*, o grande frio de junho e julho, viesse adormecer a vida da floresta. Durante esse tempo, os *mynda*, gordos coleópteros que põem ovos no oco dos troncos, tinham enchido com seus ovos os pindó espalhados sobre o solo em rolos de dois ou três metros de comprimento cada um: era para os insetos um convite para fazer domicílio nessas árvores preparadas em sua intenção. Os Guayaki, uma vez chegada a estação quente, podiam assim recolher em maravilhosa quantidade o *guchu*, as ricas larvas do *mynda*, nutrientes delícias estivais dos índios, pois, além de sua doçura ao paladar, 90% de matéria gordurosa compõe o untuoso creme amarelo encerrado num pequeno saco fervilhante de seis a dez centímetros de comprimento: "*Eaah! ẽ gatu!* Oh! como é doce!". Os machados fendem alegremente os troncos, devorados como por um câncer pelas larvas comilonas que se nutrem de sua medula açucarada. As feridas que infligem aos troncos meio apodrecidos revelam, cavadas na massa das fibras, galerias onde habitam, às dezenas, as enormes larvas do *mynda*. Antes de atacá-lo, colem sua orelha ao tronco; vocês ouvirão (enquanto que o interior de uma árvore morta deveria ser receptáculo de silêncio) o formigamento hediondo de coisas vivas, borbulhantes, que, dentro em pouco, vão transpassar a casca protetora para se alojar em sua trompa de Eustáquio! Os machados estalam, os esquilos voam, um repugnante odor de podridão se expande e as mulheres carregam seus cestos de quilos e quilos dessas larvas: massa esbranquiçada animada que parece ferver no fundo dos cestos verdes.

    Os Aché inspecionavam então suas "criações", poder-se-ia dizer também, plantações, como se os ovos dos insetos fossem sementeiras nos troncos. Regalaram-se com tanto *guchu* recolhido, mas restava ainda bastante para brindar os companheiros que ficaram no acampamento, e tomaram o caminho de volta. Adiante caminhavam os homens; munidos somente de seu arco e de suas flechas, precediam de algumas centenas de metros o grupo das mulheres cujas pesadas cestas e crianças retardavam o passo. Entre os homens se encontrava Kybwyragi; seu pai, Paivagi, não tinha ousado empreender uma marcha tão longa, certo de que o filho lhe traria muito *guchu* em Arroyo Moroti; mas sua mãe, Chachuwaimigi, juntara-se ao bando. Malgrado a idade, ela buscava a companhia dos jovens a fim de obter deles o que seu velho esposo quase não podia mais oferecer-lhe. Ardente para degustar as alegrias do *meno*, do amor (o que exasperava Paivagi), ela parecia ainda vigorosa. Mas dessa vez superestimava suas forças; experimentava cada vez mais dificuldade em seguir o ritmo contudo bastante lento das outras mulheres e, embora sua cesta não estivesse senão levemente carregada, tinha que apoiar-se num grande bastão: era verdadeiramente *waimi*, velha.

Não obstante, ela não se queixava. Era inútil, ninguém lhe prestaria atenção; e os outros acolheriam mesmo com reprovação qualquer gemido de sua parte: alguma coisa de incongruente, quase de mau gosto. Se se pode andar, anda-se; quando não se pode mais, para-se. Eis o que ela mesma pensava, no tempo em que era jovem, das velhas que retardavam a progressão do grupo. Jamais a havia perturbado a sorte reservada às *waimi*, quando se tornavam, para um bando, uma carga muito pesada de arrastar. Talvez sua hora não tardasse; mas no momento era preciso avançar. As mulheres, na frente, continuavam no mesmo passo e, pouco a pouco, ela se deixava distanciar; malgrado seus esforços, o afastamento se aprofundava: *ikã mano ruwy*, os ossos estavam quase mortos, o corpo estava esgotado. O barulho leve dos raminhos pisados pelas andantes diminuía, logo ela não ouviu mais nada. Chachuwaimigi estava só, e o silêncio retomou posse da floresta.

Kybwyragi, muito ocupado em escrutar de todos os lados o terreno, não se inquietava com o que se passava atrás. Sua mãe era uma *waimi*, decerto, mas sempre a tinha visto andar sem dificuldade. Talvez isso não durasse mais muito tempo; alguém então diria: *wata kwa iã*, ela não pode mais andar. Cada um compreendia o que isso significava. Mas aparentemente não se ligava para isso. Kybwyragi aceitava por antecipação esse fim para sua mãe. Não ignorava que, cedo ou tarde, seria preciso matá-la: assim que ela não pudesse mais andar. Um rapaz, designado pelo resto dos Aché, se aproximaria dela por trás e lhe quebraria o crânio com um golpe de machado de pedra. Após o que, conforme os ensinamentos dos ancestrais, proceder-se-ia aos funerais. Tal era o destino das

Ao revés 91

velhas guayaki. Kybwyragi sabia de tudo, amava muito sua mãe, e nunca pensava nisso. De repente um dos caçadores lança um grito de alarme: "*Veno gatu!* Escutem!". Lá embaixo, do lado das mulheres, alguma coisa se passa. A floresta abafa os sons, mas o ouvido treinado dos homens sabe rápido reconhecer de que se trata: "*Baipu! baipu koro!* O jaguar! O jaguar esturra!". Eles correm, retornam sobre seus passos para proteger as mulheres e as crianças. Elas também ouviram, mas não estão ameaçadas pois o ruído vem de mais longe, atrás. A fera ruge, cada vez mais furiosa. Os Aché podem facilmente interpretar; de longe e sem vê-lo, eles observam o jaguar que conta tudo o que faz. Ele identificou uma caça que teria podido matar sem ruído com uma patada; mas a presa evitou seu ataque, ela o enfrenta: é por isso que o *baipu* está irritado. Entretanto a potência dos rugidos mostra bem que não renuncia; vai voltar ao assalto. As mulheres aterrorizadas chaparam suas mãos sobre as orelhas; os homens escutam, uma flecha presa na corda do arco, esperam. Kybwyragi espera que o jaguar tenha terminado com sua mãe. Ela ainda não gritou; sem dúvida tenta espantar o bicho agitando seu bastão. Ninguém diz nada, cada um se põe à escuta: seria preciso estar louco para contrariar tais arranjos, que fazem uma pessoa esboçar seu primeiro passo fora do mundo dos vivos. Respeito por aquela que viveu. Que se poderia fazer, quando sobrévém para uma Aché a hora do *mano*? É preciso deixar as coisas acontecerem. Aliás teriam, dentro em pouco, de eliminar a velha: o *baipu* dispensa os Aché dessa tarefa, e nenhum homem jamais aceitou sem constrangimento o papel de *brupiare*, de matador (valeria dizer sacrificador). Mas é justamente por isso que o jaguar providencial não é talvez um jaguar. Exteriormente sim, seguramente: *baipu pini pute*, um jaguar bem rajado. Mas de que valem as aparências? Os Guayaki sabem atravessá-las, fortificados por uma sabedoria que, uma após outra, cem gerações de avós elaboraram. Esse jaguar é na realidade um Aché, um ancestral que se transformou em *baipu*. Ter-se-á todo o tempo para identificá-lo, uma vez de volta ao acampamento; os anciãos dirão seu ponto de vista. Mas já Kybwyragi supõe que seu avô, morto há tanto tempo que ele não o conheceu, deixou um momento a morada das almas — a grande savana que se estende do lado do sol poente, acima da superfície terrestre. O *jamogi* desceu à floresta para arrancar-lhe sua filha, a velha Chachuwaimigi; o equilíbrio será restabelecido, a filha se reúne ao pai abolindo a separação primeira, lá onde não é mais necessário caçar, lá onde não há floresta. Ou bem ainda, não seria Kychangi, outro filho de Chachuwaimigi, abatido pelos Brancos? Esse jaguar é talvez ele, que não suporta estar separado de sua mãe. Teria então voltado para buscá-la, *ai*, a mãe: não existe outro destino senão a reconciliação. Gritos; o jaguar saltou sobre o irrisório adversário. Os rugidos do *baipu* fazem-se curtos como se arfasse: ele venceu. Grito de pavor, mas não de apelo: a mulher está para além da linguagem, ela já vai longe. Chachuwaimigi morreu. Kybwyragi e seus companheiros prosseguem para Arroyo Moroti: *kranve*, ele está órfão. Nenhuma necessidade de ir ver, adivinha-se o que se passa, sabe-se. E mesmo, mais vale evitar esse lugar pois, além do jaguar, *ianve* ronda agora, *ianve*, o espírito malvado dos mortos que, não suportando sua solidão, busca arrastar consigo os vivos. Mais tarde, quando o jaguar e o tempo tiverem deixado limpo o esqueleto da mãe, serão cantadas as palavras da morte.

Dois ou três meses mais tarde, Kwantirogi, irmão mais novo de Kybwyragi, tirita sob seu *tapy*. Ele está doente, um acesso de tosse o sacode de quando em quando. Eu lhe ofereço comprimidos antigripe assegurando-lhe que amanhã estará melhor: "Não", diz ele, *"cho kwera iã, cho mano vera*. Eu não me curo, eu vou morrer. — Por quê? — *Ianve ikemba*. O *ianve* entrou completamente. — Quem é? — Uma tal. Ela morreu há muito tempo. Era a 'madrinha' de Chachuwaimigi, minha mãe". Ele se cala, está deprimido. Sua mulher me confirma que com efeito ele vai morrer, que logo estará viúva e que sofrerá grande dor. Mas por que então? Porque o *ianve* dessa mulher penetrou no corpo de Kwantirogi para torná-lo doente e matá-lo. Ela o quer por marido, lá no alto no céu, na morada das almas. Faz isso para "vingar" sua afilhada, Chachuwaimigi. Jamais se acaba com os mortos; eles tentam constantemente voltar; *ianve* é muito perigoso, atormenta muito. Quase todas as doenças, todos os acidentes, são imputáveis a *ianve*. Os mortos são astutos, mantêm contra os vivos uma guerra incessante: *Ache, rõ ianve reko jwe iã*, quanto aos Aché, *ianve* não quer

Ao revés 93

que eles existam. Os mortos têm mais memória que os vivos; estes os esquecem facilmente, mas os finados, eles, ficam vigilantes. Kwantirogi havia ficado muito afetado pela morte de sua mãe. Via-se condenado, quis então cantar sua pena, como se faz de hábito quando o excesso de desgosto pede a violência do duelo a golpes de pau d'arco, ou o lamento acompanhado de flauta. No dia seguinte preparou seu *mimby*, composto de quatro canudos de caniço, desiguais no comprimento e amarrados por uma pequena ligadura de casca de liana. Quando estava pronto, instalei diante dele o microfone do gravador que, visivelmente, não o perturbava em absoluto. Seu canto durou um longo momento, recortado em "versetos" claramente salmodiados; entre cada verseto, a flauta desfiava suas quatro notas, tristes, desesperadas. Estava bem fresco e cinza naquela dia, não se escutava outro som no acampamento além da música do *mimby* e do recitativo do homem.

 Minha mãe não está mais, por isso eu choro muito.
 Não vou mais à floresta, pois quando eu vou lá, eu penso que minha mãe não está mais: e eu choro.
 Então eu me recordo, eu vi quando fui lá, eu vi os ossos de minha mãe, o jaguar os havia comido, os grandes ossos dispersos, isso, eu vi, como eu vi o crânio. Então gritei a Kajawachugi: "Lá, o crânio de minha mãe! Bate no crânio!". E então Kajawachugi bateu.
 Vejam: eu estou tão órfão. E por estar tão órfão à floresta não vou mais: e ao pé de meu pai muito fraco eu vou ficar. Correr para a floresta, quanto a mim, eu não vou mais.
 Ela era, a minha mãe, dessas que dão muito, isso eu sei. Como ela trazia tanto *guchu*! Isso me faz chorar. À floresta, eu não vou mais.
 Minha mãe, minha mãe Chachuwaimigi, o *guchu* ela não comia, é para mim que ela trazia, tanto, eu bem o sei. E por saber isso, eu choro.
 É assim; com o *guchu* minha mãe não ficava, eu o sei: ela dava. Era alguém que dava muito, minha mãe. É por isso que à floresta não quero ir mais.

Go! Sim! Minha mãe, se bem que ela fosse dessas que são velhas, partiu para buscar *guchu*, eu sei. E eu, o que sei também, é que meu irmão, Kychangi, morto, raptou sua mãe, e levou-a ao sol; no sol, perto de sua mãe, minha mãe, ele se encontra, meu irmão; ela se encontra ao pé de Kychangi, seu filho. Ele levou minha mãe, lá se vão na direção do sol.

Vejam: eu sou órfão. Eu vi o crânio de minha mãe batido e rebatido. Kajawachugi é o batedor do crânio de minha mãe. Com seu arco, ele lhe bateu, no chão, ele o enfiou bem na terra; a golpes de arco ele o enfiou bem na terra.

Os ossos e o crânio, meus olhos os viram, a cabeça da mãe, os ossos completamente desarticulados, os ossos que o jaguar partiu e repartiu, o crânio de que se nutriu. Então eu chorei e Kajawachugi com seu arco bateu nos ossos, ele os enfiou na terra, bem enfiados com o arco.

É por isso, eu que sou tão órfão, não vou mais à floresta: pois o órfão que vai à floresta, o jaguar o rasga com sua pata, me avisaram os Aché: "Tu, o órfão, se vais à floresta, o jaguar te rasgará! Não volta mais à floresta!". Então, eu bem escutei, e à floresta não vou mais. É ao pé de meu pai muito fraco que eu vou ficar.

Esta flauta, é por causa de minha mãe que aqui não está mais, esta flauta chora minha mãe; e eu, órfão, não vou mais a nenhum lugar.

Esta flauta, é aquele que não vai mais à floresta, esta flauta: e quanto a mim, eu sei bem que minha mãe, o *kajarete* a comeu, o grande gato selvagem. Eu vi: Kajawachugi bateu nos ossos com grandes golpes de seu arco, eu vi quando com seu arco ele os enfiou bem.

Eu, tão órfão, não vou mais à floresta. Indo, completamente faminto, ficaria a ponto de chorar. Com meu pai muito fraco, há muita mandioca, muita *wyra-ia* como chamamos o fruto da árvore.

Foi assim que Kwantirogi, vários dias seguidos, e em termos quase idênticos, declamou a oração fúnebre dita: *ai ikõ iã bu*, quando a mãe não está mais. Seu canto talvez frustrou as manobras do *ianve* que queria "vingar" Chachuwaimigi, matando-o, a ele, o filho. Pois sobreviveu à sua gripe. Sua cura não o perturbou em absoluto, não mais que à sua esposa, quando um e outro, ainda na véspera, me asseguravam que ele estava quase morrendo. Tive, ao longo de minha estadia, mais de uma ocasião de meditar sobre a sutileza do pensamento índio e sobre as curiosas reviravoltas que seu *logos* autoriza.

Lozano sabia então que por vezes os nômades Ka'aygua são vítimas do jaguar, e o fim piedoso de Chachuwaimigi veio utilmente lembrar-me de que essa fera não é um perigo negligenciável para aqueles que, caçadores como ela, são seus concorrentes na floresta. Outros detalhes, bem mais precisos, permitiram-me identificar sem risco de erro esses Ka'aygua como Guayaki: "Existem deformados entre eles, mas com uma aberração bem extraordinária; o nariz é em quase todos tão achatado que mais parece o dos macacos que o dos homens; uns são gibosos, alguns de pescoço tão curto que nem emerge dos ombros, e outros são afligidos por imperfeições tais em seu físico que representam muito bem as de sua alma". Deixemos aqui de lado essa teoria bem cristã, marcada mesmo de um certo espinosismo, segundo a qual a alma é a ideia do corpo: donde se constata que, reciprocamente, um corpo calamitoso não saberá envelopar senão uma alma demoníaca. Seguramente, Lozano jamais viu um Guayaki. Como o demonstram as fotografias que eu trouxe deles, nenhum era disforme e, evidentemente, os Guarani não tinham dito nada disso aos jesuítas. Mais fiel em compensação à realidade é a alusão ao pouco comprimento do pescoço desses índios. Não que lhes falte alguma vértebra, elas estão lá por completo; mas, de fato, os Guayaki não oferecem ao olho essa graça do corpo que impressiona em todos os índios. Precisemos primeiramente que esta particularidade não afeta senão os homens: as mulheres possuem nucas muito graciosas. Expliquemos em seguida que isso provém do grande desenvolvimento da massa muscular do corpo, dos ombros e do próprio pescoço que, engrossado, parece mais curto. Então, nada de pescoço curto, mas antes pescoço de touro. A força física dos Guayaki é difícil de crer, como o testemunham o talhe e a tensão dos arcos, tanto mais notáveis quanto seus portadores são pequenos: 1,58 metros em média para os homens, que parecem quase tão largos quanto altos. Brincando por vezes de lutar com meninos de uma dezena de anos, eu sentia já em meus pequenos adversários a dura massa compacta da potência desenvolvida nos mais velhos. Então, se a observação é justa, as conclusões de Lozano são falsas: o pescoço dos Guayaki não apresenta nenhuma anomalia.

Desde meus primeiros momentos em Arroyo Moroti, a forma do nariz de certos índios atraiu-me a atenção. Em alguns deles — e não em todos, longe disso — foi dito que o osso nasal estava ausente ou, em todo caso, muito pouco desenvolvido para sustentar o conjunto. Donde resultava que o nariz era como enfiado na face, achatado, que quase não ressaltava do relevo do rosto e que as aberturas das narinas, em lugar de dominar, invisíveis, o lábio superior, antes prolongavam-no, oferecendo assim ao observador a dupla cavidade dos orifícios nitidamente abertos à base do minúsculo apêndice; de modo irresistível, isso atraía o olhar e chamava a atenção para o aspecto, de fato um pouco simiesco, de tais rostos cuja expressão não se encontrava, contudo, de modo algum afetada: basta, para se assegurar disso, lançar um golpe de vista sobre os traços de Pichugi, esta mulher Aché Gatu de quem vi nascer o filho. Foi justamente o espetáculo do ritual que acompanha um parto que me valeu para compreender, eu creio, a origem desta anomalia exatamente relatada por Lozano. Lembremo-nos de que o recém-nascido, desde sua "caída" fora das entranhas maternas, é banhado, depois submetido a uma massagem sobre todo o corpo, o *piy*. A cabeça, esta, sofreu um tratamento particular: o *tõ papy*, "o arredondar a cabeça", visa a dar ao crânio a forma esférica considerada como a mais bela. Mas acontece de, por vezes, as rudes mãos do *jware*, lavador e massagista da criança, apoiarem-se um pouco forte demais sobre os frágeis ossos do *kromi*; o nariz fica enfiado e se inclina, por assim dizer, para o alto, vagamente como o dos macacos. Naturalmente, isso não acontece toda vez e é sem dúvida por isso que somente alguns índios são conformes ao retrato que traça Lozano. Resulta que essa morfologia particular,

Ao revés

que não observei em nenhuma outra tribo, incita-me fortemente a identificar os Caaigua do historiador com os meus Guayaki.

E há mais. Eis o que diz Lozano, após haver preparado a pouco lisonjeira imagem desses monstros disformes: "No entanto, sua cor é comumente branca, muito diferente da tez escura dos outros índios, porque eles vivem sempre em lugares sombrios onde não os ferem os raios do sol; e forçados a viver fora de seus bosques, eles acabam rápido com a vida, como o peixe fora de seu elemento". Essa última comparação dos Caaigua com os peixes incapazes de viver fora da água é fundada. Os Guayaki são *totalmente Ka'aygua*, quer dizer, "gente da floresta", *selvagens*: não saberiam viver noutro lugar, têm medo dos espaços nus, evitam a savana descoberta. A morada dos mortos não é um lugar sinistro, uma *prana wachu*, uma grande savana? Sim, os Aché não se sentem à vontade, corpo e alma, senão à sombra espessa de *kaa*, a floresta. A tal ponto que mal sabem caminhar sobre a erva nua das clareiras. Quantas vezes os observei, curiosamente desengonçados, levantando com cuidado seus pés voltados para o interior, como se todo o espaço desejável não se estendesse para o lado, como se houvesse algum tronco a saltar, alguma liana a evitar. Imersos em seu movimento corporal, nos hábitos inscritos desde sua mais tenra infância em seus ossos, seus nervos, seus músculos, os Aché não podiam esquecer a floresta e, lançados na savana, atravessavam-na como se árvores imaginárias povoassem seu percurso, semelhantes por isso, para tecer ainda a metáfora zoológica, a patos. Lozano diz a verdade: como seus Caaigua teriam podido sobreviver fora de sua pátria, eles que se acham embaraçados para caminhar no *prana*? "*Go. Ache rõ pranare*: Sim. Os Aché são originários da savana", diziam os mitos de sua origem; mas "*Kaari rõ ure etoa*, na floresta se encontra nossa morada", responde a vida cotidiana. Os Aché são da floresta: Ka'aygua.

A referência do jesuíta à cor da pele é de um outro alcance, pois evoca a presença do homem branco na América, de um elemento branco, mas não ocidental, no Novo Mundo. Levanta, além disso, muita dúvida quanto à verdadeira identidade dos Caaigua da crônica: Aché como os outros. Pois o fato é que os Guayaki ilustram um dos mitos da conquista da América e fundam ao mesmo tempo sua veracidade: são índios brancos, é claro que com limites que é preciso tentar precisar. Sabe-se que, ao longo de todo o continente, se as populações indígenas oferecem uma variedade muito grande de tipos físicos, apresentam mesmo assim alguns traços recorrentes que circunscrevem com nitidez o tipo racial ameríndio e permitem classificar aqueles que se agrupam entre os mongoloides: maçãs largas e salientes, dobra palpebral (olhar "asiático"), cabelos negros e cheios que caem espalhados, sistema piloso muito fracamente desenvolvido sobre o corpo e ainda menos sobre a face e, enfim, coloração de pele habitualmente qualificada como acobreada, mais ou menos escura segundo as regiões e as tribos. Assim os Guarani são de tez mais clara que os índios do Chaco. Desde o começo da exploração da América do Sul aparecem aqui e ali, nos relatos e narrativas dos viajantes, soldados ou missionários, alusões a Selvagens brancos, cuja existência era assinalada por outros índios que, quase sempre, os descreviam como muito tímidos ou muito agressivos. Mas essas informações eram muito suspeitas de alimentarem-se sobretudo da pesada ignorância em que se estava quanto aos habitantes das imensas florestas. Na verdade, ninguém jamais havia visto índios brancos e negligenciou-se durante muito tempo esse gênero de informações. Isso era muito razoável enquanto a observação direta de semelhantes populações não trazia uma prova irrefutável. Mas agora não se pode mais recusar-se a admitir o fato, e a afirmação de Lozano não depende da imaginação: os Caaigua do século XVII podiam muito bem ser brancos, pois os Aché contemporâneos o são!

Não que os Guayaki apresentem um tipo físico uniforme. O problema antropológico que eles colocam se complica pelo fato de que sua aparência se inscreve, segundo os indivíduos, em um inventário amplamente aberto onde figuram, num extremo, o tom acobreado clássico, porém menos acentuado, dos índios; no outro, o branco: não o branco rosado dos europeus, mas um branco apagado, um pouco acinzentado, que evocaria bem, embora erradamente, o de uma saúde ruim. E, entre os dois ramos do inventário, uma variedade de pigmentações que não se saberia precisar se tendem mais para o cobre ou mais para o branco. Naturalmente, os olhos e as maçãs são mongoloides. Era então bastante curioso observar esses "asiáticos" de pele branca. Aliás os Guayaki se repartiam eles mesmos em *pire iju*, os peles brancas, e em *pire pirã*, os peles vermelhas, sem que isso corresponda para eles a uma superioridade de uns ou de outros. Por vezes vem ao mundo uma criança de pele muito escura, *pire braa*: pele negra. Esse afastamento com relação às normas cromáticas inquieta muito, pois certamente provocou-o um desses seres malfazejos que assombram a noite com a qual os confunde sua aparência obscura. É preciso então matar o recém-nascido, e a avó o estrangula.

Estranhamente, esses rostos pálidos portavam, ao menos os homens, traços sombreados que neles não deveriam se encontrar: barbas, quando os Indios são imberbes. Alguns Guayaki deviam mesmo seu nome, uma vez adultos, a seu ornamento facial quando este atingia grandes proporções: assim Chachubutawachugi, dotado em seu nascimento do nome de Chachu, grande porco selvagem, chamava-se agora, com a idade de aproximadamente quarenta anos, Chachu da Barba Grande, tão espesso e longo era o tosão que invadira seu rosto. Um cuidado que partilham todos os índios: afirmar e preservar sem cessar sua humanidade com relação ao mundo natural, velar com constância em não se deixar engolir pela selvageria da natureza, sempre à espreita dos humanos que tenta absorver. Também colocam eles um ponto de honra, a um tempo ético e estético, em se diferenciar dos animais: pelo menos levar ao máximo a diferença que os separa. Os animais são peludos, os homens não são, salvo em certas zonas do corpo: axilas, púbis, sobrancelhas, cílios e, por vezes, na ponta do queixo em homens idosos, alguns pelos engraçados, bem afastados uns dos outros. Mas mesmo tudo isso, que é pouca coisa, é preciso tirar, fazer desaparecer a fim de evitar toda possibilidade de confusão entre o corpo humano e o bicho; é preciso, asceticamente, constranger o corpo, fazer-lhe violência, é preciso que ele porte em si a marca da cultura, a prova de que sua emergência da natureza é irreversível: é preciso depilar-se. Não vamos crer que se trate aí de quase nada: é mesmo um doloroso suplício que periodicamente se infligem homens, mulheres e mesmo crianças. Várias técnicas são usadas; uma das mais difundidas consiste em arrancar o pelo com a ajuda de uma pinça formada por uma lasquinha flexível. A pele, as pálpebras ficam vermelhas e irritadas: é preciso sofrer não somente para ser belo mas — o que, aliás, dá no mesmo — para assegurar ao rosto sua verdadeira identidade humana desembaraçando-o de tudo o que lembra desagradavelmente a feiura e a estupidez animais. Os Guayaki não davam demasiada atenção a se depilar, tinham já muito a fazer com a barba: *buta jupi*, raspar a barba, como se diz *rapa jupi*, aparar o arco. Pois eles se barbeavam, ou antes, as esposas barbeavam os maridos. Elas utilizavam uma lasca de bambu, em pequenas passadas sobre a pele puxada entre o polegar e o indicador. Em troca, os homens se encarregavam de cortar os cabelos das mulheres com a ajuda do mesmo instrumento. Estas prestações de serviço cessaram desde que, à nossa chegada em Arroyo Moroti, tínhamos distribuído aos índios, que jamais os tinham visto, pequenos espelhos, rapidamente nomeados por eles *chaã*, os olhos, tal como chamavam *chaã beta*, *tembeta* dos olhos, meus óculos. Falar de surpresa quando, pela primeira vez, tal o prisioneiro de Platão contemplando, ao sair da caverna, o reflexo de seu rosto sobre as águas, eles viam uma face sobre o *chaã*, seria pouco: mais apropriado seria o termo fascinação. Uma meia hora, por vezes mesmo horas a fio, eles se olhavam (sobretudo os homens), o espelho ora na ponta do braço, ora sob o nariz, mudos de arrebatamento ao ver esse rosto que lhes pertencia e que não lhes oferecia, quando tentavam tocá-lo com a ponta dos dedos, senão a superfície fria e dura do *chaã*. Por vezes viravam o espelho para ver o que havia atrás. Foi entre os Aché um entusiasmo pelo *chaã*, todos queriam possuí-lo. Essa paixão determinou mesmo um comportamento raro entre os índios: a acumulação. Com efeito várias mulheres entesouraram até cinco ou seis espelhos, enfiados em seus cestos e exumados de vez em quando para contemplá-los. Quando, mais tarde, eu apresentei aos Guayaki fotografias, não reconheciam quase nunca seus companheiros, e nunca a si mesmos. As crianças, ao contrário, dando prova de uma grande agilidade de espírito, aprenderam rápido a identificar os rostos. Três ou quatro índios contemplavam um dia um velho jornal francês que havia na minha choça; resmungavam pondo seus dedos sobre as faces dos personagens fotografados. Eu os escutei e me dei conta de que os nomeavam: "Quem é este aqui? — É Chachuanegi", responderam sem hesitar, designando um *Beeru* redondo e jovial, ornado de um grande chapéu e engravatado: Kruchov. De minha parte, perguntei a um homem se reconhecia o adolescente nambikwara que ilustra a capa de *Tristes tropiques*. Seu exame foi sério; ao termo do qual uma grande exclamação: *"Teeh!"*. Depois, num grande sorriso que mostrava bem que não se enganava, como se eu tivesse tentado pegá-lo em erro: *"Go rõ cho!* Mas sou eu!". Lozano dizia a verdade falando dos Caaigua e suas observações confirmam as lendas dos paraguaios a propósito dos Guayaki brancos de olhos azuis. Este último detalhe é demasiado; mas uns e outros pertencem ao mesmo grupo, racialmente diferente pela cor da pele, de resto dos índios. Que por outro lado os Caaigua de Lozano sejam localizados para além do rio Paraná significa simplesmente que houve um tempo em que esse estoque de população, mais antigo que os Guarani, ocupava um território muito mais vasto que esse dos Guayaki atuais. Os Ka'aygua, engajados no processo de regressão cultural desde talvez há muito mais tempo que os Aché, viviam, já na época da Conquista, de maneira completamente nômade: "Falta-lhes", escreve o historiador, "de tal modo previsão, que não têm mesmo a de sua subsistência, pois que esta consiste exclusivamente da pesca ou da caça, quando porventura encontram alguma coisa na floresta ou no rio; mas a maioria deles se alimenta de larvas, serpentes, ratos, formigas ou outros vermes que obtêm sem dificuldades... o mel silvestre é sua maior delícia e o hidromel sua ambrosia, que os esquenta de tal maneira que resistem ao frio do inverno". Eis em compensação o que é dito dos Guayaki: "Embora errem aqui e acolá pelas florestas, buscando o mel silvestre, as frutas e os animais para sua subsistência, fazem também suas sementeiras de milho; contudo, suas colheitas são magras, porque gostam de comê-lo tenro, antes que amadureça...". No tempo então em que os Ka'ayagua haviam já perdido a agricultura, os Aché sabiam ainda cultivar o milho. Mas sem dúvida não tardaram eles a percorrer até seu termo a trajetória da regressão e a renunciar definitivamente à cultura do milho, tornada por demais aleatória por causa da insegurança que os obrigava frequentemente a fugir para longe das roças e a abandonar aos pássaros e aos roedores as espigas que não podiam recolher. Todas as alusões ulteriores os apresentam como puros nômades. E quando eu falava com os Guayaki das plantas cultivadas (que eles não haviam jamais cessado de consumir pois que continuaram ao longo dos séculos a roubar mandioca e milho aos Guarani, depois aos paraguaios), constatou-se que o verbo *plantar* faltava em seu léxico e que não tinham a mínima lembrança da atividade agrícola de seus ancestrais: "*Beeru rõ wyraia wate rekopa; ure Ache reko iã*. São os Brancos que possuem a mandioca e o milho, nós mesmos Aché não temos nada". Eles dizem sem rancor, as coisas são assim desde que na origem dos tempos a grande partilha foi decidida entre os índios e os Brancos, entre pobreza e riqueza. Igualmente o afirmam os Guarani; o destino atribuiu aos Brancos a parte do leão, mas o que coube aos índios deve permanecer seu bem, eles não se desfarão disso para proveito dos Brancos. Desde quatro séculos, os Mbya (os Machitara dos Aché) resistem obstinadamente às empresas de cristianização. Mesmo atualmente, quando os vícios e as doenças dos Brancos, dos *Juru'a, Aqueles que têm uma boca grande*, arruínam sua saúde e destroem seus filhos, mesmo nesse momento em que poderiam se ver abandonados por seus deuses, os Mbya resistem. Há apenas alguns anos um desses homens grosseiros, incultos, selvagens, que muito frequentemente buscam no ofício de missionário uma válvula de escape para sua paranoia ou sua burrice (aliás, eram bem mais protestantes americanos do que católicos), veio importunar Vera, o Relâmpago, grande cacique dos Mbya. O índio fumava pensativamente diante de sua choça, vestido de molambos fedorentos, escutando a tagarelice edificante do *Juru'a* que lhe falava de God e de salvação. Cansado de tais inépcias, Vera se levanta, desaparece em seu *tapy* e surge, transfigurado: num deus, num *karai ru ete*, transformou-se o mendigo miserável de há pouco. Abandonados, os ouropéis de Branco: o *jeguaka*, o ornamento ritual dos homens, enfeite de algodão encimado por uma coroa de plumas de cores vivas que se prolongam em franjas sobre as costas nuas, cobre sua cabeça; como única vestimenta, um porta-sexo igualmente de algodão; na mão, um bastão de madeira dura finamente polido, o *ywyra'i*, insígnia de seu comando. Uma luz de trovoada nubla o chefe, o *mbu-*

ruvicha: aquele que é grande pela força de sua fé nos deuses. E eis o que escutam as orelhas surdas do evangelista, as troantes palavras do relâmpago: "Escuta, *Juru'a*! A vocês, os Brancos, couberam a savana e a abundância das coisas. A nós, os Mbya, foram deixados a floresta e os poucos bens. Que isso continue assim. Que os Brancos fiquem entre si. Nós, os Mbya, não vamos incomodar-lhes em suas moradas. Nós somos Ka'aygua, habitantes da floresta. Afaste-se de minha casa, vá embora, não volte nunca mais!".

Eu gostava muito da companhia de Jyvukugi. Era sob qualquer ponto de vista um excelente informante: porque era chefe, era muito versado no saber tradicional da tribo, e dava mostras de uma escrupulosa honestidade intelectual. Quando não estava seguro de sua memória, fazia apelo a um outro índio. Por todas essas razões, eu passava longas horas perto dele, quando a caça não o obrigava a sair para a floresta. Uma tarde, eu escutava distraidamente a conversação banal que ele entretinha com sua mulher. Ao cabo de um momento, eu me dou conta de que não apreendo mais nada do que dizem e me apercebo de que, em lugar de falar, *eles assobiam*! É preciso explicar-se, isto é, se é que eu compreendi a verdadeira natureza do fenômeno. Não creio que se tratasse de um tipo de comunicação diferente da linguagem ordinária, como o seria por exemplo uma linguagem por gestos; eu duvido que aquilo fosse uma linguagem assobiada que nada devesse à língua articulada, e cujo tom, altura ou modulação portassem em si um sentido perceptível ao ouvinte iniciado no código. Isso não seria de resto impossível pois, entre certas populações, descobriram-se semelhantes modos de expressão. Mas, no caso presente, penso que se tratava antes da linguagem corrente, mas deformada. Enquanto eu escutava esse surpreendente diálogo (do qual infelizmente não pude fazer nenhuma gravação), que se podia escutar? Principalmente assobios em *tss*, *dzz*, *djj*, explosões interrompidas por bruscas paradas da glote e seguidas de longas expirações vocálicas que terminavam em simples sopro de ar expulso. Tudo isso era naturalmente indecifrável para mim. E contudo era guayaki normal, aquele que eu compreendia em parte: mas reduzido à sua estrutura consonantal assobiável e às vogais reduzidas à emissão de ar. No fundo, a linguagem que cada um de nós pode sussurrar, mas aqui reduzida à sua mais simples expressão perceptível. Pois a pobreza dos sons produzidos não parecia alterar a vivacidade da discussão que corria solta entre Jyvukugi e sua mulher; pareciam mesmo divertir-se muito e por vezes um riso reprimido sacudia seus rostos. Eu notava além disso que vez por outra o som se tornava inaudível e que, então, só contava o movimento dos lábios: a escuta do assobio era substituída pela leitura da boca do interlocutor. Isso sobretudo me induziu a pensar que este modo de falar não é uma verdadeira linguagem assobiada. Por que os Guayaki elaboraram esse curioso meio de se comunicar? Restrito às hipóteses, eu sugiro uma. A qualidade principal desse modo de manejar a linguagem, deformando-a, é em definitivo seu quase silêncio, que a situa a meio caminho entre o som e o gesto. E imagino que, por preocupação de segurança, os Aché buscaram diminuir ao máximo possível os riscos de serem ouvidos por seus inimigos: fantasmas dos mortos ou, com mais verossimilhança, Machitara e *Beeru*. Mas talvez, afinal, essa suposição seja por demais funcionalista e seria preciso voltar-se antes para esse personagem da mitologia, Jakarendy, o senhor do mel, que não fala mas assobia para atrair os humanos e agredi-los com seu arco e suas flechas de samambaia. Em todo caso, estou quase seguro de que Jyvukugi e sua mulher "assobiavam" naquele dia em vez de falar normalmente, para que eu não compreendesse o que tinham a se dizer. E conseguiram perfeitamente.

Na ocasião, eu não tinha dado muita atenção a tudo isso. Foi somente de volta à França, ao reler o texto de Lozano, que avaliei o interesse do incidente. Ele escreve com efeito, sempre a propósito dos Caaigua: "Eles usam uma linguagem própria difícil de aprender, porque, ao falar, dir-se-ia antes que assobiam; ou bem que produzem algum murmúrio no fundo da garganta, que não forma nenhuma palavra". Uma vez mais, admiro a precisão das informações fornecidas pelos Guarani aos jesuítas e a exatidão que mostra o historiador ao relatá-las. Eu teria podido, face aos Guayaki, sonhar-me alguns séculos atrás, quando a América estava ainda por descobrir.

4.
GENTE GRANDE

"Não existe gente grande", pôde-se escrever recentemente. Essa formulação é paradoxal, ao ser sustentada na civilização que se pensa e se coloca como adulta por excelência, a nossa. E, por isso mesmo, tem grandes chances de ser verdadeira, ao menos para o nosso mundo. Pois a restrição se impõe: tal discurso verídico para nós, europeus, cessa de sê-lo para além de nosso espaço. Não conseguimos talvez nos tornar adultos, mas isso não significa que alhures não haja gente grande. Ora, qual é esse alhures, por onde corre a fronteira visível de nossa cultura, em qual etapa do caminho encontra-se o limite de nosso domínio, o limiar onde começam as coisas diferentes, os sentidos novos? A questão não é demasiado acadêmica, pois que se pode situar no tempo e no espaço a resposta que ela espera. É verdade que no momento em que o acaso a trouxe, ninguém se perguntava a qual interrogação ela fazia eco. Era o fim do século XV quando, com o Novo Mundo, Cristovão Colombo e o Ocidente descobriram esses do outro lado, os Selvagens da América. Nas Ilhas, com efeito, no México de Montezuma, ou nas margens da terra do Brasil, os Brancos transpuseram pela primeira vez o limite absoluto de seu mundo, que identificaram de pronto como a partilha entre civilização e barbárie. Bem melhor que a África, sutilmente mais próxima do Velho Mundo europeu, os índios foram o Outro do Ocidente, o lugar onde este pôde ler sua diferença, e quis logo suprimi-la, triste privilégio que os Peles Vermelhas partilharam mais tarde com o resto dos verdadeiros selvagens, habitantes provisórios de um mundo que não era mais para eles: esquimós, *bushmen*, australianos... É muito cedo, sem dúvida, para que se possa medir o alcance maior desse encontro; fatal para os índios, não se sabe se, por algum estranho contragolpe, ele não trará em si igualmente a morte inesperada de nossa história, da história de nosso mundo em sua figura contemporânea. Mas sempre se pode perguntar se, também entre os índios, "não existe gente grande".

Em todo caso, havia em Arroyo Moroti um número relativamente significativo de crianças, malgrado os raptos aos quais se haviam entregado os paraguaios: uma dúzia entre os Aché Gatu e vinte aproximadamente entre os *Irõiangi*, entre os quais dominava o grupo de idade situada entre cinco e doze anos. A raridade dos recém-nascidos ou das crianças de pouca idade testemunhava bastante as dificuldades que haviam conhecido os Aché no curso dos anos precedentes. Como cuidar convenientemente de um *kromi*, quando é preciso fugir sem cessar dos matadores brancos? As mulheres que, ao primeiro grunhido do bebê alongado como numa minúscula rede na tipoia sempre presa aos flancos da mãe, faziam-lhe meter na boca grande, aberta, alguma pequena guloseima, reduzindo assim o bebê ao silêncio — as mulheres, a despeito dessa atenção jamais relaxada, podiam então ao mesmo tempo se esgotar no temor de ver os Brancos raptarem seus filhos e liberar toda ternura de que estes necessitavam? O terror experimentado à aproximação dos *Beeru* e de seus cães era tal que, no espaço de alguns segundos, as mulheres ficavam loucas, esquecendo o *kromi* posto sobre uma esteira para enfiar-se direto à frente pela vegetação. Os Aché se lembravam como tinha morrido uma mulher, quando ela partira só portando sobre as costas um menino de três anos. Por infelicidade, tombou sobre um grupo de *Beeru* que a apanhou logo como caça. Ela lhes teria escapado, mais hábil que eles em correr pelos bosques, mas teve que atravessar uma clareira. Lá se lançou e, quando estava quase chegando do outro lado, sentiu chocar-se contra ela o menino e escutou no mesmo instante a detonação. O choque empurrou-a para frente, jogando o menino ao chão. Ela se voltou, a bala o havia quase partido em dois. Sua dor foi breve pois uma segunda bala permitiu-lhe reunir-se ao filho no *prana wachu* dos mortos. Um gaúcho contou-me como, há apenas alguns anos, quando procurava vacas desgarradas, ele percebeu uma mulher ocupada em catar bagas. Ela não o tinha escutado, o cavalo ia devagar sobre a erva espessa. Rapidamente ele lançou seu laço de couro que se enrolou em torno da mulher e voltou à *estancia*, arrastando sua presa. A mulher manteve um sangue-frio surpreendente. Ela falava, volúvel, fazendo muitos gestos; ninguém compreendia. Mostrou seu peito pesado e assumiu a atitude de aleitamento: explicava que no acampamento tinha deixado seu filho, que era preciso dar-lhe o seio e que se devia então deixá-la partir. A mímica divertiu muito os homens, espantados de ver uma Guayaki exprimir os mesmos sentimentos que suas próprias esposas. Mas eles a retiveram para que trabalhasse; ela pôde finalmente fugir após algumas semanas de cativeiro.

Eis por que havia poucas crianças pequenas em Arroyo Moroti. Era muito duro para as mulheres, o desencorajamento as ganhava e algumas, descobrindo-se grávidas, pediam a seus maridos para fazer *ykwa*, o aborto. Os homens raramente recusavam esse serviço a suas esposas. Com todas as suas forças, apoiavam os punhos fechados sobre o ventre da mulher ou os dois joelhos; ou ainda serviam-se de um pedaço de pau. A paciente sofria, se contorcia sob a pressão sofrida, mas a dor não a fazia renunciar a seu projeto. Outras mulheres preferiam esperar o termo da gravidez: matavam então a criança quando do seu nascimento, com golpes sobre a nuca ou estrangulando-a. A eficácia dos gestos não era de modo algum sinal de indiferença da parte dos índios; uma grande dó, ao contrário, habitava os Guayaki, mas eles não tinham escolha; os Brancos, não contentes em roubar-lhes os *kromi*, tinham-nos conduzido a essa condição que os impedia de ter outros. As mesmas práticas haviam ocorrido no passado, mas fora da violência exterior: era então em toda a liberdade, e essas medidas visavam sobretudo a prevenir dificuldades ulteriores. Se uma moça se encontrava grávida de um amante que ela não pretendia fazer seu marido, então, ajudada por sua mãe, ela se fazia abortar. Ou antes, quando para uma mulher casada dois nascimentos se sucediam de muito perto, eliminava-se a segunda criança, pois a mãe teria sido incapaz de nutrir simultaneamente dois *kromi*: estes com efeito não mamavam até a idade de mais ou menos três anos? As avós ficavam aliás bem contrariadas quando suas filhas se encontravam grávidas e o primeiro filho não tinha ainda desmamado: "*Nde bruaa wachu ma jove! Embogi mano vera!* Você está de novo grávida

Gente grande 109

gorda! O menino de peito vai morrer!", escutava-se a enérgica repreenda. Interditos saudáveis, no fim das contas; garantiam ao grupo seu equilíbrio demográfico, os casais se mantinham em bom entendimento e a saúde das crianças se achava protegida.

As primeiras semanas, eu as passei sobretudo em companhia das crianças e particularmente com um bando de uma dezena de garotos cuja idade, na escala de sete a doze anos (os *kybuchu*), autorizava uma relativa autonomia em relação aos pais e ao grupo dos adultos. Estes não manifestavam uma desconfiança muito grande salvo, numa certa medida, os *Irõiangi*. Mas minha conversação os cansava bastante rápido, na medida em que levantava mais frequentemente assuntos completamente desprovidos de interesse: quem é teu pai, quem é a irmã de tua mãe, quem é o irmão de tua mãe etc. Por vezes, os personagens de que queria conhecer o nome estavam mortos, e aos índios repugnava falar deles: "Quem é tua mãe?" — "Ela morreu". As respostas a outras questões me desconcertavam mais ainda: "Como se chama o irmão da mãe?" — "Minha mãe não tem irmão". Ele não ignorava contudo o termo *tuty*, tio materno. Em geral, a capacidade de atenção dos índios não ultrapassava um quarto de hora. Esse lapso de tempo transcorrido, enormes bocejos ou *kwa iã* (sei lá) repetidos me indicavam que era inútil prolongar a entrevista. Eu bem tentava multiplicar os presentes de bombons, muito apreciados porque parecem com o mel, não adiantava nada. Várias vezes mesmo, não pude impedir meu informante do momento, acometido de um formidável tédio, de adormecer no chão a meus pés. Essa distribuição de bombons, em regra durante todo o interrogatório, foi a causa de um charmoso quiproquó. Jakwachugi era uma mulher já idosa, embora seu marido não tivesse mais de uns trinta anos. A idade não tinha aparentemente enfraquecido seu gosto pelas homenagens do esposo, pois, sabendo um dia que ele se tinha tornado culpado de adultério com uma jovem mulher, ela havia recolhido furiosamente suas coisas, enchido sua cesta e corrido a juntar-se ao filho em um outro acampamento. Eu interrogava uma vez Jakwachugi e via sua atenção declinar pouco a pouco; parecia mais interessada no vaivém do acampamento que em minhas fastidiosas questões sobre ancestrais dos quais ela mal havia guardado a lembrança. Intervenção habitual: "Você quer um bombom?". Para fazê-lo, eu utilizo o termo espanhol *caramelo* que os Aché transformaram em *kramero*, e que eles empregam de preferência à palavra guayaki apta a designar os açúcares: *eẽ*, o que é doce. Eu proponho então com um sorriso cativante: *Kramero?* Vejam só: Jakwachugi é um pouco ruim do ouvido e não compreendeu, pois uma imensa estupefação a deixa de boca aberta e de olhos incrédulos: "*Meno? Meno nde jwe? Copular?* É de copular que você tem vontade?". Em lugar de *kramero*, ela ouviu *meno*, o que com efeito significa copular. E crê que, fatigado eu também de nossas trocas, sugiro que relaxemos em algum lugar sob as árvores e lá esqueçamos um momento seu marido. O mal-entendido foi dissipado, mas por vários dias Jakwachugi me examinou com um olhar algo sonhador.

No começo então, os índios perdiam seu tempo comigo e eu com eles, quando não queriam mais me responder. Os homens sonhavam com suas flechas, a caça, o mel, as mulheres com seus *tapy*, com as crianças: enfim, com a vida de todos os dias. (Alguns meses depois meu amigo Jakugi me confessou: "Quando eu te via chegar, *cho myryrõ jwe*, eu tinha vontade de fugir correndo".) É por isso que, desejoso contudo de realizar a primeira etapa de meu trabalho, a saber, o aperfeiçoamento da língua, resolvi fazer amizade com os únicos Aché capazes de me ensinar tudo por estarem totalmente disponíveis: as crianças, os *kybuchu*. A operação, muito pouco custosa (alguns quilos de bombons, uma dezena de canivetes, mais alguns pequenos ardis), foi coroada de sucesso: eu tinha à minha disposição quase constante uma equipe de professores; por vezes turbulentos e prontos a folgar com seu aluno de quem gostavam muito em particular de roubar as botas, mas de uma paciência e de uma gentileza à toda prova, eu creio. Mais realistas que seus pais, viam bem que meu guayaki era antes de tudo curto, que era preciso explicar-me as coisas um pouco como a um idiota, que ao final de contas eu era o que era, um *Beeru* que, em troca de pouca coisa, fornecia *kramero* em abundância. Graças a eles, meu vocabulário se enriquecia todos os dias e também minha capacidade de penetrar a sintaxe. Isso não se dava sem erro; andando ao lado de um dos meninos, eu lhe mostro com o dedo nossas sombras diante de nós sobre o solo e ele me responde: "*Kapi*". Eu anoto, confiante, esse termo em minha caderneta e me apercebo um pouco mais tarde de que, de fato, meu jovem informante nomeou a erva sobre a qual precisamente se desenhavam nossas sombras. A maior parte dos *kybuchu* — classe de idade que agrupa aproximadamente os meninos de sete a quinze anos — possuía um arco e um jogo de flechas. O presente vinha ora do pai, ora do *jware*, e por vezes mesmo de um não-parente: foi assim que um dos Estrangeiros havia oferecido seu arco ao filho de Jyvukugi. Os meninos dessa idade são já bem treinados no manejo de sua arma: sem distanciar-se demais do acampamento, podem passar sozinhos horas na mata, a espreitar presas adaptadas à potência (não negligenciável) de seu arco. E não é raro ver chegar um ou outro perto do fogo de sua mãe e lançar a seus pés um ou dois pássaros, um falso ar de modéstia no rosto, dizendo brevemente como um verdadeiro caçador: "*Kybwyra cho eru*. Pássaros que eu trago". As felicitações dos adultos são lacônicas mas apreciadas em seu justo valor pelo beneficiário. A caça é ainda um jogo para os *kybuchu*, mas eles se põem a praticá-la com uma paixão digna dos mais velhos. O dia em que a tribo dos *Irõiangi* chegou a Arroyo Moroti, os meninos viram, nadando no pequeno lago que ocupava o centro da clareira, alguns patos domésticos, propriedade do paraguaio. Mas acreditaram no ganho fácil dos pássaros selvagens postos lá por acaso e, esquecendo na mesma hora que estavam entrando no mundo dos Brancos, cercaram a água e uma revoada de flechas se abateu sobre os patos.

Até aproximadamente três anos, as crianças não deixam jamais sua mãe; deve-se aqui entender o sentido preciso: quase nem um segundo. Enquanto não sabem andar, passam a maior parte do tempo na tipoia ou a cavalo no quadril da mãe. Esta leva geralmente o filho em seus mínimos deslocamentos, para ir buscar água ou lenha. A mãe e o bebê vivem durante a pequena infância como soldados um ao outro, dia e noite, e no silêncio, pois mal se deixa ao *kromi* o tempo de abrir a boca para gritar. Os jovens pais índios têm sorte, deste ponto de vista: os grunhidos raivosos dos

Fig. 10: *dave*, esteira de palha pindó.

lactantes não perturbam seu sono. Aliás, até o momento em que a criança dá os primeiros passos, o papel do pai se reduz a pouca coisa, sobretudo tratando-se de uma menina — os Guayaki preferem quase sempre os meninos. A paternidade não deixa de afetar o estatuto de marido, pois as relações sexuais com a esposa são a princípio interditas enquanto a criança não foi mais ou menos desmamada. A interdição, que visa certamente a impedir nascimentos muito próximos, é amplamente respeitada, mas não num rigor total: provam-no essas mães que, de vez em quando, devem pedir ao marido para ajudá-las a abortar. De sorte que há sempre ao menos dois anos de diferença entre dois filhos da mesma mãe. Além do leite materno, as comidas dos adultos completam o trivial dos *kromi*: a polpa alaranjada de certas frutas descolada do grosso caroço, ou as larvas cujo conteúdo se esvazia na pequena boca: quando são grandes demais, faz-se saltar com a unha a cabeça quitinosa já formada. Quando os primeiros dentes aparecem, oferece-se para seu exercício um pequeno pedaço de carne. O bebê sentado sobre um *dave*, esteira de folhas de palmeira belamente trançada, chupa, joga no chão, pega de novo. Fica logo coberto de poeira, de ciscos, de fragmentos de casca; pouco importa, deixa-se fazer, contenta-se em sacudir um pouco o alimento informe quando está carregado demais de detritos. A mãe, sentada bem perto, confecciona uma cesta, ou um estojo de plumas ou ainda um tecido de fibras vegetais, o *tyru*: uma espécie de crochê, pois os Guayaki ignoram o tear. Esse *tyru* servirá de tapete, ou de capa jogada no inverno sobre os ombros, ou de tampa para a cesta. Há também a cozinha. Certas carnes são assadas, outras cozidas. O pecari ou o veado, os grandes animais em geral, primeiro chamuscados, são cortados com facas de bambu; depois, os pedaços, presos numa vara plantada obliquamente acima do fogo e sustentada por uma haste bifurcada, cozem lentamente. A gordura escorre e chia sobre a brasa. Para os Aché, quando os animais caçados têm bastante gordura, é bom; quando magros, decepcionam. Para não deixar que se perca uma iguaria tão apreciada, recolhem as gotas com a ajuda de um pedaço de pau de palmeira de que se desfiaram as fibras numa extremidade: é o *koto*, tipo de pincel que se mergulha nos líquidos (gordura, mel etc.) e que se suga em seguida. Outras caças são cozidas: tal o *kraja*, guariba. Traço estranho de sua cultura material, os Aché, embora nômades, são ceramistas. As mulheres fabricam cerâmicas rústicas, decoradas por vezes com impressões da unha do polegar. É nesses recipientes, os *kara*, que são postos a ferver carnes e outros alimentos, como o gomo terminal de certas palmeiras, *hors-d'oeuvre* de nossos repastos europeus sob o nome de palmito. Cru, possui um sabor açucarado muito agradável; cozido, misturam-no em guisado às larvas. A palmeira pindó fornece também um tipo de farinha. A operação não é simples. É preciso abrir a árvore, extrair dela a massa fibrosa, mergulhar esta na água e pressioná-la, punhado por punhado. É a lavagem das fibras, graças à qual se depositam na cerâmica as partículas brancas de "farinha" de que os filamentos linhosos são carregados. Quando a "carne do pindó" está lavada, põe-se a água, tornada branca, para ferver e, a evaporação ajudando, fica no fim uma espécie de pasta mais ou menos espessa, a farinha então cozida, e à qual se acrescentam sejam larvas, seja mel: é o *bruee*. Sem esperar muito que esfrie, senta-se em círculo em torno do *kara*, com a ponta dos dedos amassa-se um bolinho de

Fig. 11: *koto*, pincel para tomar líquidos.

purê e engole-se. Para se aliviar, tem-se lá um *daity* cheio d'água, ou um tubo de bambu grosso. Quanto aos punhados de fibras jogadas em pilhas, logo secas, servirão por exemplo de "papel higiênico". A criança, assim que sente sob si um corpo estranho, abandona o bico de tucano com que se divertia, põe-se de quatro e grita, o traseiro para o ar: "*Aigiio, puchi!* Mãe, fiz cocô!".

A jornada dos Aché começa muito cedo, antes mesmo que apareça o primeiro clarão da aurora. Se os *Beeru* não assinalaram sua presença na região e se a caça é abundante, ficam vários dias no mesmo acampamento. Deixam-no quando os animais se fazem mais raros. Os Aché avançam em fila indiana, os homens adiante, as mulheres atrás; elas levam um tição que, numa paragem, permitirá acender facilmente o fogo e poupar aos homens a fadiga, sobretudo quando choveu e a madeira está úmida, de fazê-lo nascer do *kyrypy tata*, técnica de fricção pela qual se faz, como a verruma de uma furadeira, girar uma vara de flecha sobre um pedaço de madeira seca: o atrito termina por incendiar a serragem, uma fumaça aparece; jogam-se por cima pitadas de musgos secos, sopra-se, o fogo pegou. Ato sério, quase sagrado: não falar, não rir sobretudo, senão não haveria fogo, e as mulheres não têm sequer o direito de olhar quando o homem gira o caniço entre as mãos. A marcha não dura muito tempo: algumas horas, raramente mais de três ou quatro. Param num lugar propício: lá onde as árvores não são muito altas, pois elas atraem *Chono*, o trovão, e não no seio da floresta muito espessa, pois lá se faz muita fumaça. Convém instalar-se perto de uma água corrente, mas não perto demais,

Gente grande 115

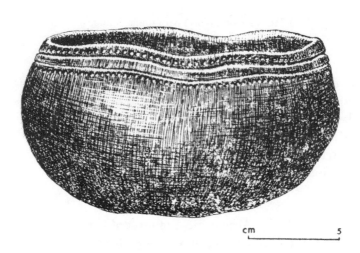

FIG. 12: *kara*, panelas de cerâmica decorada com impressões feitas com a ponta de uma concha de caramujo.

por causa dos mosquitos. Tem-se por vezes a chance de cair num espaço claro, onde o mato é guarnecido de belas samambaias de longas folhas. Então é fácil para os homens limpar rapidamente o lugar para lá instalar o *enda*, o acampamento. Cada chefe de família constrói seu abrigo: quatro estacas bifurcadas, suportando ripas logo ligadas com lianas, e sobre as quais se empilha uma boa espessura de palmas ou de samambaias. O *tapy* é pequeno, mas o teto é impermeável. Sob cada abrigo queima um fogo posto a um canto, de tal maneira que uma chuva eventual não possa apagá-lo. É desejável que nas proximidades do acampamento ergam-se árvores *genipa*: o jaguar, fazendo estalar as folhas, desvelará sua aproximação. E, se há *anbwandy* (*Helietta longifoliata*), é ainda melhor: uma massagem com fragmentos de sua casca permite curar os doentes, sobretudo esses que são vítimas do *baivwã*, mal que

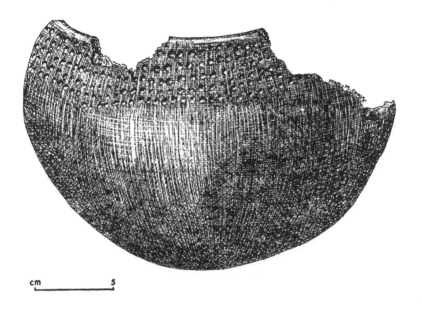

cm   5

atinge, entre outros, os que consomem o mel sem misturá-lo à água. Quando as frutas de *genipa* estão maduras, esquentam-nas numa carapaça de tatu e comem. Mas muitas outras tribos utilizam o suco desses frutos para obter uma tintura azul-negra com que ornam o corpo, em vivo contraste com a tintura vermelha que produzem os frutos do urucu.

Sete ou oito anos: a idade da escola. Crê-se que os pequenos selvagens sabem menos que nossas crianças? Desde esta idade, aprendem tudo o que é preciso para afrontar vitoriosamente a vida florestal dos nômades. À noite, antes de adormecer, quando o sol desaparece, as avós contam as coisas do passado, a aparição sobre a terra dos primeiros Aché e o tempo em que a escuridão não existia ainda; explicam a seus netos quem são os seres invisíveis e que é preciso temê-los; que um Aché deve dar sempre a um

Gente grande   117

outro Aché, e se um recusa a partilhar com os companheiros por exemplo a carne de porco selvagem, estes acionarão suas defesas e o avaro não poderá mais flechá-los. Comer mesmo não é um ato simples; não se consome não importa o quê, não importa como, e tudo isso é preciso aprender pouco a pouco. Assim, ensina-se bastante rápido às crianças a não comer de pé a carne do macaco, senão o jaguar estraçalhará o culpado, o mesmo acontecendo se riem ao devorar um pedaço de tamanduá. Que importa se a voz baixa dos anciões adormece o neto, o *kiminogi*? Ele escutará os mesmos relatos centenas de vezes, estes gravar-se-ão em sua memória e, tornando-se ele mesmo adulto, saberá repeti-los tais quais os escutou. As *jary* e os *jamogi*, as avós e os avôs, tomam a cargo então o ensino das "letras" e a pedagogia da ética, enquanto a iniciação às ciências naturais — botânica, zoologia, climatologia, astronomia etc. — é confiada aos pais. Como com efeito tornar-se um *bretete*, um bom caçador, ignorando os costumes dos animais e dos pássaros, seus gritos, suas maneiras de se dissimular ou de fugir, seu modo de habitar e os lugares que frequentam? Não convém igualmente que uma moça seja versada no conhecimento das plantas, das árvores, de sua época de floração e da data de maturação das bagas e das frutas a fim de se tornar uma boa coletora e contribuir assim para a alimentação de sua futura família? Tudo isso não se aprende num dia. É por isso que, assim que o *kybuchu* está bastante forte para caminhar algum tempo sem fadiga na floresta, ele acompanha seu pai na caça. A aprendizagem na floresta dura anos, até o momento em que o *kybuchu* está em idade de ser reconhecido como adulto. Ele se torna sempre mais sábio, mais forte, mais hábil; não fabrica ainda suas próprias flechas, mas vê seu pai talhá-las sem cessar. Ele se dá conta de que não se deve desperdiçá-las e que se o macaco ou o pássaro visados ficam presos no tronco ou no galho onde se cravou a flecha, deve-se trepar na árvore e trazer tudo. A ponta da seta estará quebrada, mas se a aguçará de novo. Quando estiver muito curta, se lhe fará uma haste mais longa e, tornada assim mais leve, só se servirá dela para os pequenos animais atingidos a curta distância. O menino observa, escuta, o pai é paciente, não se zanga nunca. O filho aprende que não se deve pegar com a mão o peixe *bairekwa*, cujas nadadeiras

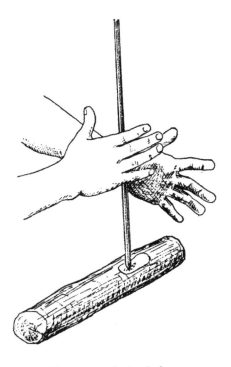

Fig. 13: produção de fogo.

prolongadas por espinhos o feririam; que por vezes Jakarendy, o senhor do mel, furioso contra os Aché, tapa as colmeias para impedi-los de descobri-las e que, por outro lado, as abelhas não estabelecem seu ninho nos lugares que frequenta o *taira barbara*, animal grande amante de mel e pilhador de colmeias. Ensina-se-lhe a prudência: é preciso saber que a fêmea do tapir é perigosa quando tem filhotes e que, se os gritos do pássaro *myrõkiji* anunciam a proximidade de seu companheiro, o jaguar, em compensação os do *brupichu* assinalam que bem perto há capivaras para flechar.

Quanto aos animais, há certas regras de polidez a observar a seu respeito. Quando se os matam, é preciso saudá-los; o caçador chega ao acampamento, sua caça pendurada sobre o ombro nobremente manchado de sangue, ele a deposita e canta em honra do bicho. Assim, o animal não é somente uma comida neutra; ser reduzido a isso irritaria talvez os de sua espécie, não se poderia mais flechá-los. Caçar não é simplesmente matar animais, é contrair uma dívida a seu respeito, dívida de que se libera refazendo a existência, na palavra, dos bichos que se matou. Agradece-lhes por se terem deixado matar mas sem dizer seu nome corrente. Assim *brevi*, o tapir, será nomeado *morangi*, e *kande*, o pequeno pecari, receberá o nome de *barugi*. É preciso astúcia com os animais, é preciso fingir que se fala de algum outro, e, enganando assim a caça, abole-se a agressão dos homens, suprime-se o ato mortal. O canto do caçador sela o acordo secreto dos homens e dos animais. Isso também é ensinado ao *kybuchu*: viver da floresta evitando a desmedida, respeitar o mundo que é um para conservá-lo generoso.

Saudação ao tamanduá: "O muito gordo, eu o trago! Sou seu flechador, eu, o muito gordo eu matei, na ponta de minha flecha eu o trago!".

Saudação à fêmea do grande pecari: "Vamos! Um fogo de belas chamas! Cheguei! A mãe bela, a velha, é uma velha que trago!".

Saudação ao veado, precedida e seguida de assobios: "Esse que assombra muito as trevas, eu o trago!".

Saudação ao guariba: "Eis-me de volta! Esse cujos bigodes estão longe de ser novos, eu o trago! O fedorento bem barbudo, eu o trago!".

As estações passam, o tempo do frio volta quando aparecem a leste os *tato jemo*, as Plêiades, o saber se acumula. As coisas da floresta se fazem familiares ao *kybuchu*, elas lhe falam, ele as escuta, na mata ele está em casa, ele é um da floresta. Um dia, o pai decide que o tempo da infância acabou para seu filho.

Estimava-se o momento chegado. Os *kybuchu* eram já *yma*, grandes e vigorosos, conheciam todos os segredos do *bareka*, a caça, e não se podia mais, sem complicação, retê-los por muito tempo longe das mulheres para quem, embora lhes fosse interdito, derramavam cada vez mais frequentemente olhares interessados. E o que se passa, já se sabe: "*Dare mecha ka-i ã, kana pija*, olhar com insistência as moças, dá logo tesão". Por nada deixavam os garotos de seguir e espreitar as meninas da tribo, quando elas iam ao longo dos riachos, à caça das rãs. Então, sua atenção atraída por gestos e apelos não equívocos, contentavam-se elas em rir? Mais de uma, acabava-se sempre por saber, aceitava as homenagens febris dos *kybuchu*. Se não, estes se masturbavam. A coisa estava clara: não eram mais crianças, tinham-se tornado gente grande.

É por isso que, quando um dia o jovem Kybwyragi declarou a seu pai principal que queria o *imbi mubu*, a perfuração do lábio, a fim de ser um caçador confirmado e de poder ostentar doravante o tembetá que, marcando sua entrada na idade adulta, lhe abriria sem restrição o acesso às mulheres cobiçadas desde longo tempo, seu pai Rambiangi nesse dia se regozijou e compreendeu num mesmo lance que de *kybuchu ete*, homem feito, caçador na força da idade, ia, ele, passar ao estatuto seguinte de *chyvai provi*, "aquele que já é um pouco velho". Havia na tribo dois outros adolescentes, mais ou menos da mesma idade de seu filho. Rambiangi e os outros pais se consultaram, fizeram saber aos meninos que eles se submeteriam também à prova. Eram então três *peperõve*, três companheiros de iniciação, e submeter-se juntos ao *imbi mubu* teceria entre eles laços definitivos que os fariam ajudar uns aos outros pelo resto da vida. Além disso, em lembrança de sua juventude comum e em signo de amizade, Rambiangi quis que o papel principal da cerimônia fosse confiado a seu próprio *peperõve*, Jyvukugi, ele mesmo irmão de um dos três aspirantes à iniciação.

Kybwyragi vai encontrar Jyvukugi: "Eu desejo que você seja aquele que perfurará meu lábio. Assim falou meu pai". Quanto ao jovem irmão, seu pai lhe disse: "Que seu irmão seja aquele que perfurará seu lábio". E o mesmo para o terceiro candidato. Jyvukugi aceita oficiar, vai abrir aos três adolescentes o caminho do mundo adulto, o grupo contará com três caçadores a mais. "Eu serei seu *imbimubuaregi*, o perfurador de seu lábio." Os meninos estão contentes de obter seu assentimento, Jyvukugi é já prestigiado na tribo. Ele começa a distribuir suas ordens: "Vão lá embaixo. Com as próprias mãos limpem bem o lugar". Eles passam a tarde, todos os três, a preparar, à distância do acampamento, o *enda ayiã*, o espaço iniciático; limpam-no com cuidado, abatem os arbustos,

Gente grande

arrancam toda a vegetação: tudo está bem limpo. Chegada a noite, acendem uma fogueira no centro do lugar e se sentam um ao lado do outro, sós na noite pela primeira vez. Jamais haviam jejuado antes; a mãe tinha sempre alguma coisa para dar. Mas essa noite não se deve comer, não se deve beber: é assim que as coisas devem se passar, quando se aspira a tornar-se um *beta pou*, um tembetá novo, um recém-iniciado. E pela primeira vez igualmente, os *kybuchu* cantam, com timidez, a boca ainda destreinada modula o *prerã* dos homens. Lá embaixo, os caçadores respondem com seu próprio canto, encorajando assim o dos futuros *beta pou*. Isso dura um longo momento; ao redor, a noite silenciosa e os fogos que brilham. Então, como um protesto, como um lamento de pesar e de dó, deixam-se ouvir três vozes de mulheres: as mães dos jovens. Elas sabem que vão perder seus filhos, que logo eles serão mais homens dignos de respeito que seus *memby*. Seu *chenga ruvara* diz o último esforço para reter o tempo, é também o primeiro canto de sua separação, celebra uma ruptura. A recusa em *canto-pranto* das mulheres em aceitar o inevitável é um desafio para os homens: seu *prerã* duplica-se em força, violência, torna-se agressivo quase cobrindo a humilde lamúria das mães que escutam seus filhos cantarem como homens. Eles se sabem o prêmio dessa luta a que se entregam assim os homens e as mulheres e isso os encoraja a cumprir vigorosamente seu papel: essa noite, não fazem mais parte do grupo, não pertencem mais ao mundo das mulheres, não são mais de suas mães; mas não são ainda homens, não são de parte alguma, e por isso ocupam o *enda ayiã*: lugar diferente, espaço transitório, fronteira sagrada entre um antes e um depois para esses que vão a um só tempo morrer e renascer. Os fogos se apaziguam, as vozes se calam, dorme-se.

De manhã cedo, eles se apresentam de novo diante de Jyvukugi. Têm fome, mas é um grande dia, têm um pouco de medo: "Partam para a floresta, abatam pindó", ordena ele. Os meninos apanham machados metálicos, aqueles que Jyvukugi roubou recentemente num acampamento de lenhadores paraguaios. Vão-se; as árvores são abatidas, os troncos abertos para que se possa arrancar

FIG. 14: *tapy ywa*, casa iniciática dos meninos.

a medula, cortam-se as palmas e o talo terminal das plantas jovens, e tudo é transportado ao acampamento; os meninos portam em feixes as grandes folhas sobre os ombros. Enquanto isso, Jyvukugi partiu para a caça, necessita de um quati.

Os pais estão lá: *"Tapy ywa nwa! Baky vera! Pichua!* A grande casa, construam-na! Vai chover! Haverá *pichua*!". Os *pichua*, são o vento e a chuva, o trovão que ralha, é a tempestade que fala. Isso acontece sempre que os Aché procedem ao *imbi mubu*, e é bom sinal. O céu e a terra, as potências que os animam não são jamais indiferentes ao destino dos homens, fazem eco a suas empresas; por vezes mesmo sua intervenção é excessiva e os Aché têm medo: é preciso então explicar ao vento e à chuva que eles falam forte demais e pedir-lhes para partir. Mas, quanto mais os *pichua* são fortes, mais a cerimônia é bem-sucedida. É por isso que é construído um abrigo especial. Os *kybuchu*, sem ajuda, edificam-no no meio do espaço que prepararam ontem. Esse *tapy* é nomeado *ywa*, grande; pois pode-se folgadamente lá ficar de pé, enquanto as choças cotidianas são baixas demais para isso. O *tapy ywa* é alto (quase três metros) e espaçoso, pode abrigar muitos Aché. As palmas trazidas cobrem o telhado posto simplesmente sobre as grossas varas plantadas na terra. Enquanto os filhos estão ocupados em edificá-lo, as mães por sua vez partem para a floresta a fim de buscar o *toi eẽ*, a medula das palmeiras que eles abateram. Elas enchem suas cestas. Isso é a comida dos futuros iniciados, com o talo terminal. A casa iniciática está pronta agora, os três meninos sentam-se lado a lado no meio. Esperam sem dizer palavra.

Jyvukugi volta com um quati. O animal é chamuscado, tira-se a pele, e põe-se à parte um pouco de gordura. Tudo está pronto. O jejum é provisoriamente interrompido, os *kybuchu* vão comer, e mesmo até estufar a barriga. Por vários dias não poderão engolir nada por causa do lábio. Também fartam-se eles do *tangy*, o palmito, que trouxeram ao mesmo tempo que as palmas, e do *toi eẽ* que as mães foram buscar. Qualquer outra comida lhes é proibida, salvo a pele e a gordura do quati. Assim sendo, sua barriga ficará bem cheia. Mas os Aché sabem bem por que é precisamente quati que convém oferecer ao *kybuchu*: "*Karo rõ Ache wywy. Kare rõ Ache ove.* Os quatis também são Aché. Os quatis são os *ove* dos Aché". *Ove* é o outro duplo das pessoas mortas, aquele que se vai para o sol, enquanto *ianve* não quer deixar os vivos e fica a adejar ao rés do chão, à noite, ao redor dos acampamentos. Os quatis são assim pessoas, tomam a cargo o *ove* dos mortos e trepam até o cume das grandes árvores míticas que não se pode ver; de lá, alcançam o céu, elevando-se ao longo de uma liana que une o mundo do alto ao mundo de baixo. A carne do quati pode ser perigosa; como o mel e outras comidas delicadas de manejar, pode produzir o *baivwã*, a doença: os quatis, não são eles gente? Mas a pele e a gordura que Jyvukugi oferece aos futuros iniciados, a esses que são a um só tempo mortos e vivos, mortos para a infância, para a doçura e a ternura do mundo maternal, mas perto de nascer para a idade do homem, para esses então o *kare* não será mau, ele os encherá de força, a força mesma das pessoas adultas que são os quatis. Os meninos, sentados sobre uma esteira na grande casa, comem a pele e a gordura.

A refeição terminou. A iniciação vai começar, pois o sol está quase vertical; seus raios queimam o *enda ayiã*. Esse calor e essa luz do sol imóvel no zênite, eles repetem um outro calor, uma outra luz, de que falam os mitos: quando os primeiros Aché saíram da terra, quando se tornaram homens, pessoas, *nondete*, há muito tempo, então a noite e a escuridão não existiam, o dia era permanente e o sol ficava sempre na vertical. E em memória do primeiro acontecimento da história dos Aché, espera-se a grande tarde para celebrar o *imbi mubu*, para marcar a origem solene dos Aché verdadeiros. Os *Aché jamo pyve*, os primeiros ancestrais, emergiram sobre a face da terra sob o sol, e este, do ponto mais exaltado de seu percurso, vela também pelo renascimento dos meninos.

Um homem se aproxima; com sua faca de bambu, raspa o crânio dos três suplicantes silenciosos. Depois, com a gordura do quati que se havia reservado, esfrega-os longamente ao redor da boca inteira, para amaciar a pele, para que ela não esteja dura. Isso feito, enxuga a gordura; com um punhado de fibras de pindó. Jyvukugi está sentado na choça cerimonial, atrás deles. Ele se levanta, tem na mão, bem afiada, uma tíbia de macaco. É o instrumento da perfuração, o *piju*. Inclina-se sobre Kybwyragi, que vira a cabeça bem para trás. O oficiante toma o lábio inferior com a mão esquerda e o estira para frente. Mergulha seu olhar nos olhos do garoto, olha-o fixamente e, sem mover os olhos, enfia com a mão direita o *piju* no lábio, do exterior para o interior e de baixo para cima. Está furado, retira o osso. O outro homem, seu assistente, esse que se nomeia de *kutuaregi*, substitui então Jyvukugi. Também ele tem um *piju*, mas sem ponta. Segurando por sua vez o lábio, introduz o osso no buraco, do interior para o exterior e de cima para baixo: é o movimento do *kutu*, enquanto o outro é o *mubu*. Deixa o osso na chaga e enrola em torno um fino cordel fabricado pelas mães, o *kaimbo*, que impedirá o osso de escorregar e cair. Lá serão deixados até que a cicatrização comece; assim

Gente grande

o buraco não se fechará, ficará duro. Ao cabo de alguns dias, se tirará o *piju* e se deixará pender através do buraco o cordel, retido no interior do lábio por uma bolinha de cera da abelha *choa*. Kybwyragi nada disse, e se experimentou a dor nada aparentou: nem um gemido, nem um gesto. Os homens operam em seguida sobre os dois outros *kybuchu*, eles também são valentes, não se queixam. Isso nem sangra muito. Vejam: agora são todos os três *beta pou*, tembetás novos, jovens iniciados. Antes, estavam ainda no grupo dos *embogi*, dos pênis; doravante serão nomeados *betagi*, portadores de tembetá.

Um homem completo, um adulto, diferencia-se não somente por seu *embo* mas também por seu *beta*. Enquanto não se é iniciado, enquanto não se porta o tembetá, não se é senão um *embogi*, um pênis. Mas é justamente a partir do momento em que, portador de tembetá, o jovem passa ao grupo dos *betagi* e deixa de ser *embogi*, é então precisamente que pode se servir de seu pênis e seduzir as mulheres quando, sós, elas vão buscar água por exemplo: tentativas que os *beta pou* não tardam muito a fazer. O buraco no lábio e o tembetá que preenche esse buraco fundam um direito e desvelam uma verdade até então ocultada: o homem é seu sexo, e o momento em que o *kybuchu* não é mais qualificado por seu pênis é bem aquele em que se reconhece que ele tem um. Duplo e mesmo dissimulação da linguagem que nomeia a coisa ausente e a máscara presente: é-se um pênis enquanto não se o tem, cessa-se de sê-lo desde que se possui um.

Entrementes, as mães acenderam um fogo sob o abrigo iniciático. Puseram a cozer numa panela de barro o resto de palmito. Os meninos pegam, cada um, um pincel, mergulham-no na sopa e o aplicam sobre o lábio: aquecem a ferida para que cicatrize bem, para que não faça mal. Fazem o mesmo com o *toi eẽ*, aquecido também. A chaga se infecta sempre um pouco, diz-se então que o lábio fede, mas isso não se agrava. O que acontece por vezes é que o perfurador, desajeitado, rasga completamente o lábio; é preciso então esperar que esteja totalmente curado e repetir a cerimônia.

Um delicioso perfume se derrama sobre o espaço cerimonial; é a cera da abelha *choa* que se jogou no fogo. A fumaça se eleva no ar, direto para o céu, para o lugar de repouso do sol. Que mensagem percorre esta coluna, o que diz ao céu a fumaça da cera que os Aché queimam? *Ure kwaty*, nós sabemos bem, responderiam: as coisas devem ir assim, pois os ancestrais de todos os tempos nos ensinaram e, mediante a fidelidade às palavras e aos gestos de sempre, o mundo permanece tranquilizador, escreve a mesma prosa, não é enigmático.

Pois houve, na origem do mundo, perfume e fumaça de cera queimada. Foi preciso, para que o mundo se tornasse o que é hoje, que um Aché jogasse ao fogo cera de *choa*. Era o tempo em que o sol não se deslocava e calcinava a terra: *kyray cha endave*, raios de sol por toda parte. Um homem andava um dia acompanhado por seu filho não-iniciado. No caminho encontraram a grande panela de Baiõ: "Não a toque! Não toque a panela de Baiõ!", adverte o pai. Mas a criança desobedeceu e com uma bordoada quebrou a cerâmica. Então, da brecha assim aberta, brota uma torrente de cinzas; e também os animais e pássaros da floresta que são todos animais domésticos de Baiõ; e enfim, terrificante, pois não se sabia o que era, a escuridão, a noite, que, substituindo-se à luz e ao dia permanente, invade tudo. Não mais o sol! Somente a noite, e ela durava! O ato incongruente do menino havia provocado a noite permanente. Então cera de *choa* foi jogada ao fogo; a fumaça de agradável odor se evolando no ar provocou a reaparição do dia, e os Aché conheceram o rosto definitivo do mundo, esse que o movimento do sol desenha na alternância regular do dia e da noite. As coisas não mudaram desde então. Acontece no entanto de o caos ameaçar a ordem do mundo. É quando o terrível habitante do céu, o grande jaguar azul, se arroja para a lua ou para o sol para devorá-los; as pessoas seriam condenadas a viver de novo na luz ou nas trevas eternas, seria o fim do mundo. Então tem-se muito medo, não se poupam os esforços para parar com isso, é preciso assustar o jaguar. As mulheres soltam gritos estridentes, lançam no fogo caniços que explodem, os homens fazem o *jeproro*, ameaça uivada contra o animal; com seu machado de pedra, fendem furiosamente a terra. O alarido é apavorante nos acampamentos Aché, faz-se todo o barulho possível. No fim a fera fica com medo, abandona sua presa, o sol reaparece, a lua reencontra seu esplendor, a vida do mundo retoma seu curso regrado.

Gente grande

Aí mesmo jaz o segredo, e o saber que dele têm os índios: o excesso, a desmedida tentam incessantemente alterar o movimento das coisas, e a tarefa dos homens é obrar para impedir isso, é garantir a vida coletiva contra a desordem. Não se pode ser a um só tempo criança e adulto, *kybuchu* e sedutor de mulheres, é um ou outro, um após o outro, primeiro se é Pênis, em seguida Tembetá: não se deve deixar as coisas se confundirem, os vivos aqui, os mortos lá, as crianças de um lado, os iniciados do outro. A cera de outrora foi queimada e sua fumaça operou a partilha definitiva do dia e da noite. Esta cera que queima agora no fogo dos recém-iniciados, ela ergue sua frágil coluna no coração do espaço humano, diz que o separa e que, uma vez franqueado o limite lá indicado, todo retorno para trás é impossível; todas as coisas são uma, a mesma ordem rege a vida do mundo e a vida da comunidade das pessoas. Um menino outrora, um não-iniciado, fendeu a panela de Baiõ e liberou a escuridão. Agora, perfura-se o lábio dos jovens. Por esse rito, os Aché aceitam que, tal o dia e a noite, as gerações se sucedam segundo a ordem. A ferida no lábio não se fechará jamais, pois é também a marca do *tempo perdido*: nem o filho feito homem, nem o pai nem a mãe o reencontrarão. *Go nonga*, é assim. Então, sob o grande sol imóvel, queima-se um pouco de cera: parada que assinala ao espaço seus lugares, a cada coisa seu canto, às pessoas sua morada. Que diz a fumaça? Os homens são mortais.

No acampamento até então silencioso, explode um *chenga ruvara*; é o coro de todas as mulheres e não mais somente das mães. Estão sentadas sobre os calcanhares, a face escondida entre as mãos, e cantam. Três homens se elevam bruscamente, grunhindo de cólera; precipitam-se sobre as mães e lhes batem com socos e pontapés. São os pais dos recém-iniciados. A justa de ontem era oral, canto dos homens contra canto das mulheres. Agora bate-se. Rambiangi, com um violento golpe de calcanhar, arremessa a mãe de Kybwyragi a vários metros, ela grita. Então, todas as outras mulheres voam em socorro das mães. Elas se agarram aos braços, aos ombros dos homens, tentam acalmá-los. Elas os imobilizam e com a medula de palmeira friccionam o rosto e o torso deles. "Não batam!" Elas sopram também muito forte nos ouvidos dos homens, como se fosse preciso fazer entrar qualquer coisa. Mas eles estão *by-iã*, não têm mais *by*, sua "natureza" lhes escapa, estão fora de si. "É preciso vingar! Eu sou o vingador!" Gritos, lamentos, apelos de todos os lados; a excitação aumenta, todos se exaltam. Agora os outros homens, que se contentavam em olhar, erguem-se. Eles estão armados; brandem seus arcos, agarram grandes flechas que se entrechocam. "Não flechem!", gritam as esposas. Mas eles não escutam; fazem o *jeproro*, todos juntos. Com todas as suas forças, uivam, a face torcida de raiva pois eles também estão *by-iã*. Tornam-se perigosos, as flechas são colocadas em posição de tiro, os arcos esticados. As mulheres estão apavoradas, choram. Todas as crianças escapam, aterrorizadas, sob a cobertura das árvores. Escondidas atrás dos troncos, espreitam sem compreender essa violência súbita. As primeiras flechas voam em torno delas. Passam ao lado da casa iniciática e por cima do telhado alto. O grupo dos homens se aproxima pouco a pouco, ameaçador. Os três jovens iniciados começam também a ter medo.

Eles sabem bem que a cólera dos homens, enfaticamente exibida, é em grande parte fingida, que, sem o *rapa michi*, o jogo da violência onde se entrechocam os arcos, sem o *jeproro* e os golpes, sem essa luta dos homens contra as mulheres com a derrota dessas últimas, sem tudo isso a iniciação não seria completa. Do mesmo modo, no fogo da ação, os homens perdem por vezes um pouco de seu sangue-frio e desferem golpes com muito mais força do que conviria. Ei-los: em linha, sempre gritando como se os *beta pou* fossem jaguares, e lançando suas flechas; dir-se-ia que querem agora matar os adolescentes, dir-se-ia que se recusam a reconhecê-los como adultos, como iniciados, e que não querem esses novos companheiros. Mas Jyvukugi está lá e não tem medo. Ele é o protetor desses que acaba de arrancar à infância, vai defendê-los contra os homens e levar a bom termo sua tarefa obrigando o grupo dos homens feitos a acolher os jovens. Ele também se torna *by-iã*, cheio de cólera; invectiva os caçadores, ameaça-os. Com os pés ele bate no chão, apanha punhados de terra e lança-os sobre os outros, está assustador. Faz sozinho um alarido enorme, pois é o *jepare*, o "vingador" dos meninos. Rápido, as mulheres chegam; cercam-no e o massageiam, friccionam bem. Pedem-lhe para não fazer tanto barulho, para acalmar-se: "Meu filho *beta pou* vai escapar!", dizem as mães. Ele aceita escutar, acalma-se pouco a pouco, os homens não ousaram dar mais um passo, recuam. A calma retorna sobre o *enda ayiã*, depõem-se arcos e flechas, volta-se a sentar sob as choças, a iniciação está terminada.

Os Aché permanecem ainda quatro dias e quatro noites no acampamento, esperando que a cicatrização do lábio esteja bem adiantada. Os jovens iniciados permanecem sob seu abrigo, lá passam a noite. Eles não podem, por causa do *piju* no buraco, nem falar, nem comer: somente a sopa de palmito que as mães preparam e que eles absorvem com um pincel. Em todo caso, é o que podiam, pois a maior parte das comidas lhes são interditas. Comer carne de tatu traria a má sorte na caça, o *pane*; de pecari, teriam grandes diarreias; de macaco, seus olhos se injetariam de sangue, como os recém-nascidos; de cascavel, suas nádegas ficariam todas chatas, sem gordura, o que entristece os Aché. Todos os méis também são proibidos: não respeitando a regra, seriam incapazes de flechar os animais. Os iniciados têm muita fome; é por isso que, todas as noites, ouve-se o canto das mães, tristes de saber seus filhos esfomeados: "Meu filho! Ele está tão sem barriga!".

Quanto a Jyvukugi e a seu assistente, eles estão constrangidos ao mesmo tabu: nada para comer além da medula de palmeira. No mais, eles devem, assim como os pais e os irmãos dos meninos, evitar cuidadosamente fazer amor: o *meno* nessas circunstâncias tornaria a chaga no lábio dolorosa e retardaria a cura. Ao se privarem assim das esposas e das amantes, os homens são solidários com seus jovens companheiros. Pois estes, certamente, não conquistaram ainda o direito de conhecer as mulheres. Ser-lhes-á reconhecido mais tarde: quando a chaga estiver completamente cicatrizada, quer dizer, quando o cordel que, atado ao interior do lábio, impede o buraco de se fechar, se romper: quando o *kaimbo* se rompe, então se é verdadeiramente um *betagi*. Mas, enquanto está intacto, nada de mulheres: senão, acontece a pior infelicidade para um homem, a má sorte na caça. Se se fazem agora coisas interditas, não se poderá mais tarde realizar as coisas obrigatórias. Ora, há para o homem outra tarefa que a de ser uma *bai jyvondy*, um flechador de animais? E os Aché ainda contam o que agora os diverte, mas que os irritou muito na época. O jovem Bykygi, enfrentando todas as leis para satisfazer seu desejo, seguiu uma mulher que ia buscar água e lhe impôs suas homenagens: o cordel pendia ainda pelo buraco do lábio! Depois de quatro dias, os Aché abandonam o acampamento. Logo, do buraco labial de contorno bem nítido, nenhum odor desagradável escapa. A cada um dos três *betagi*, o pai oferece um tembetá, que ele poderá portar desde então durante as paradas: um osso de macaco fino e longo, bem visível aos olhares das mulheres, *pravo vwã*, para seduzi-las. Posto que são homens agora, eles fabricam sozinhos, aconselhados pelo pai, seu próprio arco e o jogo de flechas. Para ir à caça, tirarão o longo tembetá, pois a mão direita esticando a corda do arco pode esbarrar nele. Eles o substituirão por um *beta* bem mais curto: sem tembetá não se poderia matar a caça. E quando voltarem ao acampamento, sobre o ombro direito o bicho morto, saberão os cantos apropriados, farão levar, por privilégio, um pedaço de carne a Jyvukugi e seu assistente, seus "perfuradores".

É suficiente, entre os Aché, para tornar-se gente grande, deixar-se perfurar o lábio? Não totalmente: o *imbi mubu* é uma grande cerimônia, todo mundo participa dela, é uma celebração coletiva. Mas não marca completamente ainda o destino adulto do adolescente, falta alguma coisa: o *jaycha bowo*, cortar a tatuagem, a escarificação das costas. Então, isto feito, o rapaz estará em situação de realizar aquilo a que é conduzido doravante: não mais o despreocupado sedutor de mulheres, mas marido de uma esposa de quem terá filhos.

Esperam-se alguns anos, entre seis e oito aproximadamente. E como um menino recebe seu *beta* pela idade de quinze anos, a tatuagem se faz em torno dos 22 ou 23 anos: *buta provi bu*, quando se tem um pouco de barba, dizem os Aché. Quando é chegado o tempo, um velho da tribo, mais frequentemente o perfurador do jovem, lhe diz: "Você já não é mais um *betagi*. Você é um homem feito; é por isso que eu quero cortar a tatuagem, eu serei aquele que cortará tuas costas". Não é um pedido, mas uma constatação: a coisa deve se fazer agora e o *betagi* deve passar por ela. O homem se vai à procura de uma pedra; por vezes, é preciso ir lon-

Gente grande

ge, não se a encontra senão no leito de certos riachos. Ela deve ter um lado bem cortante, mas não como a lasca de bambu que corta muito facilmente. Escolher a pedra adequada exige então golpe de vista. Todo o aparelho dessa nova cerimônia se reduz a isso: um seixo.

Quando encontra o que lhe convém, o *bowaregi* abate uma árvore nova de tronco liso, no meio de um espaço desbastado, de tal modo que, caindo, fique apoiada nos galhos de uma outra; o tronco cortado está assim em posição oblíqua. Tudo está pronto, a operação (que é preciso entender aqui em seu sentido quase cirúrgico) pode começar. Espera-se que o sol esteja no zênite. O rapaz se alonga sobre o tronco inclinado, que ele rodeia com os braços; de bruços, as costas se oferecem, a pele bem esticada. O "fendedor" pega sua pedra e corta em profundidade da ponta da espádua até o alto das nádegas. Não é uma incisão leve e superficial, que permitiria por exemplo a lasca de bambu afiada como uma navalha; é verdadeiramente uma fenda nas costas, sobre toda a espessura da pele. Para cavar assim o sulco, com um instrumento que está longe de oferecer o fio da faca de bambu, é preciso ter um bom punho, pois a pele é resistente. O *bowaregi* apoia todas as suas forças, ele rasga. Toda a superfície das costas é assim trabalhada, em linhas retas e paralelas, de uma espádua a outra; há pelo menos dez incisões. O sangue corre abundantemente, o rapaz está coberto de sangue, e os braços do oficiante, a árvore e todo o chão em torno dele. A dor é atroz, dizem os Aché: nada comparável ao perfuramento do lábio, pouco sentido. O *jaycha powo* quase mata aquele que se lhe submete. Mas, não mais que durante o *imbi mubu*, não se ouvirá o rapaz deixar escapar queixas ou gemidos: antes perderá a consciência, mas sem descerrar os dentes. Por esse silêncio se medem sua valentia e seu direito de ser tido como um homem feito.

O *bowaregi*, quando as costas estão trabalhadas em toda a superfície, pega carvão de madeira da árvore *kybai* (termo que significa homem), o reduz a pó e o mistura ao mel. Estende esta pasta sobre as chagas, fazendo-a penetrar bem. O pó de carvão opera como um mata-borrão, absorve o sangue e contribui para parar a hemorragia. Além disso, ele se incrusta nas fendas, de sorte que, quando a pele tiver cicatrizado, colorirá de um belo negro azulado as longas estrias. É preciso que as escarificações sejam nitidamente visíveis, bem negras, senão não deu certo. E quando são assim, então o homem é *jyvete*, terrível. O rapaz deixa sua árvore e se alonga de bruços sobre uma esteira. Sua mãe chora. Depois ela esquenta ao fogo aparas de uma certa árvore e as aplica longamente sobre as chagas. Isso diminui a dor, é um calmante. Cuidará desta maneira de seu filho imobilizado, várias vezes durante os dias seguintes. Enquanto a cicatrização não estiver quase terminada, o bando permanecerá no mesmo acampamento, pois o rapaz não pode se deslocar: é doloroso demais e é preciso evitar que as chagas se abram. Ele come pouco, nada de carne, o que impediria a tatuagem de enegrecer. Nutrem-no somente de mel diluído em água. Seguramente, não deve copular enquanto as costas não estiverem "secas": senão ele não se curaria. Mediante o respeito às regras e os cuidados da mãe, as chagas deixam de feder, o tecido cicatricial se forma, desenhando em linhas verticais um relevo espesso sobre a pele. Os Aché podem partir. O rapaz está muito fraco, mas os caçadores lhe oferecerão muita carne, ficará logo gordo.

Eis então: ele é doravante definitivamente *bretete*, grande caçador, e *kybai gatu*, adulto bom. Porta, gravadas em sua carne, as marcas do que se tornou: uma pessoa adulta, o esposo futuro de uma mulher. Pelo furo no lábio, foi sua infância que fugiu. Mas não era ainda a passagem ao verdadeiro estado adulto, era o acesso ao tempo feliz da juventude, o tempo do *pravoty*, do "seduzir as mulheres". Ora, não mais que a infância, a juventude não é eterna, há um tempo para tudo e todo momento é transitório. Que seria um homem que quisesse prolongar para além dos prazos tolerados sua liberdade de *betagi*, que quisesse gozar sem limites do direito de conquistar os favores das mulheres? Ele se tornaria uma fonte de problema e de conflito na tribo, ao mesmo tempo para os casados cujas esposas ele ameaça e para os iniciados mais jovens que esperam sua vez. Querer permanecer *betagi* quando se tem a idade de ser *kybai gatu*, agarrar-se ao estado de celibatário irresponsável quando se pode tomar mulher, *é introduzir a desordem na sociedade*. É preciso ceder o lugar, para ocupar um outro, marcado antecipadamente, e o grupo impõe ao indivíduo reconhecer-

Gente grande 133

-se a si mesmo para que a sociedade permaneça. Durante o longo entretempo que separa o *imbi mubu* do *jaycha bowo*, o rapaz faz o que quer, pois o grupo lhe diz: você pode. Vem um outro tempo e o grupo pronuncia: acabou. Então a prova da dor atesta que é bem assim, não há nada a dizer, o sofrimento quer silêncio, ele paga a dívida contraída pelo *beta pou* junto à tribo, que o autorizou a seduzir as mulheres. O jaguar azul compromete a *ordem do cosmos* quando quer devorar o sol e a lua; o *betagi* ameaçaria a *ordem da sociedade* se se recusasse a tornar-se adulto. Um celibatário é como um jaguar na comunidade. Os Aché, para impedir o retorno do caos no céu, *cortam* a terra com seus machados; e também, para prevenir semelhante caos entre si, *cortam* as costas do *betagi*. Pele trabalhada, terra escarificada: uma única e mesma marca. Ela enuncia a lei das coisas e a lei dos homens, e diz ao tempo o enigma: o sol e a lua, o dia e a noite se sucedem pacificamente, mas esse retorno eterno do mesmo não é para os homens.

Eu me encontrava uma manhã conversando com Karekyrumbygi. Sua mulher, a muito jovem Chachugi, era uma Estrangeira. Mais que rechonchuda, ela era gorda, a tal ponto que na primeira abordagem eu a havia julgado grávida embora seu peito fosse pouco marcado; e à minha pergunta, ela havia respondido, como envergonhada: "*Bravo iã wyte*. Grávida ainda não". Falávamos então com seu marido, quando contrariamente à sua habitual discrição, ela se chega a nós, ar preocupado, murmura alguma coisa no ouvido do esposo e parte correndo a se esconder na floresta. O homem se levanta logo e vai para o acampamento dos Estrangeiros; mal tem o tempo de me explicar que "*pirã upu o*, o sangue escorreu". Chachugi não era nem mesmo púbere, não corria o risco de ficar grávida, pois esse sangue que acabava de escorrer era o de sua primeira menstruação. E, para mim, uma sorte: ia assistir (se os índios não vissem aí inconveniente) a iniciação da moça.

Chachugi fugiu para a floresta, pois é isto que deve fazer aquela cujo sangue corre pela primeira vez: fugir do olhar dos outros, indicando por isso mesmo o que lhe acontece. A menina está naquele momento *by-iã* diz-se, sem "natureza", sem calma, está envergonhada e vai se esconder. Ao cabo de alguns instantes, o tempo para que todo mundo no acampamento esteja prevenido de que *pirã upu o*, Chachugi deixa o abrigo das árvores, os olhos baixos, vai sentar-se bem rápido na choça de seus pais, que foi evacuada. À avó que ficou sozinha ela murmura: "*Cho pirãma*, meu sangue, aqui está". E a avó anuncia em voz alta a uma outra velha instalada um pouco mais longe: "O sangue de nossa neta, aqui está. — Eu sou sua *tapave*", responde ela. Com efeito, quando Chachugi nasceu, foi essa mulher que a levantou da terra e tomou-a em seus braços; e ela vai agora assistir sua *chave* que se tornou mulher. A mãe entoa um lamento solitário. Todos os presentes estão doravante oficialmente ao corrente. O pai faz um *jeproro*; grita várias vezes, bem forte: "O sangue de minha filha, ele ficou sobre a carne do pecari". Eles estavam assando um pequeno porco selvagem quando Chachugi levantou-se bruscamente para desaparecer na floresta.

As duas velhas, ajudadas por um homem que é o "padrinho" da garota, realizam um meticuloso *biri*. É a massagem que consiste em pegar a pele entre os dedos e em pinçá-la sem muita força. Chachugi deitou-se, olhos fechados, e todos três estão agachados sobre ela. Impressão estranha, de longe, ver essas seis mãos que adejam de um ponto a outro sobre o corpo imóvel. Dos homens que se encontravam lá, vários partiram, os outros voltam ostensivamente as costas à cena, salvo o pai. Quanto ao marido, ele desapareceu desde o início. A massagem dura em torno de uma meia hora, ao termo da qual Chachugi é sumariamente coberta com duas ou três palmas secas. A *tapave* se levanta e desaparece nos bosques, como também o padrinho. Durante esse tempo, o pai, no espaço mesmo do acampamento mas um pouco afastado das choças, ergue uma frágil e baixa armação: é o *tapy jyvapa*, a choça arqueada, reservada a "aquela cujo sangue escorreu". Mas, à diferença dos meninos, não se prepara espaço iniciático para as garotas. Um pouco mais tarde, o padrinho e a madrinha voltam, ele carregado de palmas de pindó, ela de uma grossa braçada de samambaias. As palmas constituem ao mesmo tempo o telhado e os muros do abrigo que merece com efeito seu nome de arqueado: um V invertido cujas pernas seriam curtas. A velha arruma um leito de samambaia, Chachugi resvala sob o abrigo e fica inteiramente dissimulada sob o resto das samambaias. Ela está totalmente invisível, pois está *kaku*: destinada a não ser vista. A madrinha se senta perto da choça de reclusão e chora alguns minutos, depois põe-se a preparar comidas para sua "afilhada": somente farinha e talo de pindó. As horas passam. Os Aché fazem a sesta ou vagam em suas ocupações ordinárias; ninguém me disse nada ainda, e como eu estou aqui para observar (lápis e caderneta um pouco bestamente à mão), não ouso ir-me, apesar do calor, dos mosquitos e da fome: mais vale ficar lá e estar seguro de não perder nada. Antes de dois ou três anos ao menos, não haverá ritual de iniciação de garota, pois nenhuma das meninas atuais tem a idade do *pirã upu o*. Um índio me dá um pedaço de palmito; cru, tem o gosto muito fino de avelã. De fato, hoje nada mais se passará. A madrinha, pelo fim da tarde, traz à menina sua refeição vegetal, que ela absorve rapidamente, mantendo os olhos fechados. Ela deve não somente se esconder, mas mesmo evitar absolutamente deitar seu olhar sobre os outros, e sobretudo sobre os homens que não são nem seu pai nem seu padrinho: ela está má, fonte de mal e de infelicidade, causa de *bayja*. Os Aché designam assim essa situação de perigo soberano em que se acham colocados os homens pelo fato do sangue das mulheres: quando uma criança nasce ou quando sobrevém a primeira menstruação.

No dia seguinte, levanto-me muito cedo para assistir à sequência do ritual. Apesar de minha pressa, as coisas já começaram, pois a choça de reclusão foi deslocada claramente para o exterior do acampamento: pois lá onde se encontrava Chachugi ontem à noite o espaço ficou sujo, não diretamente do sangue, mas de tudo que ele veicula de repulsões e de terrores. Esse lugar tornou-se impuro, inabitável. O pai da moça partiu para a floresta; trará uma carga de aparas de liana *kymata*, sem a qual a purificação seria impossível. Há uma enorme quantidade, pois numerosos são aqueles que deverão ser purificados: não somente esses que, por terem estado em contato direto com Chachugi, estão contaminados, mas mesmo um grupo importante de homens que se manteve cuidadosamente afastado. Tatuetepirangi, Tatu de Pele Vermelha, me explica tudo isso; e no mesmo lance aprendo por que o marido desapareceu tão rápido ontem. O homem, tomando placidamente um desjejum de larvas que fervilham sobre o prato, me pergunta: "E você, você não terá o *kymata tyrõ*, o *kymata*-purificar? — Eu não sei. Deveria tê-lo eu também? — Mas você não copulou ainda? — Que mulher? — Com a *kujambuku*, a grande mulher (assim os Aché nomeavam as meninas perto de ficarem reguladas). — Não, nenhuma copulação com Chachugi. — *Amai!*". Sua surpresa é considerável, e em consequência a minha, pois ele parece achar normal que eu pudesse beneficiar-me dos favores da menina! "Então", ele comenta, "é como eu. Quando não há copulação, nada de *bayja*; e se não há *bayja*, nada de purificação." Pronto, é simples: todo homem que tiver tido relações sexuais com uma garota cujo sangue não saiu ainda deverá submeter-se ao ritual. Grande foi meu espanto em saber que Chachugi, *breko* — esposa legítima — de Karekyrumbygi, não era ainda uma mulher. Mas agora não se trata mais de marido, mas de amantes; ele me dá a lista sem hesitar: parece perfeitamente ao corrente da vida erótica de todos os Aché. Nós chegamos a um total de sete. Chachugi, treze anos no máximo, já fez sete homens felizes. *Amai!*

Alguns dentre esses sete *bayja* estão aqui, mas outros estão ausentes, partiram à caça há vários dias. É preciso preveni-los do que aconteceu a fim de que voltem imediatamente para exorcizar a ameaça. É por isso que Karekyrumbygi saiu sem tardar à sua procura. Se eles não se submeterem à purificação, cairão sob as garras dos jaguares, que seu estado de *bayja* atrai como um ímã, ou bem *memboruchu*, A Grande Serpente Celeste visível sob forma de arco-íris, os engolirá. Em todo caso, há o grande risco de que *brara*, uma serpente venenosa, já os tenha mordido.

A reclusa jaz sob as palmas e as samambaias. Mulheres foram buscar água. O padrinho mergulha, punhado por punhado, as aparas. A água começa a embranquecer e a espumar. Se espalhassem no rio, todos os peixes rio abaixo morreriam asfixiados. Mas a *kymata* não serve aos Aché senão para livrá-los do *bayja*. É o que vão fazer agora. Na proximidade da choça de reclusão é plantada um longa estaca. O padrinho vai buscar Chachugi; tira-a de sob as samambaias, cobre-lhe a cabeça com um pedaço de pano e a

Gente grande

conduz ao pé do bastão a que ela se agarra com as duas mãos. Despe-a do véu e orna-a com o *aicho*, tipo de touca de palmas bem trançadas, que se enfia na cabeça como um gorro até os olhos, e utilizado somente quando da puberdade das garotas. Mais tarde ele lhes assegurará uma bela cabeleira. Várias pessoas lavam com convicção a moça silenciosa, cabeça baixa e olhos fechados: seus pais, o padrinho e a madrinha, meu amigo Tatuetepirangi. Ela é "ensaboada" e enxaguada da cabeça aos pés, com punhados de aparas mergulhadas na água purificante. Está-se longe de esquecer a intimidade da noviça, e várias vezes eu percebo sobre as coxas traços de sangue logo apagados com um movimento de esponja. Em intervalos regulares, as mulheres se agacham, fazem o *chenga ruvara* e retomam sua tarefa. Chachugi logo está integralmente lavada, enxugam-na com aparas secas. De novo dissimulada sob o pano, é guiada para seu lugar de reclusão.

São agora os purificadores que se purificam entre si. Um após o outro, apoiados no mesmo bastão, eles são conscienciosamente lavados. Isso vai durar longo tempo pois, além dos cinco ou seis Aché que assumiram o cerimonial, haverá também os antigos amantes de Chachugi, sem contar aqueles que seu marido foi procurar. Bem mais curioso, e novo, me parece o que se passa do lado de Chachugi. Ela não entrou na choça, fica deitada de bruços sobre samambaias. Tira-se-lhe o *aicho* e a madrinha corta-lhe rente os cabelos. Depois, ata-se sob os dois joelhos cordinhas de fibras de urtiga: elas são destinadas, com a massagem do começo, a evitar que as pernas da menina fiquem magras. Os Aché têm horror da magreza, signo para eles de muito má saúde, sobretudo nas mulheres, que eles apreciam bem redondas. Além disso, uma mulher "de ossos secos" não tem força para caminhar na floresta, a cesta e mais dois ou três quatis nas costas, a criança na tipoia e um tição na mão; uma mulher magra não é bom, é triste. Não se negligencia então nenhuma precaução a fim de assegurar às batatas da perna e às coxas das *kuja* todo o contorno desejável.

Mas isso não é tudo, pois eis agora Chachugi, sempre no chão, submetida a uma sessão de flagelação. Duas velhas, cada uma armada de uma curta correia de couro, chicoteiam-na visivelmente com golpes de braço, dos ombros aos tornozelos. Golpes de braço certamente, mas os estalidos são fracos sobre a pele, pois os instrumentos são muito curtos e muitos finos para que os golpes sejam realmente dolorosos. O objetivo do tratamento não é então provar a resistência da moça: "O que é? — *Brevi embo rõ go*. São vergas de tapir, isso. — Por que estão batendo? — A *kujambuku*, batem-lhe com vergas de tapir para que ela deseje bem os homens". A resposta pode parecer sibilina. Ser fustigada por um pênis de tapir vai tornar Chachugi mais ardente (até o presente, não lhe tem faltado ardor) para solicitar os favores dos homens? Questionados mais à frente, os Aché não seriam muito mais explícitos: *go nonga ure*, nós somos assim. Se eles em suma não sabem o que fazem, numerosas tribos, por outro lado, poderiam explicar. A escolha do tapir não é com efeito acidental. Para os Aché, ele é essencialmente uma caça, apreciada pelo sabor e quantidade de carne que pode fornecer. Como seu couro é muito espesso para as flechas de madeira, tenta-se pegá-lo em armadilha cavando sobre seu caminho habitual, perto dos rios, uma fossa cônica cuja abertura se esconde sob uma frágil grade coberta de folhas e de erva; o pesado bicho (mais de duzentos quilos) não descobre o ardil e se enfia no buraco de onde não pode sair. Não resta senão abatê-lo: *brevi ityty*, fazer cair o tapir. Mas, nos mitos de muitas culturas índias, esse grande animal de nariz prolongado em tromba, um pouco obsceno, toma sempre o papel de sedutor: a despeito de sua aparência pesada e sem graça, é um irresistível Don Juan, os maridos temem suas empresas frequentemente fatais à sua honra. Muito marcado sexualmente, o tapir é investido de uma carga erótica tal que, se ele é grande amante de aventuras galantes, as moças em troca são loucas por ele, ele as inspira. Daí, o que será melhor que o pênis desse Casanova passeando com vigor sobre a garota que acede à feminilidade, se querem que, longe de repelir os avanços dos homens, ela ao contrário os atraia? Chachugi, seguramente, não tinha necessidade desse filtro do amor, mas dessa maneira ao menos se está seguro de que ela estará definitivamente contaminada pelo pênis do tapir, para o máximo prazer dos atrevidos da tribo. Afinal de contas, os Aché sabem o que fazem.

    A purificação transcorre bem. A pilha de aparas diminui, mas há ainda o suficiente para os caçadores que o marido fora procurar e que chegam indenes, pois nenhuma serpente os mordeu. Anunciam de longe sua aproximação soltando dois ou três gritos agudos aos quais se responde do acampamento. É assim que é preciso proceder: o inimigo não adverte jamais de sua chegada, e se não se quer expor-se a receber uma flecha no peito, mais vale fazer saber quem é com um pouco de antecipação. Recentemente, os Aché semeavam sobre os caminhos que levavam ao acampamento lascas pontuadas de bambu camufladas sob uma folha: infeliz do visitante indesejável que, ignorando sua localização, arriscava-se muito a enfiar uma no pé. Sem lançar um olhar sobre Chachugi, os homens (entre os quais o marido) se dirigem ao lugar designado onde são lavados um após o outro. Uma mulher se ocupa em pintar a purificada. Numa carapaça de tatu enrolada em forma de corneta, há uma massa negra: é uma mistura de cera de abelha, de resina e de um pouco de pó de carvão. A mulher toma um pouco sobre a ponta de uma espátula de madeira bem polida, aproxima-a do fogo para torná-la mais líquida e a apoia em seguida sobre a pele: fica um traço de um negro brilhante, que resistirá vários dias mesmo aos banhos no rio. Primeiramente, é a face que é ornada: riscas horizontais sobre a fronte, duas verticais sobre cada asa do nariz, quatro sobre as maças, seis sobre o queixo. Depois passa-se ao pescoço, ao peito e logo o tronco todo, até o púbis, está vestido de dez fileiras de traços verticais do mais belo efeito. A mesma coisa para os braços, depois para as costas. Quando termina, a mulher se pinta ela mesma os antebraços, o torso e o ventre e faz o mesmo com as duas velhas que participaram todo o tempo da cerimônia.

A noite cai. Chachugi retomou sua choça, sempre em jejum. Os dois filhos de um dos amantes da moça são também purificados e o menor, de mais ou menos quinze meses, protesta com veemência contra esse tratamento, pois a água está fria. "Quando uma *kujambuku* tem seu sangue, as crianças vomitam, podem morrer", explicam-me. Desde algum tempo cozinhava numa grande panela uma fervura de farinha de pindó e de milho. Quando está pronto, acrescenta-se um pouco de mel e o padrinho distribui a cada um dos presentes uma porção de *bruee*: é o repasto coletivo que fecha a primeira parte da purificação de Chachugi.

Com efeito, como para o *beta pou*, mas imediatamente após o banho purificador e não alguns anos mais tarde, pratica-se na menina o *jaycha bowo*. O procedimento é o mesmo: uma pedra que o padrinho vai buscar. A *kujambuku* alonga-se sobre as costas. O escarificador faz uma incisão na pele desde a base dos seios até o sexo, duas vezes de cada lado, em forma de arco e não verticalmente como para o menino. Depois, ele enche o espaço assim determinado de talhos mais curtos, curvos também, que estriam toda a extensão do ventre. Esse *jaycha mama*, escarificações redondas, garantirá à menina uma pronta gravidez, ela terá logo um bebê. O destino de seus flancos é o de serem doravante férteis: dizem-no as fendas de seu ventre. As chagas são untadas com pó de carvão, cicatrizam impregnando-se de cor negra indelével, a mulher está para sempre marcada. Por que os Aché fazem isso? Para que suas mulheres sejam belas, para que sejam bem gordas. Sem as escarificações, seriam *gaiparã*, magras, más. E do ventre materno convenientemente rechonchudo o *doroparegi*, o mais velho dos filhos a vir, "cairá" facilmente, a mulher não sofrerá.

Tudo isso eu teria visto no dia seguinte. Mas quando me apresentei, três quartos dos índios haviam desaparecido. Não restavam lá senão alguns velhos e os pais de Chachugi, sempre reclusa. Todos de cara feia. Eu me informo e o pai me diz muito descontente: "*Jaycha iã! kujambuku kyrymba iã ete!* Nada de escarificações! A menina não tem um pingo de coragem". Pela primeira vez, a lei dos Aché não é respeitada. Chachugi teve medo, não quis afrontar o *jaycha bowo*, a prova da dor terrificou-a. Como isso é possível? As pessoas estão furiosas. Mas o que podem fazer? Cada um bem sabe que se o "sangue tivesse saído" alguns meses atrás, antes do contato com os Brancos, nem um instante Chachugi teria sequer sonhado em furtar-se ao que desde todos os tempos foi o dever das mulheres Aché. Mas as coisas mudaram, as regras de outrora e tão próximas ainda, elas vão se gastando pouco a pouco no mundo dos *Beeru*. Por longo tempo, todos se conformavam a elas, e nisso os Aché persistiram contra tudo e contra todos: a vida Aché permanecia na fidelidade à sua lei. Rompido o laço entre eles mesmos e sua própria substância, o respeito à lei e a crença em seu valor não podiam senão degradar-se. É por isso que Chachugi teve medo: seu temor, índice de sua desrazão, é também o primeiro sintoma da doença que espreita os Aché, o desespero. Não precisava deixar a floresta, não precisava vir para os Brancos: "Perto dos *Beeru*, os Aché deixaram de ser Aché. Que tristeza!". Assim Jyvukugi, a morte na alma, cantou sua dor durante toda uma longa noite. Apesar da recusa de Chachugi, houve grandes *pichua*, e o vento soprou bem forte.

Durante um mês, até a aparição do ciclo seguinte, Chachugi se absteve de comer carne, mel e larvas de vespas: para que seus olhos não se injetem de sangue, que o primeiro filho não seja menina, para não comprometer o futuro parto, para que o filho mais velho não apresente nenhuma deformação. Ela evitou também tocar flauta, cujo contato teria "secado" seus braços. Ela não copulou também: aliás, nenhum homem teria ousado propor-lhe: uma *dare pou*, uma mulher nova, é algo muito perigoso. Renunciaram também por um tempo ao prazer do *meno* todos aqueles, homens e mulheres, que haviam conduzido o ritual de purificação.

Chachugi temeu tornar-se uma pessoa adulta, uma Aché verdadeira, quis permanecer "mulher nova". Tal coisa poderia durar? Eis então que numa manhã fria de junho descobriu-se, já rígido, o cadáver da pequena *dare pou*; ela morreu durante a noite, em silêncio. Não se comentou nada. *Ache ro kwaty*, são os Aché que sabem.

5.
AS MULHERES, O MEL E A GUERRA

Os dias transcorriam pacíficos, sobretudo quando desaparecia o chefe paraguaio. Suas ausências se prolongavam por vezes durante semanas, consagradas a embriagar-se sem trégua nos povoados da região. De retorno, mal podendo manter-se na sela, ele se abandonava a um furor incompreensível, desembainhava seu Colt e o descarregava por todos os lados, proferindo em guarani vagas ameaças. Então, os índios tinham medo; mas isso se produzia raramente e, afinal de contas, o Branco passava menos tempo na floresta com os Aché do que a beber tristemente em sórdidas cantinas onde, a *caña* ajudando, os bêbados não tardavam em tomar do punhal ou revólver para afrontar-se em rixas selvagens de que mais valia não ser testemunha.

Quando as provisões estavam esgotadas, eu partia a cavalo a San Juan Nepomuceno para comprar cigarros, feijão, gordura, arroz etc. Havia lá um comerciante muito à vontade pois, sem concorrente, ele drenava o grosso do negócio local. Os clientes chegavam a cavalo de suas longínquas moradas, prendiam a montaria na tranqueira e, fazendo seu pedido, ficavam lá longos momentos a conversar. Dessa maneira, o merceeiro, de orelha em pé, estava ao corrente de tudo o que se passava nos arredores. Esse homem amável e jovial me faz sinal um dia para passar para a loja de trás: "Escute-me, Don Pedro", ele me diz. "Todo mundo por aqui pensa que o senhor é muito rico, e eu ouvi dizer que querem lhe roubar. Tenho um cofre-forte e lhe aconselho a me confiar seu dinheiro. Se matam o senhor, ele ao menos será salvo!", acrescenta com um grande riso. Ele não me acreditou, evidentemente, quando lhe assegurei que infelizmente eu não tinha nada para pôr em seu cofre. Agradeci-lhe contudo e retomei o caminho da floresta, algo preocupado, na medida em que caía a noite. Mas atingi o acampamento sem dificuldades, no fundo bastante satisfeito com o lado *western* de minha jornada.

Deixar o mundo branco, reunir-se aos Guayaki nos bosques, era no mais alto grau encontrar uma existência relaxada, preguiçosa, cujo ritmo sem abalos bem se adequava à moleza índia. Desde sua instalação em Arroyo Moroti, o modo de vida dos Aché se tinha fortemente transformado, do ponto de vista sobretudo de sua alimentação, pois a parte vegetal — sob a forma principalmente de mandioca — havia aumentado muito, em detrimento da carne, cuja ausência, por pouco que se prolongasse, mergulhava os índios na mais profunda tristeza. Para assegurar uma provisão regular de carne, seria preciso partir para muito longe de Arroyo Moroti, e então desaparecer longo tempo na floresta, o que desagradava muito ao paraguaio. Por outro lado, os índios mesmos hesitavam em distanciar-se demais desse lugar, onde se sentiam apesar de tudo em segurança. Aliás, as hostilidades com os *Beeru* teriam fatalmente recomeçado. Contudo, os Aché não podiam passar sem carne, não mais de três dias em todo caso. Então, eles se tornavam morosos, inertes, dormitando ao pé dos fogos e recusando-me seguramente toda colaboração. Felizmente, impelidos pela fome devoradora, eles reagiam. Muito cedo, bem antes do nascer do sol, um homem acordava. Sentado sobre os calcanhares na luz do fogo atiçado, ele se punha a cantar, repetindo sem cessar as mesmas coisas, durante uma meia hora aproximadamente. No começo, eu não compreendia o canto. Mas terminava sempre da mesma maneira: quando uma frágil claridade permitia orientar-se na escuridão, o homem se levantava, munido de seu arco e de suas flechas, e partia. Ele tinha simplesmente anunciado sua intenção de ir à caça, indicando ao mesmo tempo o número de noites que contava passar na floresta, se não retornasse no mesmo dia. Quando previa uma caça de vários dias (de várias noites em linguagem Aché), sua mulher e seus filhos o acompanhavam. Mas partiam quando já era dia claro, uma hora ao menos depois dele: a esposa, carregando cesta, uma criança, e a mão ocupada com um tição, não teria podido seguir na velocidade de seu marido. Quando um homem fazia conhecer assim seus projetos, havia sempre um ou dois prontos para partir com ele. Eles se iam discretamente, sem que ninguém parecesse acordar. Mas o cantor partia primeiro. Com seu canto, prevenia a tribo de sua partida, precisava em que direção iria e solicitava ao mesmo tempo companhia. Mas não esperava resposta e, sem ocupar-se em saber se era seguido ou não, afastava-se.

Precisar a direção escolhida não era uma precaução inútil. Mil coisas podiam acontecer na floresta e era bom que os companheiros soubessem onde procurar se o retorno dos caçadores tardava demais. Foi assim que, uma noite, um homem cantou que partia para flechar macacos e que retornaria três noites mais tarde. Dois outros o acompanhavam, havia então três famílias, com duas crianças. Mas, ao cabo de uma semana, eles não tinham reaparecido. "O jaguar os devorou", comentavam os Aché. Diz-se sempre isso, quando o retorno não tem lugar no momento previsto; igualmente, quando eu proclamava meu desejo de passear na floresta, não deixavam de me dizer: "O jaguar vai te estripar". Na realidade, esse gênero de encontro é raro e, fora a morte recente de Chachuwaimigi, havia bem muito tempo que a fera não tinha molestado ninguém. Invocando regularmente a ameaça do *baipu*, os índios designavam menos o animal real que o acidente — qualquer que fosse — que pudesse introduzir desordem no fluxo da vida cotidiana: o jaguar não é senão a metáfora dessa desordem. Em suma, começaram a inquietar-se com essa ausência prolongada. Decidiu-se ir ver o que se passava e eu me juntei ao grupo apesar das precauções: "É muito longe! Muito jaguar! Os companheiros já estão mortos!". De fato, temiam sobretudo que eu retardasse sua marcha. Aceitaram finalmente minha presença e logo compreendi a propriedade de suas reticências. Não se tratava de caçar, isto é, de explorar passo a passo o terreno, lentamente, olho e ouvido, mas de ir direto ao alvo sem perder tempo: eles caminhavam muito rápido. Eu me encontrava na traseira, atrasado, imobilizado por vezes pelas lianas que me faziam tropeçar ou me atavam bruscamente a um tronco. Os espinhos se agarravam na roupa, era preciso desviar-se a golpes de ombros desordenados: mesmo que me arrastasse era em vão! Os Aché, ao contrário, silenciosos, flexíveis, eficazes. Percebo bem depressa que meu *handicap* provinha em parte

As mulheres, o mel e a guerra 145

de minhas roupas; sobre a pele nua dos índios, galhos e lianas deslizavam sem feri-los. Resolvi fazer o mesmo, tirei minhas roupas já esfarrapadas, que depositei ao pé de uma árvore para reavê-las na volta. Não fiquei senão com as botas — não teria podido andar descalço e temia as serpentes — e um grosso cinturão de couro que sustentava meu 38 na bainha. Nu como um verme, à exceção disso. Foi com esse bizarro equipamento que eu prossegui a marcha; nenhum risco, em todo caso, de um encontro embaraçante.

Ao fim de três horas aproximadamente e após ter atravessado dois pequenos rios, um no baixio e o outro sobre uma ponte guayaki: uma árvore deitada de uma margem à outra, chegamos ao acampamento. Um só abrigo ali se erguia, bastante grande; as cinzas estavam frias, não havia ninguém. Os índios examinaram o solo em torno, mostraram-se com o dedo coisas para mim perfeitamente invisíveis e, sem hesitar, prosseguiram numa certa direção. Uma meia hora de marcha a mais, e caímos sobre os desaparecidos. Por que abandonaram eles o primeiro acampamento para estabelecer um outro a tão pouca distância? Não sei. Talvez julgassem-no *ine*, fedorento, contaminado; ou então um espírito apavorou-os. Aqui ainda, um só abrigo; o estado de frescura das palmas indicam que tinham sido cortadas na véspera. Um delgado filete de fumaça se eleva do fogo quase morto. Os ocupantes estão deitados, salvo uma mulher que dá o seio à sua filhinha. Eles estão tão doentes que mal abrem os olhos à nossa chegada. Normalmente deveríamos achar os homens de arco esticado, pois, por prudência, não anunciamos nossa aproximação pelos gritos habituais: quando na floresta se descobre uma presença humana, não se sabe nunca quem se vai encontrar. Eles jazem sobre o solo, febris, gripados sem dúvida. "Durante a noite", gemem eles, "veio Krei; ele queria nos sufocar." Quando se sente opressão, um peso no peito e os sonhos são maus, sabe-se que Krei ali está. "É preciso voltar ao acampamento", dizemo-lhes. "Cuidaremos de vocês. Há remédios." Nenhuma resposta, estão apáticos. Para minha grande surpresa, os homens que segui ficam lá mais dez minutos. Não insistem absolutamente para que os outros se levantem; recolhendo suas armas, retomam o caminho de volta: a missão foi cumprida, eles os acharam, falaram-lhes; os companheiros não querem vir, volta-se então. Poder-se-ia pensar em uma indiferença profunda de sua parte, em uma total insensibilidade quanto à sorte dos doentes, em crueldade até. Mas não é isso: na realidade, se não pressionam os companheiros para segui-los, é por respeitar sua liberdade. Estes parecem ter decidido ficar lá, não se deve portanto importuná-los. Sabe-se bem que, quando um Aché está doente, ele prefere ficar só, esperando que a doença se vá. Se as vítimas de Krei dissessem: "Queremos voltar, mas não podemos", sem dúvida que os outros os ajudariam o máximo que pudessem. É aliás isso que vai se passar. Quando começamos a caminhar de volta, o velho Tokangi volta-se para o *tapy* e grita: "Quando vocês morrerem, *briku u pa modo*, os urubus vão devorá-los!". Perspectiva repugnante para os índios, essa de não deixar o mundo dos vivos segundo os ritos: tudo, menos oferecer seu cadáver à natureza e a seus animais, sobretudo aos urubus. "Nós vamos", escutamos simplesmente. Com gestos lassos, as mulheres reúnem suas coisas nos cestos, Tokagi e um outro homem tomam as crianças sobre as costas, nós repartimos os arcos e as flechas dos caçadores doentes e vamos. Lentamente, porque eles não podem ir muito rápido. Algumas horas mais tarde, à noite, chegamos ao acampamento; os Aché não fazem caso. Distribuição de aspirina aos gripados, acendem-se os fogos e todo mundo se deita.

    Eu não me juntava muito frequentemente aos Aché quando partiam à caça. Era preciso cada vez passar uma ou várias noites ao relento, diretamente sobre o solo mole e úmido da floresta, perto de um fogo cuja fumaça custava a afastar o voo dos mosquitos. O jejum era no mais quase inevitável, na medida em que eu não me podia forçar a nutrir-me de larvas. Por outro lado, fora a fadiga, não retirava grande coisa dessas escapadas, a não ser a observação de certas técnicas e táticas de caça, quando um grupo de homens cercava por exemplo um bando de macacos guinchando no alto das árvores, ou uma tropa de porcos selvagens *chachu*, os grandes, que à nossa aproximação se metiam a bater dentes, não de pavor, mas de cólera. Havia também a caça coletiva aos quatis, cuja carne os índios muito apreciavam. Só os homens iniciados, e mesmo casados, praticam esse tipo de caça, que consiste não em flechar os animais sobre as árvores em que trepam, mas, ao con-

As mulheres, o mel e a guerra

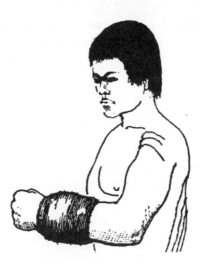

FIG. 15: *pabwa*, corda utilizada na caça a unha aos quatis.

trário, em obrigá-los a descer ao solo onde os agarram à unha. Para fazê-lo, os homens se dispersam em torno de um grupo de árvores sobre as quais notaram-se quatis, atiram flechas nos galhos, jogam pedaços de pau ou torrões, gritam e fazem uma tal desordem que os animais, completamente enlouquecidos, não sonham senão em fugir para longe desse alarido. A cabeça para baixo, eles rolam ao longo do tronco. Mas ao pé se encontra um homem, cujo antebraço esquerdo desaparece sob as voltas de um espessa corda feita de fibras vegetais e de cabelos de mulher. Esta *pabwa*, a esposa a fabrica para o marido utilizando seus próprios cabelos, que ela raspa, por exemplo, na ocasião de um luto. Eles são conservados em vista da fabricação dessa corda, utilizada somente para a caça aos quatis, mas investida igualmente de um valor tão simbólico quanto utilitário. Quando o quati chega perto do solo, com o braço esquerdo assim protegido, o homem o bloqueia contra o tronco, agarra-o pela cauda com a mão direita e, fazendo-o rodopiar no ar, o abate com todas as suas forças contra a árvore, quebrando-lhe o crânio e a coluna vertebral. Essa técnica permite, se se quer, pegar os quatis vivos para fazê-los cães de guarda dos acampamentos. Mas a *pabwa* não põe sempre ao abrigo das dentadas ferozes dos quatis e mais de um homem se orgulhava de mostrar as grandes cicatrizes deixadas pelas feridas: "Assim, haverá grandes *pichua* quando eu morrer!". Tudo isso era bonito de olhar, tanto os índios davam mostra de agilidade, de *savoir-faire*, tanto os gestos eram precisos e eficazes: um total domínio do corpo. Mas, justamente por causa de tudo isso, e porque eu não podia fazer tanto, eles não se importavam muito — é o mínimo que posso dizer — com minha companhia quando iam caçar, assim como teriam recusado a de um outro Branco. Por razões estritamente técnicas: eles sabem se deslocar rapidamente e em silêncio, um Branco não sabe. Ele está calçado, esmaga os gravetos, faz estalar os galhos, agita as lianas, faz um barulho tal que a centenas de metros em torno os animais são advertidos, vão-se embora ou se escondem: a caça está comprometida. Para não incomodar os Aché em sua atividade essencial, eu não procurava me impor. Eu podia sem dificuldade passar muito tempo em Arroyo Moroti, pois os índios não partiam todos ao mesmo tempo; restavam sempre pessoas com quem conversar, brincar, deixar correr os dias. Não era jamais enfadonho.

Eu era permanentemente informado de quase tudo o que se passava no acampamento: graças aos *kybuchu* que, quando não seguiam os pais à caça, deambulavam ou se divertiam pela clareira. Uma de suas grandes distrações era na verdade espionar os adultos em suas atividades privadas. Espreitavam seus deslocamentos, seguiam-nos quando se distanciavam nos bosques, observavam-nos escondidos e comentavam em seguida longamente, abafando o riso, o que haviam visto. Estavam por toda parte ao mesmo tempo, insuportáveis e simpáticos, sem ilusões, na medida em que, para eles, o mundo adulto era completamente desmistificado, sem segredo, transparente. Era preciso desconfiar dos *kybuchu*. Quando as moças iam fazer xixi juntas, tranquilas em sua certeza de estar sós, súbito ouviam em toda a volta do lugar de seu repouso ressoar gargalhadas e brotar das brenhas os atrevimentos habituais: "*Kyrypy pirã! Kyrypy pirã!* Cu vermelho! Cu vermelho!".

As mulheres, o mel e a guerra

Os mais sem-vergonha dos garotos gritavam: "*Nde pere pirã!* Você tem a xoxota toda vermelha!'". E escapolem rapidamente na espessura da mata sob os insultos das jovens ofendidas.

Desde a idade de sete ou oito anos, as crianças não ignoram mais nada das coisas do sexo, por duas razões principais. Primeiro, os adultos se interessam — como é normal — muito por isso, e suas preocupações não escapam evidentemente à atenção sempre alerta dos jovens. Em seguida, e sem que haja entre a "gente grande" o mínimo exibicionismo, não se tenta absolutamente dissimular das crianças o campo da sexualidade e das atividades que lhe concernem. Sem incômodo algum evoca-se em sua presença o *meno* (fazer amor), as aventuras e os avatares dos que a isso se entregam, e os gracejos trocados a esse respeito não são incompreensíveis para ninguém. Nada de gosto pela censura, nenhuma recriminação sobre o corpo, esforço algum para dissimular o preço associado ao prazer: isso permite aos adultos viver sob o olhar das crianças. Não se procura enganá-los e eles não se enganam, mas as coisas não são jamais equívocas: um homem não se permitiria jamais privacidades com sua parceira habitual em presença de quem quer que seja, jovem ou velho. Liberdade e reserva: esta é a atmosfera corrente entre os índios. Pensar-se-á talvez que a ausência total de repressão pode conduzir os *kybuchu* a curiosidades demasiado precoces, mas não é o caso. As coisas com efeito são bem claras para eles: o *meno* é bom, pois os grandes o dizem; nós também faremos com as mulheres o que nossos mais velhos lhes fazem, mas não antes de ter recebido deles o direito de imitá-los, não antes que o lábio seja perfurado e que, no lugar de *embogi*, se nos nomeiem *betagi*. As mulheres, isso é para os iniciados.

Disputas, que não iam jamais até a troca de tapas, explodiam por vezes entre os *kybuchu*. De vez em quando, eu via um se aproximar de mim. Rodeava por um momento a choça, olhando-me às escondidas, depois acabava por decidir-se: "Um tal fez o *meno* com tal garota!", murmurava ele, o rosto marcado de dor de ter que proferir semelhante coisa. Era pura calúnia, certamente, inspirada pelo desejo de vingar-se de qualquer ofensa. Havia bem três ou quatro meninas; mas, mais velhas que os *kybuchu*, elas se interessavam pelos rapazes ou pelos homens casados. E o pretenso culpado não deixava de responder, indignado, quando eu o questionava: "Os *kybuchu* não fazem amor. Somente quando se tem o *beta*!". Eles não ignoram que o *pane* teria sancionado toda falta à regra. Isso dito, eles se divertiam muito a vigiar os adultos; um dos garotos surgia da floresta e, extenuado e muito apressado em voltar, me lançava por exemplo: "Vem logo! Chachugi e Baipugi estão fazendo amor! Eles estão na floresta! *Juja ury pute!* Eles riem de tanto que estão contentes! Vem!". E, para obter minha convicção, imitava com grandes movimentos desordenados do corpo o pobre Baipugi, muito ocupado, sem se saber na mira de tantos olhares, em cuidar de Chachugi. Eu não levava a indiscrição (ou a consciência profissional) até o ponto de responder a esses convites instigantes. Mas esse sistema infalível de informações me permitia saber o que provavelmente os adultos me teriam escondido: os amores clandestinos, as intrigas adúlteras, os prazeres ilícitos que, com seu fruto proibido, completavam a trama de uma vida tão cotidiana quanto em qualquer outro lugar. Nenhum espírito de delação animava os *kybuchu*: simplesmente tinham nisso um bom meio de divertir-se um pouco às expensas dos adultos. Em troca, eu me encontrava assim a par de toda a vida secreta dos Aché e capaz, por conseguinte, de compreender sua incidência sobre a estabilidade dos casais e sobre a maneira pela qual se resolviam os conflitos matrimoniais.

Os Aché protegiam com uma mesma discrição suas atividades de higiene e sua vida erótica. Se queriam fazer amor de dia, era preciso esquivar-se para a floresta. Um homem se afasta com um falso ar de indolência que diz tudo; alguns instantes mais tarde, uma mulher se levanta e caminha na mesma direção: eles têm um encontro. Escolhem-se em geral as horas quentes da tarde, quando todo mundo dorme: mas há os *kybuchu*... À noite, não se entra jamais na floresta; a escuridão é muito perigosa, cheia de espíritos, de almas, de fantasmas. Fica-se no *tapy*. Mas jamais ouvi — embora dormindo frequentemente bem no meio dos índios — o menor suspiro de abandono: parece que a coisa é rapidamente expedida. No entanto, Kybwyragi contava uma vez como, sendo pequeno ainda, ele tinha acordado em plena noite e visto seus pais copularem: "Um medo enorme!", dizia ele. Não é raro, em compensação, ver os jovens casais acariciarem-se: de resto, nada de muito pesado. Por vezes o marido roça a face contra o rosto de sua mulher, mas sem beijá-la, os Aché ignoram o beijo: eles arrulham, ambos murmurando-se coisas doces. Menos frequentes são os toques precisos. Uma jovem mulher, sentada sobre as pernas dobradas, fabrica uma corda de arco enrolando fibras ao longo da coxa; a seu lado, o marido que cochila: com um olho só sem dúvida pois, de súbito, mergulha uma mão no lugar previsível. A mulher solta um grito de surpresa; mas bem que ela quer. Ela explode de rir cada vez que ele volta à carga. Brincam assim um momento, depois cada um retoma sua ocupação: nenhum traço visível de emoção. Aliás, em quase um ano entre os Aché, jamais vi ereção. Não tenho a impressão de que, malgrado seu gosto evidente pela coisa, os Guayaki sejam erotólogos refinados, salvo talvez um ou dois homens entre os Estrangeiros. E ainda perseguiam eles certamente seus alvos a título pessoal, pois que todo mundo falava com um espanto divertido de um jovem marido que encorajava sua mulher a praticar nele a *fellatio*: prova de que esse hábito era estrangeiro aos outros.

Entre as raras mulheres jovens da tribo, havia uma, de aproximadamente quinze anos, muito atraente, que não dissimulava seu pendor pelos homens. Estes não a negligenciavam absolutamente ("essa garota", dizia-se, "ela dá muito seu furo"), mas ela parecia insaciável e não deixava nunca de fazer conhecer a quem de direito suas intenções. Quando não tinha nenhum *betagi* ao alcance da mão, ela se entregava, com as meninas de sua idade, a jogos que as faziam rir muito: conta-se uma história, distrai-se a atenção da outra e, prontamente, toca-se-lhe o sexo. Surpresa, encantada talvez, ela solta pequenos gritos agudos depois tenta pagar na mesma moeda. Mas isso não vale um homem. Por uma tarde quente em que todos os presentes fazem a sesta, esta garota doida por seu corpo erra, ociosa, pelo acampamento; parece de bastante mau humor, na falta sem dúvida de achar *hic et nunc* isso de que tem necessidade. Mas eis que ela avista Bykygi; ele dorme, deitado de bruços, a cabeça entre os cotovelos. Sem mais cerimônias, ela se aproxima, deita-se sobre ele e, muito naturalmente, põe-se a bombardear-lhe o traseiro com saltos vigorosos, como se o sodomizasse. O infeliz, arrancado de sua sesta de maneira tão engraçada, solta grunhidos de pavor. Ela não quer nem saber e prega-o no solo aprisionando-o entre as pernas. Além do que, desliza uma mão sob o ventre do homem e trata de agarrar-lhe o pênis. Eles se torcem ambos por terra, sempre um sobre o outro, ela obstinada e silenciosa, ele gritando, mas não muito alto: "*Poko eme! Poko eme!* Não me toques! Não me toques!". Pouco lhe importa, pois é justamente disso que ela tem vontade. E ela consegue. Bem rápido cessam os protestos da vítima; ao cabo de um curto momento, os dois fogem para um lugar um pouco mais longe, ao abrigo dos olhares. Ela sabia o que queria, ela o encontrou.

Os *kybuchu* iam me assinalando qual marido ou qual esposa enganava seu cônjuge e com quem. Por vezes a aventura era de poucas consequências: uma simples cópula numa volta na mata, não se podia levar isso muito a sério. No máximo, e ainda isso dependia do temperamento mais ou menos irascível do traído, o marido humilhado se reservava o direito de se vingar: não realmente, caso em que teria batido seu arco sobre o crânio do amante; mas simbolicamente, num ato ritual que consiste em brandir o arco sobre o outro, mas sem acabar o gesto: é o *jepy rave*, a vingança fingida. Não notei entre os Guayaki senão um só caso de assassinato passional: o velho Torangi havia em sua juventude flechado de morte um homem. Além disso, Torangi, por mais decrépito que estivesse, conservava ainda uma reputação de *yma chija*, violento natural. As mulheres são mais intolerantes que seus esposos, sobretudo quando têm por marido um caçador reputado que não querem evidentemente perder para uma outra. Elas punem o infiel, seja recusando-se durante algum tempo a deitar com ele, seja pagando-lhe no ato com a mesma moeda: oferecer a um outro homem os favores negligenciados pelo marido. Não se levam mais longe as coisas, e o bom entendimento do casal não sai muito diminuído das extravagâncias de um ou de outro.

Frequentemente também, o humor vem acalmar a ira do cônjuge ofendido. É assim que, um dia, o acampamento se anima um pouco mais que de costume e um de meus pequenos informantes não tarda em acorrer, explicando que "Kandegi está rasgado! Há sangue, vai-se fazer a purificação!". Que se passou? Kandegi aca-

As mulheres, o mel e a guerra 153

ba de fazer amor com uma mulher que não era sua. Viram-no voltar correndo, o pênis todo sangrando: ele se feriu com efeito. Há muita gente, todo mundo comenta. Alguns homens afirmam que, se o pênis está "rasgado", é porque a mulher, muito magra, tem uma vagina estreita demais, e forçando Kandegi se cortou. (De minha parte, antes que uma vagina cortante, eu invocaria o vigor provável dos assaltos do homem; ou ainda ele simplesmente arranhou-se numa erva ou num graveto, pois fizeram amor no chão, na floresta.) Mas, de toda forma, semelhante acidente devia acontecer, dizem os Aché: esta mulher não é ela com efeito uma viúva de data recente? E Kandegi não sabe que essas mulheres são para evitar, ao menos durante algum tempo? *Ianve* o puniu, e punirá também a mulher que ele carregará, jogada sobre suas costas como uma caça para longe dos Aché, para obrigá-la a dormir só várias noites na savana. Para afastar esses perigos, submetem-nos um e outro ao banho purificador. Kandegi está confuso e inquieto pois, esta noite, *Ianve* tentará sufocá-lo. É verdade também que o mesmo *Ianve* atormenta, diz-se, o homem que se contenta com uma mulher só, é bom deitar com várias, nem que seja para ter paz. Enquanto se asperge Kandegi, sua mulher, sentada bem perto, olha-o e debocha dele: "*Ocho pa!* Ele está todo rasgado. Isso o ensinará a não copular com uma mulher tão magra!". Esta vingança basta-lhe, eles se reconciliam logo.

 Essas peripécias, que tornavam picante a existência dos indivíduos e alimentavam a crônica da tribo, pouco afetavam a unidade do grupo, a ordem social não se achava ameaçada. Mas não era sempre assim. Oito ou nove anos atrás, bem antes que o contato fosse estabelecido com os *Beeru*, uma cisão se produziu entre os Aché Gatu. Jyvukugi, já dirigente da tribo, tinha por esposa a bela Kimiragi. Esta saiu um dia sozinha a alguma distância do acampamento enquanto o marido estava na caça; ia silenciosamente, queria catar frutos da árvore *guaviju*. Em torno dela, os passarinhos cantavam sem temor. Sua atenção foi atraída pelo grito insistente do *mere*, o passarinho parecia escondido numa brenha. Curiosa ela se aproximou, afastou as ramagens, e descobriu, não o *mere*, mas aquele que, para atraí-la, havia imitado seu grito: o jovem Kybwyragi, homem feito que, poucos meses antes, se havia submetido à escarificação. Constrangido ao celibato, por falta de mulheres entre os Aché Gatu, vivia no *tapy* de seus pais, comia a comida preparada por sua mãe e resolvia a questão do *meno* estabelecendo com as mulheres casadas rápidas ligações. "Quando não há mulheres", explicam os Aché, "repartem-se as dos outros." A esposa de Jyvukugi estava lá à sua mercê, ele a agarrou, obrigou-a a deitar-se e consumou na mesma hora o *piarõ*: o que se poderia chamar uma violação. Na realidade, Kimiragi, conta-se, não opôs senão uma resistência fácil de vencer; quem sabe se ela não tinha partido em busca dos frutos precisamente para isso! A coisa em todo caso não parou aí, assumiu mesmo proporções dramáticas.

Kimiragi, com efeito, tomou gosto pela coisa e desejou prolongar essa aventura. Disso soube-se logo e Jyvukugi, uma vez ao corrente, caiu numa cólera apavorante, pois estava verdadeiramente *yma chija*. Seu furor foi tão maior por ser ele *jware* e *jepare* de seu jovem rival: havia ajudado em seu nascimento e lhe havia perfurado o lábio. Ele era para Kybwyragi como uma espécie de pai. Aliás os Aché julgaram a conduta do rapaz muito má: ele tinha cometido quase um incesto! Jyvukugi, provocado, agarrou seu arco e pôs-se a disparar cegamente as flechas; ele queria matar, os homens fugiam para trás das árvores, as mulheres gritavam. Finalmente, quando tinha soltado todas as suas flechas, algumas velhas, sua mãe inclusive, conseguiram imobilizá-lo; com movimentos apressados, sempre lhe fazendo o *piy*, implorando-lhe, elas conseguem acalmá-lo. Mas o mal estava feito, ele decidiu ir embora e algumas famílias, seus irmãos em particular, decidiram segui-lo. Chegou-se ao bom entendimento entre os Aché Gatu. A separação durou vários meses e a tensão entre os dois bandos teria podido chegar à hostilidade aberta, à guerra. Felizmente Bywangi, o pai de Jyvukugi, adivinhou o que poderia acontecer e, sabiamente, resolveu providenciar o remédio.

Partiu só, sobre os rastros do filho; era muito longe, dias de marcha através da floresta. Encontrou os separatistas e tratou de convencer Jyvukugi de que era preciso voltar para junto dos outros, que a tribo tinha necessidade de seu chefe para afrontar os ataques cada vez mais frequentes dos Brancos. Jyvukugi estava agora apaziguado; os meses passados longe de sua mulher haviam acalmado sua braveza, ele não estava mais "sem corpo", fora de si, e a amargura que restava em seu peito não o impedia de ouvir a razão. Escutou então os conselhos de seu pai, pois, como chefe, ele se sentia responsável por todos os Aché Gatu e, por outro lado, estava sem mulher: nenhuma outra estava disponível e, de toda forma, era a sua, Kimiragi, que ele queria. Mas havia Kybwyragi, o amante. Resignou-se então a aceitar a solução que em semelhante caso os homens terminam sempre por adotar. Pois não têm escolha: quando um celibatário entra em competição com um homem casado, em vez de deixar a situação deteriorar-se numa semiclandestinidade que, inevitavelmente, acabaria por semear a desordem na sociedade e a jogar uns contra os outros os aliados e parentes respectivos dos dois rivais, em vez então de correr um risco a curto prazo mortal para a tribo, decide-se — a pressão da opinião pública ajudando — que o amante "secreto" tornar-se-á um oficial "marido secundário" da mulher que cobiça. A concorrência entre os homens é desde então suprimida, não há mais que esposos, e a multiplicidade dos desejos opostos se resolve na unidade do casamento poliândrico.

Os Aché Gatu se reuniram, os cantos e os prantos celebraram a reconciliação e Kimiragi, triunfante, reinou sobre dois maridos: o principal — *imete* —, Jyvukugi, e o secundário — *japetyva* —, Kybwyragi. O arranjo aceito de uma vez por todas, fez-se a paz na relação a três. Quando o *japetyva* — o que está situado ao lado — é um viúvo já idoso e pouco exigente sobre o capítulo das prestações sexuais, a vida cotidiana do casal se acha pouco afetada. O marido secundário se encarrega dos pequenos serviços: cortar lenha, ir buscar água, ocupar-se das crianças. Em troca, ele escapa da solidão e partilha a refeição de sua família. Se os dois maridos são homens jovens e vigorosos, a situação da esposa comum melhora: tanto no plano material, pois os dois co-maridos rivalizam no zelo à caça para trazer o máximo de carne possível à sua mulher, quanto no plano erótico, pois ela pode a cada instante contar com as disposições favoráveis e redobradas de seus dois parceiros. Sobre esse ponto delicado — no sentido de que os dois homens podem desejar a mulher no mesmo momento —, é a esposa que decide sempre, tomando cuidado de não conceder mais a um do que a outro: ora ela acompanha na floresta o *imete*, ora o *japetyva*. Os maridos não se queixam desse arranjo. Quanto aos filhos, eles consideram como pais os diversos maridos de sua mãe, distinguindo-os, todavia, segundo o estatuto de que cada um deles se beneficia diante dela. Assim, o marido principal é o pai verdadeiro (*apã ete*), o secundário, pai misturado (*apã mirõ*). Eventualmente, reconhece-se a um homem que copulou com a mulher quando ela já estava grávida um certo grau de paternidade: esse é o *apã perombre*, o pai que fez *perõ*, isto é, que dormiu com uma mulher grávida de outro. Todos esses homens reivindicam com uma igual firmeza sua qualidade de pai das crianças e ninguém lhes contesta. Kimiragi tinha um filho, um *kybuchu*. A semelhança com Kybwyragi era chocante, era certamente ele o pai biológico. Contudo, o menino considerava como seu *apã ete* Jyvukugi, que por seu lado assumia a figura do Pai. Uma vez, Jyvukugi ralhava, mas discretamente, com sua mulher, na presença do menino. Este furioso se põe a socar seu pai com raiva. Os pais riem e dizem: "Você é muito *kyrymba*, muito valente".

De dia, nenhuma regra especial preside a disposição dos membros da família no espaço do *tapy*. Os lugares de cada um para o sono noturno em torno do fogo são em compensação antecipadamente assinalados, ninguém se deita em qualquer lugar. Os Aché dormem no chão mesmo, se não está úmido, ou sobre as esteiras de palma; eles estão nus. Durante a noite, não podiam suportar as poucas vestimentas oferecidas pelo Branco, e as tiravam tão logo chegava a hora do repouso. O centro a partir do qual se distribui o espaço do sono é a mulher. Há primeiro o fogo que queima à borda do abrigo. Em seguida uma primeira fila de adormecidos: as crianças, ao menos até a idade de sete ou oito anos; depois, já um pouco autônomos com relação aos pais, elas dormem juntas ao pé de seu próprio fogo. Atrás das crianças, sua mãe, virada para o fogo para receber seu calor. Se tem um bebê, ela o mantém contra si na tipoia, bem protegido do frio. E enfim, atrás da mulher, os maridos, que se deitam, como convém, mais longe do fogo. Eventualmente, quando, como em junho e julho, a temperatura baixa muito, acende-se um segundo fogo oposto ao primeiro. A mulher acha-se assim dividida, metaforicamente, de alto a baixo e segundo sua dupla natureza: a face anterior é o lado *mãe*, lá onde se instalam as crianças que dormem entre o fogo e a mãe, a qual prepara dessa maneira uma fronteira entre o espaço infantil e o espaço dos adultos; a face posterior é o lado *esposa*, reservado aos maridos. Quando só há um, o problema é resolvido, o homem deita-se perto de sua mulher. Mas quando eles são vários? É então que se opera sobre o corpo da mulher uma segunda divisão, não mais longitudinal, mas transversal na medida em que ela delimita três setores (pois o número máximo de maridos para uma mesma mulher, parece, é três). Cada um desses "lugares" é ocupado por um esposo, em função de sua posição na hierarquia dos maridos. Distingue-se, primeiro, a parte inferior do corpo feminino, a partir da cintura; depois, segundo uma escala de "valores" decrescentes, a cabeça da mulher; enfim, entre os dois, o meio constituído pelas costas. O setor privilegiado, aquele que define a feminilidade mesma da mulher, pertence — como é previsível — ao marido principal: ele dorme em posição quase perpendicular à mulher, a cabeça apoiada sobre sua coxa; é seu direito, ele é o *imete*. O marido secundário coloca-se oposto ao principal, a cabeça perto da cabeça da esposa comum. E se há um terceiro marido, resta-lhe, como último a chegar, o lugar do meio, o mais neutro sexualmente, mesmo se em seu coração a mulher nutre por ele uma secreta preferência. Eis como dormem os Aché. Os maridos são aliás identificados pela parte do corpo da esposa que lhes é destinada. Pitorescos e precisos, esses termos exprimem com realismo essa tripartição da mulher. Eles são dignos de serem relatados.

O marido principal pode ser designado de três modos:
kyrypytywaty: aquele que costuma situar-se perto do ânus.
kymakãtywaty: aquele que costuma situar-se perto da perna.
aivirotywaty: aquele que costuma situar-se perto da nádega.

Quanto aos *japetyva*, eles são respectivamente:
tõtywaty: aquele que costuma situar-se perto da cabeça.
jyrukatywaty: aquele que costuma situar-se perto dos lados.

Entre os *Irõiangi* não havia nenhum arranjo poliândrico. Quando a tribo apareceu em Arroyo Moroti, o chefe tinha mesmo duas mulheres; uma, cedida a um Aché Gatu, selou a aliança entre os dois grupos. Mas esta ausência não significa que esse modelo de casamento fosse ignorado pelos Estrangeiros. Eles o conheciam tão bem quanto os outros e o punham em prática quando era necessário. Como a proporção de homens e de mulheres era mais ou menos equilibrada, não havia razão para que uma mulher tivesse mais de um marido. Contudo, o problema pôs-se um dia. Desde a morte, em janeiro, de Chachuwaimigi, seu último — e jovem — marido Japegi (o que tinha substituído o velho Paivagi) se achava sem mulher. Ele se havia reinstalado com seus pais, sua mãe cozinhava para ele e fabricava a corda para seu arco. Naturalmente, ele procurava obter os favores das mulheres jovens e conseguiu arrumar uma intriga com a esposa de um *Irõiangi*, Krajagi, mãe de dois garotos, e bem bonita. Para o amante não se tratava, sem dúvida, senão de uma aventura efêmera; mas a mulher tomou a coisa muito mais a sério. Isso se passava em junho. Uma boa parte dos Aché deixou Arroyo Moroti (e eu os segui) para ir acampar bem longe de lá, perto de uma mata de laranjais (localização provável de uma antiga missão jesuíta), cujos ramos dobravam sob os milhares de frutos chegados à maturidade. Para os índios, a chance era dupla, pois além das suculentas laranjas, havia os animais que elas atraíam, sobretudo macacos e mesmo porcos selvagens: a caça era facilitada. Ora, a mulher, sem mais preocupar-se com o marido e os filhos, deixados em Arroyo Moroti, partiu com o amante. Uma disputa bastante violenta tinha já oposto os dois homens, pois alguns golpes de arco haviam sido trocados. O amante tomou-se de medo, o marido era um dos mais fortes da tribo. Foi por isso que Japegi aproveitou a ocasião da viagem às laranjas para estabelecer boa distância entre ele e o marido. Mas se achou bastante embaraçado quando Krajagi resolveu segui-lo; ela estava furiosa com o marido que várias vezes a beliscara cruelmente: é o que fazem os maridos descontentes com a conduta da esposa. Japegi não se empenhava em prolongar um idílio tão mal recebido. Mas que fazer da mulher? Ela não queria voltar para Arroyo Moroti. Foi então decidido ir buscar Kajawachugi e as duas crianças, a fim de que os dois esposos se reconciliassem. E, todos unânimes, os índios confiaram-me a missão de trazer o marido para perto da esposa volúvel.

Eis o que não me alegrava muito — havia entre os dois acampamentos uma boa jornada a cavalo —, mas eu não podia recusar: era preciso prestar o serviço que pediam. Eu parti então. Encontrei um Kajawachugi triste, muito deprimido. Não sabia bem com que argumento convencê-lo a juntar-se a nós: "Aqui, você é igual a um viúvo. Sem mulheres. Quem vai cozinhar? Como você vai comer? Seus garotos procuram a mãe. Venha comigo". Por mais que pintasse com as mais negras cores sua situação aqui, e traçasse ao contrário uma imagem muito sedutora da vida de lá ("as laranjas são muito boas, há caça"), obstinado, ele me respondia simplesmente: "*Ape rõ cho enda.* É aqui meu lugar". E ele tinha razão: cabia a Krajagi voltar e não a ele juntar-se a ela ao pé de seu amante. Não insisti mais e parti certo de ter fracassado. Mal tinha percorrido meia légua quando ouvi passos atrás de mim: Kajawachugi me seguia, seu filho menor sobre os ombros, o outro trotava atrás. Alívio. Ele se decidira. Tomei o menino na garupa. Durante a marcha, interroguei o *kybuchu* sobre sua mãe. Ele estava ao corrente de tudo, conhecia a ligação entre ela e Japegi. Sem manifestar emoção, disse: "*Kuja meno jwe.* A mulher queria fazer amor".

Chegamos em plena noite. Logo na manhã seguinte, Kajawachugi propôs, em algumas frases breves, a única solução capaz de desfazer o conflito, pois que a mulher não queria renunciar ao amante: ele aceitava que o outro fosse marido secundário. Japegi viria então morar com eles, sob o mesmo abrigo, e teria o estatuto de *tõtywati*, dormiria perto da cabeça de Krajagi. Foi honesto, Kajawachugi não nutria segundas intenções. Mas Japegi, visivelmente, não partilhava o mesmo ponto de vista. Ele temia a força física do marido e muito lhe repugnava ir, ele, Aché Gatu, instalar--se — e em posição de relativa inferioridade — entre os Estrangeiros. Preferiu declinar da oferta e, algo acanhado, retornou a Arroyo Moroti. Isso não desgostou de nenhum modo Kajawachugi, para quem a coisa se concluía, afinal de contas, muito favoravelmente. Quanto a Krajagi, bem decepcionada, fez-se amuada e parou mesmo de me dirigir a palavra, como se eu tivesse alguma responsabilidade no caso.

Por vezes, denominam-se as pessoas a partir de seus órgãos sexuais. Uma avó *irõiangi* muito velha, esquelética, que vi uma vez dar a seu neto para acalmá-lo um seio reduzido à espessura de um crepe, era mais conhecida pelo nome de Perechankangi: Vagina--Pau Seco. Todo mundo falava assim, mesmo as crianças; não era desrespeitoso, simplesmente objetivo, e ela não se chocava. Todos os Guayaki levam nomes de animais, e praticamente todos os animais podem servir para nomear as pessoas. Únicas exceções: alguns pássaros, que não se consomem pois são os animais domésticos de Chono, o Trovão; e a cutia. Com efeito, além do termo *embo*, os Aché dispõem, para designar o pênis, a expressão *tavwa jakã*, que significa justamente cabeça de cutia. A um garoto gesticulando, cujo pênis balançava para todo lado, uma mulher gritou: "Você, garoto, não se sacuda, isso faz soltar a sua cabeça de cutia!". Aliás, uma mulher grávida evita comer a carne desse animal: ela pariria uma criança inchada como o é um pênis em ereção.

Os Aché medem a sexualidade por seu justo preço: livremente assumida, e na discrição, ela abre aos homens e às mulheres a via do prazer. Por que passar sem o que é bom? Nenhuma desordem contudo, ninguém substitui a lei do grupo pela regra de seu desejo, aquela triunfa sempre, pois não é jamais transgredida. Sociedade bastante liberal para passar sem anarquia, assim aparece a comunidade dos índios Guayaki. Eles são selvagens.

O mês de junho foi muito frio. Do sul chegava um vento gelado que o muro vegetal mal chegava a conter. Não se teria acreditado na proximidade do trópico e, mais de uma vez, foi antes uma paisagem polar que contemplamos durante a aurora: geadas brancas sobre a erva dos campos, água das poças gelada. Era o tempo *duy pute*, do grande frio. Ele marcava para os Aché a passagem de um ciclo anual a outro, seu ano novo de alguma forma. Os fogos queimavam sem trégua, dia e noite, e nós passamos todos no fim da tarde um bom momento a cortar lenha na floresta.

Assim eu pude aprender com os índios quais são as melhores madeiras, as que liberam muito calor e pouca fumaça. Os *kybuchu* haviam se habituado a dormir ao pé do meu fogo, o que lhes poupava o trabalho de ir buscar madeira; mas eles me ajudavam em todo caso um pouco. Os que tinham roupas dormiam sem tirá-las. Eu tinha então em torno de mim sete ou oito *kybuchu*, aos quais se juntavam por vezes dois ou três adultos: um incrível amontoado de corpos nus, braços, pernas, cabeças misturadas que o calor corporal aquecia tanto quanto o do fogo. De vez em quando um deles trocava de posição, se virava grunhindo e demolia o edifício. Durante alguns segundos era então uma agitação silenciosa ao termo da qual a construção se repunha no lugar. Era um milagre, aliás, que alguém, no curso dessas reviravoltas noturnas, não se deitasse diretamente sobre as brasas. E contudo isso não acontecia, embora todos esses movimentos se efetuassem sem que ninguém acordasse. De manhã, os corpos estavam todos cinzentos. Os índios se espanavam vigorosamente, eles não gostavam nem um pouco do contato com a cinza. Certas crianças, diziam, nascem com *"pire krembu"*, a pele cinzenta. Matam-nas. Eles detestavam igualmente ver-me coberto disso e limpavam com grandes palmadas sobre minhas roupas a cinza na qual eu me tinha espojado durante a noite: "A cinza! é para tirar!", faziam eles irritados. Uma mulher grávida jamais comerá da carne da serpente *braa*: o filho a nascer teria a pele acinzentada. De onde provém essa antipatia? Talvez ela se articule com o mito de origem da noite, quando o menino, após ter quebrado a grande panela de Baiõ, soltou a escuridão e as cinzas de que ficou sujo. Os Aché, temeriam eles que o contato com a cinza provocasse um retorno do caos — a noite contínua — que o gesto absurdo do não-iniciado engendrou? É possível. Em todo caso, a única circunstância em que se suportava a cinza era a terapêutica: quando alguém estava gravemente doente era inteiramente untado de cinzas; o doente ficava um longo tempo deitado, todo esbranquiçado, depois era lavado. Junho então nos gelou; várias noites seguidas, a temperatura desceu abaixo de zero.

No fim do mês, todos os *Irõiangi*, com exceção de alguns *kybuchu*, desapareceram, levando suas coisas, sem nada dizer: simplesmente uma manhã acordamos, e eles não estavam mais lá. Tinham-se ido para o leste, no coração da floresta, lá onde não se arriscavam a encontrar quem quer que fosse. Os Aché Gatu ficaram em Arroyo Moroti. Acreditei por um instante que os Estrangeiros retomavam repentinamente e em definitivo a vida nos bosques. "É para o *tõ kybairu*", explicaram os Aché Gatu.

Quando os Guayaki eram livres e senhores da floresta, cada uma de suas tribos controlava seu próprio território de caça, ignorando seus vizinhos ou repelindo-os a golpes de flechas, se eles pretendessem invadi-lo. Mas ainda assim nem todos os membros de um mesmo grupo viviam juntos: cada unidade, politicamente independente das outras, se subdividia em pequenos bandos de algumas famílias, entre 20 e 25 pessoas. Assim, os Aché Gatu compreendiam dois; os Estrangeiros, mais numerosos, se repartiam em quatro ou cinco bandos. Essa dispersão dos índios através da floresta era economicamente necessária. Tributários sobretudo da caça, era-lhes necessário levar em conta a fraca concentração de animais: não se tem todo dia a chance de cair sobre uma vara de porcos selvagens que se pode, em alguns segundos, dizimar. A dispersão dos animais sobre vastas extensões implica a dos homens: lá onde a tribo por inteiro não teria podido subsistir, na falta de recursos suficientes, uma unidade menor conseguia sem dificuldade. É assim que o espaço tribal se partia em subespaços no interior dos quais nomadizavam os bandos. Cada um dentre eles exercia um tipo de direito de propriedade sobre o território que explorava e que era, proporcionalmente ao número dos ocupantes, imenso: uma vintena de pessoas tinha necessidade de várias centenas de quilômetros quadrados de floresta, a fim de percorrer tranquilamente o ciclo anual. Não se pode, com efeito, ficar perpetuamente no mesmo lugar. Ao cabo de alguns dias de presença humana, os animais se vão para mais longe para buscar calma; é preciso então segui-los e, pouco a pouco, de acampamento em acampamento, a totalidade do espaço se acha varrida, ao termo de peregrinações que, no fim do ano, trazem os índios ao seu ponto de partida. De todo modo, eles devem dar a seus deslocamentos um sentido, uma direção, pois que retornam sobre seus passos para recolher, alguns meses após haver abatido as palmeiras, as larvas que nesse entretempo lá prosperaram. São aliás as "criações" de larvas que constituem, para cada bando, a marca de propriedade sobre o espaço. "Eis as palmeiras de Chachugi, e as de Pirajugi", dizia-se, quando ao acaso de uma marcha topávamos com as árvores abatidas. Naturalmente não se tocava nelas, eram o bem dos companheiros. Os bandos de uma mesma tribo mantinham relações forçosamente amigáveis, pois que se compunham não somente de *irondy*, de companheiros, mas de parentes. De vez em quando, dois bandos podiam encontrar-se, acampavam alguns dias juntos, para partir em seguida cada um para seu lado. Mas, a princípio, cada pequeno grupo nomadiza só, nos limites de seu próprio espaço vital, quase todo o ano, levando uma vida em tudo semelhante à dos vizinhos. Estes acolhem certamente com simpatia os irmãos que, acuados pelos Brancos, vêm refugiar-se provisoriamente entre os companheiros. Podia acontecer também que um emissário de um bando fosse avisar os outros de um acontecimento importante que necessitava de sua presença. Mas isso não era frequente, e longos meses transcorriam sem notícias dos outros Aché. Essa separação teria podido ser permanente, nada impediria que se prolongasse. Contudo, uma vez por ano, todos os bandos convergiam para o mesmo acampamento, a tribo reavia sua unidade, todos os *irondy* acendiam lado a lado seus fogos; era a grande festa dos Aché, era o *tõ kybairu*, que os Estrangeiros em junho de 1963 iam celebrar ao longe, ao abrigo de olhares indiscretos.

Desde os primeiros dias de frio a mudança do tempo alimentava as conversas. Seguia-se com atenção seu progresso: no começo, era *duy pou*, o frio novo, pouco vivo ainda; em seguida o *duy provi*, o bastante frio; depois, no fim do mês, o *duy pute*: extremamente frio. Esse foi o sinal da partida. Ao mesmo tempo, eles vigiavam as transformações na cor das flores que cresciam da liana *kymata*: de amarelo claro no começo, pouco a pouco virou vermelho e isso coincidiu com o frio mais intenso. "O frio é o *pichua* da liana bem vermelha. O grande frio vinga a liana vermelha." A "vingança" é, no pensamento dos Guayaki, o contrapeso das coisas, o restabelecimento de um equilíbrio provisoriamente rompido, a garantia de que a ordem do mundo não sofrerá mudança. De que o *jepy* — vingar — é vingança? De todo acontecimento, positivo ou negativo, nocivo ou benéfico, que, oriundo do mundo das coisas ou do mundo dos homens, é suscetível de introduzir na comunidade dos Aché um excesso, ou de abrir um falta. Submeter à regra as coisas e os seres, traçar ou declarar para todo desvio o limite de seu desdobramento, manter una e serena a figura por vezes movente do mundo: tal é o fundo sobre o qual repousa — inquieto diante do *movimento que deforma as linhas* — o pensamento índio do *jepy*, meio a um só tempo de exorcizar a alteração, de suprimir a diferença e de existir na luz do Mesmo.

Mas que tinha então a liana vermelha para que o frio devesse fazer-se seu vingador? É que a *kymata* se acha, nesse mês de junho, *grávida*, pronta a parir um filho imprevisto: o mel da abelha *myrynga*. Maternidade metafórica, certamente, que deixa o néctar ao segredo das árvores ocas onde os insetos o acumularam. Mãe entretanto, para os Aché que assinalam assim ao mel seu lugar familial no mundo vegetal. Mas mãe somente do mel daquele momento, esse que o frio indica que é vindo o tempo de recolhê-lo: mel novo, mel primeiro cujo retorno anuncia o frêmito subterrâneo da natureza grávida de seu reflorir. É o ano novo. Quando a liana floresce e há geada, é que há mel aromático: mas é também que os filhotes dos pássaros nascem nos ninhos, que as fêmeas de tatu estão cheias e que as serpentes, adormecidas sob as folhas, entre as raízes das árvores, entram na muda. A liana está em floração: eis o que contam os cantos alegres do *kyrypretã*, do *jeivi* e do *avia pytã*. Que prazer ouvi-los, empoleirados sobre um galho, e que exaltação saber que eles invocam o *tõ kybairu*!

Mel se diz *ai*, ou bem *tykwe*: suco — *myrynga tykwe* — suco da abelha *myrynga*. Mas o primeiro mel, o filho da liana, chama--se *kybairu*. Ele designa a festa maior dos Aché, que saúdam o movimento regular do mundo, o retorno exato das mesmas estações, consumindo em comum, todos os *irondy* de uma vez reunidos, as primícias da natureza, o mel novo, o *kybairu*. Celebração do mel, propícia a lembrar que a verdadeira sociedade é a tribo e não o bando, o *tõ kybairu* — em seu sentido estrito, um jogo reservado aos adultos — contém em si claramente a preocupação de reconstituir, por breves momentos que seja, a comunidade como um todo. *Tõ*: a cabeça, ao menos a das pessoas, os animais recebendo um outro termo. *Tõ kybairu*: um jogo tal que, para praticá-lo, as pessoas — homens e mulheres — aproximam suas cabeças umas das outras, de sorte que o conjunto ofereça o mesmo desenho, e encontre a mesma unidade que *as células que compõem na colmeia, em um todo ligado, os favos carregados de mel*. A colmeia: uma metáfora da sociedade. É por isso que os Estrangeiros não precisavam dos Aché Gatu, que eram, eles, uma outra colmeia. O jogo joga-se entre si.

"Quando o pássaro *kyrypretã* canta alegre, então é o anúncio de que se vai visitar o acampamento dos *cheygi*; é tempo de reunir-se. Nós estamos contentes. Ficaremos felizes de encontrar os companheiros. Todo mundo rirá muito, vai ser divertido. Haverá mulheres." Quem são os *cheygi*? Os dos outros bandos, os que não se veem há muito tempo. É um prazer ver um irmão ou uma irmã, ou a mãe, e todos os amigos. Mas, sobretudo, vão-se ver as mulheres, as filhas e as irmãs dos *cheygi*. Elas fazem falta; o jogo que se vai jogar é a festa do mel, certamente, mas também a do amor, o abandono às alegrias do *pravo*: seduzir as mulheres. "As visitas aos *cheygi* são para cortejar as moças." Festa do mel e corte de amor.

Antes de tudo, é preciso estar apresentável e evitar um porte negligente que possa chocar as pessoas: depilam-se cuidadosamente as sobrancelhas, as mulheres não gostariam do homem grosseiro que, como um animal, conservasse pelos em torno dos olhos. Cortam-se os cabelos: raspados sobre a fronte e no alto do crânio, de maneira a desenhar uma coroa, eles pendem um pouco sobre a nuca. Fabricam-se também, se têm vontade e se podem matar os animais necessários, cocares de peles de jaguar; de forma cônica e ornada de tufo de caudas de quati que se prolonga sobre os ombros. É bonito; assim, um homem é um verdadeiro Aché, um grande flechador. A semelhantes cuidados, nos diversos bandos, os homens se entregam: tudo isso para agradar as mulheres. Para todos, trata-se de aprontar-se para o amor. Cada um, casado ou não, con-

FIG. 16: *ambwa*, cocar cerimonial dos caçadores.

ta com embriagantes aventuras com as belas filhas do *cheygi*, ao sabor dos jogos que farão afinarem-se as preferências. Mas para o jovem ainda celibatário não é somente o prazer antecipado de intrigas passageiras que o anima, é que ele terá aí a ocasião de encontrar uma esposa. Com efeito, não se casa, em princípio, no interior do bando ao qual se pertence, mas com uma moça de um outro bando, o *tõ kybairu* é também o lugar e o momento da troca de mulheres entre os homens de bandos diferentes. Também o canto dos pássaros exalta no frio de junho o coração dos jovens Aché.

Às mulheres! Tal poderia ser, para os bandos, o canto de sua marcha ao encontro uns dos outros. Ora, a gravidade da reunião — que não abole a alegria de lá chegar — impede que as coisas se

As mulheres, o mel e a guerra

realizem sem preocupação. Há obstáculos a superar. Ao longo do caminho, os homens marcam nas árvores as cavidades suscetíveis de abrigar colmeias. Como faz frio, as abelhas estão meio entorpecidas, nada agressivas. Extrai-se facilmente o mel com que as mulheres enchem seu grande *daity*. Haverá muito *kybairu* para oferecer aos companheiros. A cera é conservada; após tê-la conscienciosamente mascado, fazem-se bolas, arrumadas nos cestos. Na véspera do dia em que terá lugar o encontro — fraca fumaça ao longe, pegadas, ou um grito apenas audível assinalam a proximidade dos *cheygi* —, os homens preparam uma mistura de cera, carvão vegetal reduzido a pó e resina. É muito espesso, cheira bem. Com isso, as mulheres pintam os homens. Primeiro o rosto: uma aplicação de pó de carvão bem negro sobre a fronte, sobre as maçãs e ao redor da boca; depois sobre todo o torso, na frente e atrás e, em longos traços, sobre os braços. Logo em seguida, alguns acrescentam linhas finas da pasta preparada sobre as quais as mulheres colam penugem branca de urubu. Outros ainda recebem sobre o crânio raspado os mesmos ornamentos. Os homens estão prontos e os *cheygi*, sabe-se, vão aparecer pintados do mesmo modo. O negro do carvão dissimula a brancura da pele e deixa resplandecer no rosto, ele também enegrecido, o branco dos olhos. Têm uma aparência terrível, os homens! Eles fariam medo aos inimigos. Não são essas aí, com efeito, as pinturas de guerra de que se vestem os Aché para se lançarem ao ataque? "Quando eles nos veem, bem negros, os *Irõiangi* têm muito medo, eles escapam correndo, estamos terríveis!"

As coisas são assim: o encontro de paz, destinado, graças aos casamentos que aí seriam contraídos, a reforçar a aliança política entre todos os *cheygi*, começa por uma demonstração de violência. As mulheres e as crianças ficam um pouco atrás, os homens chegam a uma bonita clareira, arcos e flechas na mão, soberbamente paramentados: face a face, são guerreiros prontos a afrontar-se. Vão eles passar à ação? Absolutamente. Nenhuma hostilidade, as disposições são pacíficas. De que se trata então? Eles não saberiam exprimi-lo bem, mas sabem no entanto o que fazem. É que a troca de mulheres, o estabelecimento da relação matrimonial, não concernem somente ao homem e à mulher que vão se casar. O casamento é um ato social em que estão implicados dois grupos: o dos tomadores de mulheres, o dos doadores de mulheres. A desigualdade provém de que um toma alguma coisa do outro (mesmo se agora ou mais tarde uma outra mulher venha substituir a primeira): a um a falta, a outro o excesso. Um casamento não é neutro, introduz diferença, e esta pode muito bem conduzir às diferenças: à violência, à guerra.

Há não muito tempo, as tribos Guayaki lutavam entre si, por vezes para conquistar um território de caça que os primeiros ocupantes defendiam; mais frequentemente, para capturar mulheres, como o havia notado Lozano. Era necessário, pois havia quase sempre mais homens que mulheres. Mesmo que se regresse o problema aceitando que uma mulher fosse a esposa de vários maridos, a poliandria às vezes fracassava em assegurar a cada homem o acesso a uma mulher ao menos. O mal arriscava afetar a vida da tribo, decidia-se então atacar os Estrangeiros para roubar-lhes mulheres. Os mais idosos dos Aché Gatu se lembravam como, algumas dezenas de anos antes, eles haviam exterminado em parte uma outra tribo que vivia longe ao leste, nos confins do rio Paraná. Quase todos os homens foram mortos, levaram-se as mulheres. A situação demográfica se inverteu: vários homens dispunham de duas esposas.

Uma relação secreta reúne em si o casamento e a violência, as mulheres e a guerra. Por que os homens inauguram a festa do *tõ kybairu* com esta belicosa ostentação que os faz ornamentarem-se como guerreiros? Porque eles sabem precisamente, e cuidam de não esquecer, que imanente ao laço entre eles e os *cheygi*, logo tecido pela mediação das mulheres trocadas, permanece e reclama ser reconhecida como tal a oposição entre os homens destinados a tornar-se cunhados. Esse face a face de irmãos e de futuros maridos de suas irmãs, ele se resolve na violência dos combates ou na aliança do casamento: podem-se capturar as mulheres ao cabo de uma guerra vitoriosa e ficar sem cunhados desde então transformados em inimigos; ou trocar pacificamente as esposas que fazem dos grupos trocadores aliados. A guerra é uma visita fundada sobre a agressão, as visitas pacíficas são como uma guerra que se evita fazer. Mas, nos dois casos, o fim é o mesmo: arranjar mulheres. Bem entendido, entre *cheygi*, entre homens da mesma tribo, não é uma questão de roubarem-se mulheres. Mas convém agir segundo o sentido das coisas, respeitar e não ocultar o que há de violência na troca matrimonial. Não se vai fazer a guerra, *vai-se representá-la*.

É por isso que, na clareira do encontro, os dois grupos de homens pintados e armados se observam. Não é senão uma aparência de violência, mas é preciso tomá-la a sério. À fingida declaração de guerra deve suceder o ritual de reconciliação: este atestará que a senda que conduziu ao *tõ kybairu* não é a da guerra. Arcos e flechas são depostos ao solo. Os homens avançam uns para os outros e se distribuem em pares: um de um bando, um de outro. As duplas podem ficar de pé, mas sentam-se de preferência. Eis a única circunstância em que os Aché toleram — e mesmo procuram — o que de hábito é firmemente proscrito das relações cotidianas: o contato físico. Notável era a extrema repugnância dos índios em se tocar; isso era patente quando das dádivas de comida: em vez de passá-la diretamente de mão em mão, o doador põe sobre o solo o punhado de larvas ou o pedaço de carne que quer oferecer, e o destinatário do presente o recolhe do chão. Culto de boas maneiras nessa reserva, seguramente. Mas alguma coisa a mais: a convicção de que o contato físico é uma agressão. Ora, que melhor meio, quando se quer desmentir a aparência agressiva do momento, do que aceitar por uma vez o que de ordinário seria interpretado como um ato de hostilidade: a saber, o contato dos corpos? Se agora os homens acolhem isso, é que verdadeiramente eles não são inimigos. Também se entregam ao jogo cerimonial do *kyvai*: as cócegas, prelúdio necessário a todos os desdobramentos do ritual. Dois a dois, os braços de cada um rodeando o torso do outro, os guerreiros deixam correr seus dedos sob as axilas, sobre os flancos do parceiro. É uma sorte de concurso; ri melhor quem ri por último. Trata-se de resistir o maior tempo possível, de suportar essa tortura a que não se está habituado: as cócegas. Ao mesmo tempo que a recusa do toque (ao menos entre homens), aparecia a função do *kyvai*: fundar a amizade entre dois homens, ou reforçá-la. Muito frequentemente, podia-se ver nos acampamentos um Aché Gatu aproximar-se de um Estrangeiro e rogar-lhe que se sentasse a seu lado. Os dois homens aproximavam sua cabeça e, lado a lado, começavam o *kyvai*, murmurando em voz meiga, como enamorados, desafios audaciosos: "Você vê, *cheygi*, fazemos os *kyvai*. É para rir, para ficar contente. Eu lhe faço cócegas e você não será capaz de resistir. Você vai morrer de rir e escapar. Somos amigos". De fato, o homem assim nessa condição bem tentou se contrair, cerrar os braços contra o torso (seria muito difícil fazer cócegas no outro), tentou reter a respiração e crispar o rosto num enorme esforço, ele não luta muito tempo. De um só golpe, ele explode, um espasmo o sacode, o riso ressoa nervosamente. É demais, ele se ergue, escapa, o outro quer impedi-lo e isso dura um momento. No fim, o *cheygi* soluçando, morto de rir, ameaçado de asfixia, consegue implorar piedade numa voz aguda: "Basta! Muitas cócegas! Faz mal à barriga!". Eles são amigos. Quando eu precisava de um serviço, mais valia evitar o risco embaraçante de uma recusa. Então, era preciso endereçar-se a um *cheygi*, e para fundar essa relação de amizade, eu me entregava, imitando os índios, às fantasias do *kyvai*. Era então uma alegria, de resto partilhada por todos. O parceiro escolhido, que em outras circunstâncias eu não teria certamente desafiado, desabava ao fim de alguns segundos de cócegas, Hércules espernando por terra e choramingando como um recém-nascido.

Eu quis uma vez manifestar minha simpatia a uma jovem *Irõiangi* grávida de vários meses. Mas, mal a rocei, ela, com muita rudeza, afasta-se mais incomodada que furiosa: "*Bayja vwã!*", gritou uma outra mulher, "é por causa do *bayja!*". E explicam-me que, por ter feito o *kyvai* com uma mulher grávida, eu me tornarei *bayja* quando do nascimento da criança. Os jaguares então me devorarão, a menos que eu seja purificado com a liana *kymata*. Chegado o momento, fui purificado e não vi nem sombra de jaguar.

O ato inaugural do *tõ kybairu* aconteceu. Os homens fizeram um bom *kyvai*, todo mundo está contente, todos são *cheygi*. O acampamento rapidamente instalado formiga de Aché, a tribo lá está por inteiro. Os homens vão ao rio lavar as pinturas de que não mais precisam. As mulheres cantam as saudações rituais. Dos *daity* plenos de mel exalam ricos perfumes, os pincéis de pindó estão prontos. Sobre o fogo tostam quartos de porcos selvagens de duas espécies. É a carne preferida quando se está reunido para a festa; os homens caçaram bem. Ei-los aliás, ao cair da noite, cantando suas façanhas ou, antes, declamando-as. Recitativo sem floreio, mas enfaticamente narrado, idênticos uns aos outros, e que sempre se concluem com as mesmas palavras: "Eu sou um grande flechador! Eu sou, quanto a mim, o maior matador de animais!". Dessa maneira, as mulheres com quem vão divertir-se amanhã nada ignorarão das qualidades exigíveis de um pretendente. Elas escutam e ritmam ao mesmo tempo o canto dos homens, com a ajuda de um pedaço de bambu talhado com que batem no chão em uníssono. *Pum! Pum!* Soa bem, é bonito. Depois dos homens, as mulheres jovens cantam também ou tocam flauta, e os meninos lhes respondem, pois, para a ocasião, eles se fabricaram *mimby*. As mulheres mais idosas sopram apitos talhados num osso de urubu. Gritos, cantos, risos, música, boas comidas; todos os amigos estão lá, as mulheres são belas. *Juja ury pute!* Ri-se, de tanto que se está contente. Amanhã, ter-se-á o *proaã*.

Apoderar-se do *proaã*: eis, na verdade, o alvo da reunião, o momento principal do ritual, que todos esperam com igual impaciência. O *proaã* é um tipo de feijão grande, semelhante à fava da Europa, produzido em vagens por uma liana da floresta. No jogo do *proaã mata*, um homem ou uma mulher coloca um desses feijões sob sua axila, ou na mão fechada. Trata-se de constranger o possuidor a abandoná-lo: faz-se-lhe cócegas, ele deve cedo ou tarde ceder, e o ganhador brande triunfantemente o *proaã* cobiçado. Mas, enquanto que no ritual prévio de reconciliação não há senão dois parceiros, aqui, no *tõ kybairu*, é o conjunto dos adultos que se coliga para fazer cócegas no detentor do feijão. Na partida, as pessoas estão sentadas em torno do escolhido, que dezenas de mãos titilam ao mesmo tempo. Ele rola no chão, cai-se em cima dele, ele tenta fugir, é agarrado; grupos desabam uns sobre os outros. É, no meio dos gritos agudos das mulheres e dos surdos grunhidos dos homens, um empurra-empurra desenfreado. As crianças não participam do jogo cuja violência, tão grande é o entusiasmo, poderia ser perigosa. De qualquer maneira, elas não teriam nada a fazer lá. É com efeito a ocasião que permite às mulheres e aos homens escolherem-se. Casados, eles têm lá o meio de achar o parceiro extraconjugal; celibatários, eles podem declarar sua chama para esposarem-se em seguida, se o fogo queima ainda.

Durante todo o tempo em que a tribo se reúne, brinca-se de pegar o feijão e cada um, a seu turno, é seu senhor logo desapossado. É fácil para um rapaz ou para uma moça deixar-se perder a aposta para quem ele ou ela quer: capitular sob as cócegas de um tal ou de uma tal, é como uma declaração de amor. Eu te deixo pegar o feijão, para que tu me deixes pegar outra coisa. Faço esforço para te arrebatar o *proaã*, é que tenho desejo por ti. O *tõ kybairu* é o festival do corpo. Todo pretexto é bom para tocá-lo, para se servir dele. As mulheres estão cantando? Um grupo de homens se precipita sobre elas, um intenso *kyvai* se organiza. Tudo se passa no bom humor, e a alegria leva sem reticência à busca do prazer. Seria preciso um espírito singularmente rabugento para não se abandonar à alegria coletiva. Cerimônia geral em que se celebra a um tempo a sociedade como um todo reunido, e a natureza como lugar da ordem, o *tõ kybairu* responde, em torno do mel novo que se consome junto, nos divertimentos em que se pesa a amizade, e nas justas amorosas onde quase tudo é permitido, à espera secreta de cada um ao apelo sagrado da alegria de viver. Isso é a Festa.

E é também a ocasião dos casamentos. Quando dois jovens tomaram cada um, por meio de numerosas cócegas e tomadas de feijão, medida de si mesmo e do outro, quando estão decididos a partilhar muito tempo ainda as alegrias de *meno*, mais de uma vez já experimentadas, então eles pensam em se casar. Uma vez que a escolha está feita, e tomada a decisão, as coisas vão muito rápido, expede-se sem cerimônia. "*Cho reko jwe*", diz o homem. "Quero te possuir — *Nde reko vera*", responde a moça. "Tu me possuirás." A posse se entende aqui menos em seu sentido sexual que como direito e privilégio de propriedade de um marido sobre sua mulher. O jovem casado constrói então um *tapy*, que abrigará o novo par. Até ali, cada um deles vivia com seus pais. Doravante, eles terão seu próprio fogo, e a mulher cozinhará para seu esposo. A choça pronta, o homem se encaminha para a de seus sogros. A filha está lá, sentada. Brutalmente, o rapaz a agarra por um braço e a arrasta atrás dele: "Vem para meu *tapy*, vem te sentar a meu

As mulheres, o mel e a guerra 173

lado". É, reduzido ao puro esboço do gesto, o simulacro do rapto de uma mulher: *breko mata*, raptar as esposas. E, toda ofensa pedindo vingança, o pai da moça faz o *jepy*. Como? Batendo com grandes socos na sua própria mulher. O casamento é consumado. Não resta mais ao genro senão trazer, no dia seguinte, caça para seu sogro e larvas para sua sogra. E quando os bandos se separam, o novo par pode juntar-se, a seu gosto, ao da moça ou ao do rapaz. De qualquer maneira, se eles não se acham felizes lá onde estão, será fácil juntar-se aos *cheygi*. Mas vai-se residir mais frequentemente com a parentela da mulher.

Com quem um homem se casa? Aparentemente com qualquer uma, com exceção certamente das mulheres que caem no círculo da proibição maior: a mãe, a irmã, a filha; depois a "madrinha" e a "afilhada". A escolha do cônjuge era provavelmente regida, outrora, por um conjunto de regras mais complexas. Mas a queda demográfica, devida em boa parte às perseguições dos Brancos, acumulando ainda seus efeitos com a inferioridade numérica das mulheres, tornava impossível o respeito a um sistema mais rigoroso: para que todo homem pudesse ter uma esposa — mesmo partilhada com um outro —, era preciso reduzir ao mínimo o campo das interdições. Se não, teria havido muitos celibatários e seu número teria, em curto prazo, comprometido a existência mesma da sociedade.

Para um homem, o inventário de mulheres possíveis era então muito estreito. Essa situação difícil conduzia a estranhos casamentos. Não aquele de um homem com a filha de sua irmã, união preferida dos antigos Tupi-Guarani, de certo modo clássica; mas aquele, por exemplo, que havia feito Jyvukugi esposar a mais jovem irmã de sua mãe, Kimiragi, a infiel. Talvez alguns decênios antes tal casamento tivesse sido impossível, fosse considerado incestuoso. Mas, agora, nada acontece e os Guayaki não reconhecem o incesto senão nos cinco casos pré-citados. Há ainda que precisar que os dois últimos não são muito graves. Transgredir a interdição que recai sobre as três primeiras mulheres é em compensação impensável. Aliás, o incesto traz em si seu próprio castigo. Mesmo se os homens não punem o culpado, seu destino está irreversivelmente fixado. Aquele que dorme com sua mãe será transformado em tapir; aquele que goza com sua irmã, em macaco guariba; e o pai que faz amor com sua filha, em veado. O homem incestuoso abole nele a humanidade de que viola a regra mais essencial, renuncia ao que ele é, coloca-se no exterior da cultura, recai na natureza: ele se torna um animal. Não se brinca impunemente de introduzir a desordem no mundo, é preciso deixar em seu lugar os diversos planos que o compõem, a natureza aqui com seus animais, a cultura lá com sua sociedade humana. De uma à outra, passagem alguma.

Por caminhos só deles conhecidos, vêm ao *tõ kybairu* os Aché. O grande frio acenou-lhes. Estarão sós no encontro, eles, os vivos prontos para retornar à pátria, nesse lugar onde entoam-se somente os hinos à opulência de viver? Não. O frio, a geada e o vento *são também os pichua das almas dos Aché mortos*. Da morada celeste, elas descem, as almas dos ancestrais, nostálgicas do mundo de baixo. Aspiram a perturbar os encontros dos vivos, a dobrar sua vontade de continuar a ser o que se é? Talvez; mas o *tõ kybairu* é mais forte, o qual se quer precisamente retomada e reconquista da vida universal, impulsão de seu *élan*, consagração de sua vitória. Que buscam os habitantes da noite, os pálidos fantasmas, que querem dos vivos que não assustam mais? Eles estão lá contudo, o grande frio testemunha. Mas e o *tõ kybairu*? Não é justamente, festa desses de baixo, o desafio assegurado à morte, a certeza proclamada de que ela não tem mais poder sobre os Aché? O *tõ kybairu* é contra a Morte. O grande frio é um signo maior: ao mesmo tempo *pichua* da liana grávida-do-mel e das almas mortas que retornam, ele diz que esse retorno é vão. Sem dúvida um mortal está votado à morte: é seu caminho. Mas não se o percorre em sentido inverso. Aqui, como alhures, a ordem reina, desligando um do outro o mundo dos vivos e o mundo dos mortos. Por que estão lá uns e outros? É o poema alegre e malicioso dos vivos: nenhuma subversão poderá jamais reunir o que está destinado a ficar separado.

Um mês mais tarde, no fim de julho, os Estrangeiros reapareceram em Arroyo Moroti. Estavam um pouco emagrecidos. Nos primeiros dias, foram de pouca conversa, ficavam entre eles sem se misturarem aos Aché Gatu. A festa terminara, o *tõ kybairu* tinha passado. Foi o último. Prazer e desejo de viver deixaram pouco a pouco o coração dos Aché.

6.
MATAR

Para uma tribo Guayaki, com os Outros só há relação de hostilidade. Os Brancos, os Machitara-Guarani, e mesmo os Aché Estrangeiros, são todos inimigos potenciais. Com eles uma única linguagem: a da violência. Surpreendente contraste com o cuidado perceptível, constante, de eliminar justamente toda violência das relações entre companheiros. Aí presidem sem falta a mais extrema cortesia, a recusa de uma hierarquia de papéis que faria de uns os inferiores de outros, a vontade comum de se ouvir, de se falar, de dissolver na troca de palavras tudo o que a vida cotidiana inevitavelmente faz surgir no grupo de agressividade e de rancor. By--iã, privado de sangue-frio, fora de si: eis um estado em que não se gosta de ver cair os *irondy*. É preciso que passe bem depressa, as mulheres intervêm rapidamente para acalmar o homem furioso. Jamais os adultos se batem, a menos que seja ritualmente necessário. Ainda menos imagináveis, os castigos físicos em outros lugares reservados às crianças: senhores na verdade de seus pais, que se aceitam seus escravos, *kromi* e *kybuchu*, sem fazer dos adultos seus burros de carga, põem por vezes, contudo, sua paciência à rude prova. No entanto, nunca há gestos bruscos, nenhuma bofetada de irritação, somente as queixas choramingas das mulheres e os grunhidos totalmente ineficazes dos homens. As crianças terminam sempre por obter ganho de causa. A obstinação de uma menina triunfa sobre o pai; ela quer passear, mas com ele, e sobre seus ombros. Ele não quer, mas rende-se no final, farto de ouvir repetir: "*Jachi raa! Jachi raa!* Passear sobre teus ombros! Passear sobre teus ombros!". Durante um longo tempo, o infeliz, obedecendo às fantasias da pequena tirana que o cavalga, deambula resmungando pelo acampamento.

Uma vez, chega da floresta Pichugi, num estado de gravidez avançada: sobre as costas, pendurada na fronte, a cesta pesada carregada de larvas, de frutas e de todos os bens da família; e por cima da cesta, sobre os ombros, seu filho de cinco ou seis anos que não queria mais caminhar. Indignado, eu me aproximo e ralho com o pequeno: "Como?! Você já grande, você não sabe andar?". Ele me considera com um ar perfeitamente indiferente, e sua mãe o desculpa: "É uma criança! Ele ainda tem a cabeça mole! Os ossos são fracos!". De novo eu me meti no que não me concernia, como aquele dia em que, malgrado o frio, uma mulher banhava em boa água sua filhinha febril que uivava ao contato gelado. Eu acreditava que seria fatal para a criança. Mas a mãe, de muito mau humor, coloca-me em meu lugar com meus comentários: "Quando o corpo está quente, banha-se na água! É assim que nós procedemos, nós os Aché!". Ela tinha razão. Cometer gafes desse gênero era inevitável, mas não afetava o bom entendimento com os índios e me ensinava a conhecê-los melhor.

Uma coisa certa, em todo caso, era o horror dos Aché diante da violência, sobretudo quando ela lhes parecia ameaçar as crianças. Muito certamente, as perseguições que os paraguaios faziam aos jovens, para capturá-los e vendê-los como escravos, tinham levado à obsessão a inquietude dos adultos. Era tocante, por vezes cômico. Os *kybuchu* dispunham de uma bola de futebol. Eles ignoravam tudo das regras do jogo, mas gostavam muito de correr atrás da bola. Homens se juntavam por vezes a eles e os meninos, infinitamente mais hábeis que os adultos, se divertiam perversamente em impedir os grandes de tocar a bola, subtraindo-a no último momento. Empurrões se produziam, quedas, tudo isso em meio aos gritos entusiasmados das crianças. Ora, durante esse tempo, as mães, longe de considerar o jogo placidamente, logo soçobravam na angústia. E, regularmente, eu via acorrer até mim uma delegação de mulheres chorosas que me suplicavam para intervir no campo a fim de pôr fim ao que, com toda evidência, ia virar massacre geral! "Eu não tenho muitos filhos! Dois somente!", e me agitavam sob o nariz o indicador e o médio, para me encorajar a salvá-los. "Nós não estamos contentes! Um grande medo! A gente não quer ver os *kybuchu* se ferirem!" Eles não se feriam de jeito nenhum. Em suma, as mães armavam uma tal algazarra, entre súplicas, injunções furiosas e cantos fúnebres, que a partida parava logo. Em certo sentido, os papéis eram invertidos e as crianças capitulavam, menos por obediência que para ter paz, como se o protesto das mães tivesse sido para eles um capricho a que era preciso ceder.

Por vezes, ao contrário, era a indiferença, até mesmo a crueldade, que surpreendia nas mães. Dois irmãos muniram-se um dia da faca de seu pai e saíram para brincar. Mas o mais velho, desajeitado, fere o mais jovem no pé, que sangra abundantemente. O pequeno solta gritos, o outro tem medo e foge. Sua mãe, atraída pela balbúrdia, aparece. Poder-se-ia esperar uma apavorante lamentação: mas não, ela se aproxima, olha um instante, murmura alguma coisa e gira sobre os calcanhares, deixando lá seu filho. Cuida-se dele, trata-se da ferida, obrigando-o a permanecer quieto algum tempo, pois ele quer juntar-se aos outros *kybuchu*. Depois, eu o transporto por duzentos metros, até a choça de seus pais. A mãe, sentada e descascando mandioca, nos vê chegar, o olhar vazio. É ela que, pouco tempo antes, me assinalava que só tinha dois filhos e enlouquecia ao vê-los correr atrás da bola. A ferida de seu filho não parece tê-la afetado nem um pouco. A criança instala-se a seu lado e, em breve, ela faz rebentar um *chenga ruvara* cuja violência quase histérica deve exprimir a mais profunda dor. Quando ela diz a verdade? No silêncio aparentemente indiferente, ou no clamor ritual do *chenga*? Não se sabe...

Mais ainda. Os Aché me tinham confiado o papel de conciliador entre Kajawachugi e sua mulher, e eu tinha ido buscar o marido em Arroyo Moroti. Na noite alta, eu estava de volta ao acampamento e, para minha grande surpresa, percebi que o homem e seu filho mais novo (eu tinha levado o mais velho na garupa) não estavam lá, quando deveriam ter chegado antes de mim. Impossível imaginar que eles se tinham desgarrado: um índio não se perde. De resto, logo tranquilizei-me, pois eles apareceram, silenciosos, cerca de dez minutos depois de nós. Que tinha acontecido? Ele explicou no dia seguinte. Entre Arroyo Moroti e o novo acampamento, a floresta estava interrompida por um arroteamento que algumas famílias paraguaias haviam aberto para plantar seu milho e sua mandioca. Uma das casas era um *boliche*, "loja" do mato bastante modesta, onde se pode encontrar aguardente, tabaco, pilhas para lanternas, sal, açúcar. Eu precisava renovar minha provisão de cigarros e decidi, apesar da hora tardia, fazer esse desvio de alguns quilômetros para ir comprá-los. Explico então a Kajawachugi minha intenção, digo-lhe que continue e que eu chegaria depois dele, com seu filho mais velho. Ele aquiesce e nós nos separamos. Faço minhas compras à luz de uma lâmpada de querosene, trocando algumas palavras polidas em guarani com o dono. Seu cão põe-se súbito a latir com furor na direção das árvores que, na escuridão, mal se distinguem. "Algum animal da floresta. Não é nada." Parto, sempre acompanhado do *kybuchu* que não se desgarra de mim. Mas que tinha feito seu pai? Ele me conta, algo envergonhado pela pouca confiança que me testemunhara. Quando eu lhe disse que ia procurar tabaco, ele não me acreditou. Nós estávamos sós, no crepúsculo, longe dos Aché, mas bastante perto dos *Beeru*; ele teve certeza de que eu lhe mentia e que na, realidade, eu levava seu filho para dá-lo aos Brancos!

Que fez ele então? Resolvido a impedir isso, ele me seguiu na noite e, escondido sob as árvores, vigiou o que se passava na casa do *Beeru*. O cão havia ventilado a presença desse Aché decidido a salvar seu filho mais velho, embora estivesse só, embaraçado com o filho menor, mas armado de seu arco. Ele esperou um momento, viu que nada ocorria e, seguro de ver-me tomar a direção certa, deixou o lugar. Eu não queria mal a Kajawachugi por sua desconfiança, sabendo muito bem que mil infortúnios haviam ensinado aos índios a patifaria e a brutalidade dos Brancos. Era mesmo, da parte desse homem, um grande ato de coragem ter-se aventurado sem hesitação no espaço dos *Beeru* que ele não conhecia e que, era ao menos sua convicção, iam talvez lançar sobre ele seus cães e capturá-lo, até mesmo matá-lo a tiros de fuzil. Esse episódio aumentou a estima que eu tinha por Kajawachugi, mas foi também algo inesperado, e que me mergulhou no embaraço. Para Kajawachugi, eu era de algum modo (à minha revelia) aquele que havia ajeitado suas relações com sua mulher. Simultaneamente, sua confiança redobrava por eu ter assegurado a proteção de seu filho, não o entregando aos Brancos. Quis ele testemunhar-me reconhecimento, julgava-se em dívida para comigo? Eis então que quando sua mulher, decepcionada em seus amores com Japegi, veio me fazer dois ou três dias mais tarde propostas bem claras e bem desonestas ("Vamos à floresta! É para o *meno!*"), eu lhe respondi rindo que, quanto a mim, gostaria muito, mas que eu tinha medo de seu marido. Sem perder um minuto, ela vai procurá-lo, o traz e em minha presença interroga: "*Cho pravo! Eu o escolhi! Nde rõ jepy vera!* Será que você vai se vingar?". E o homem, fiel à tradição mas cheio de boa vontade para que todo mundo fique contente, pronuncia: "Nada de vingança! Nada além de um *jepy rave*, simulacro de vingança!". Imprensavam-me contra a parede; uma vingança fingida, contudo, não pode se transformar em castigo efetivo? Nunca se sabe, e de qualquer modo um golpe de arco, mesmo ritual, é um golpe de arco no crânio. A causa estava resolvida, a oferta foi declinada. Isso não afetava muito Kajawachugi que, acabando de eliminar Japegi, não considerava desmedido partilhar sua mulher comigo. Ela, ao contrário, achou aí uma razão suplementar para desprezar-me e amuar-se. Mas seu filho bem tinha razão ao comentar sobriamente os acontecimentos: "A mulher quer fazer amor".

Precisamente, o destino desse *kybuchu*, por quem seu pai havia corrido riscos reais, impressionou-me fortemente por parecer desmentir de ponta a ponta o amor e a afeição paterna, nesta ocasião demonstrados. Os Estrangeiros se foram para o *tõ kybairu* e Kajawachugi juntou-se a eles, levando toda a sua família, inclusive seu filho mais velho que estava fortemente gripado. Ele não queria deixá-lo em Arroyo Moroti. Dois dias após sua partida, a cerca de meia jornada de marcha do acampamento, um camponês, trabalhando em sua roça de milho, ouve fracos gemidos. Ele se aproxima, repara o lugar de onde vem o ruído, e descobre, deitado entre as raízes de uma árvore enorme, um menino de uns dez anos: é o filho de Kajawachugi. Ele mal tem força para gemer, está inconsciente. O homem o recolhe e o transporta para a aldeia paraguaia mais próxima; as pessoas tentam tratá-lo, dão-lhe injeções, mas em vão. Ele morre em três dias, sem dúvida de uma pneumonia fulminante. Ele passou, sozinho na floresta, doente e sem fogo, três noites ao pé da árvore. É um milagre que nenhum animal o tenha atacado.

Estranho. O mesmo homem põe sua vida em perigo — talvez imaginário, mas para ele dava no mesmo — para salvar seu filho, depois o abandona, doente, a uma morte solitária. Quando Kajawachugi estava de volta, eu lhe coloquei a questão. *"Achy pute, mano ruwy.* Ele estava muito doente, quase morto." *Mano*: morrer, mas também estar gravemente doente; para os índios, é quase a mesma coisa. Por vezes, pode-se tratar das pessoas, e por outras, não é possível: elas vivem ainda, certamente, mas a morte já está nelas, introduzida por esta doença que já as arrancou do grupo dos vivos. Elas não estão lá senão em sursis, sofrimento provisório que o tempo rapidamente levará a seu termo. Mas daqueles que, sem ser ainda cadáveres, ainda assim não estão mais vivos, que se pode fazer? Não somente seria absurdo obstinar-se em esperar sua cura, pois que eles são *mano* — do outro lado já — mas também eles são perigosos para os outros: sua morte pode ser contagiosa, não se gosta de tê-los perto de si. Avizinhar-se da morte é tornar-se vulnerável aos assaltos de seu povo: almas, espíritos, fantasmas que aproveitam o menor pretexto para afligir os vivos. Eis por que Kajawachugi colocou seu filho ao pé de uma árvore e prosseguiu sua marcha. Era crueldade? Não para os Aché, entre os quais ninguém teria sonhado em reprovar ao homem seu gesto. Para nós, ocidentais, talvez, mas simplesmente porque supõe-se sempre curável a doença. E se ela não é? Era o caso para os Aché: a gripe era uma doença desconhecida, doença de Brancos que não existia antes do contato. Ela os dizimava, eles não sabiam nomeá-la, não havia nada a fazer. Kajawachugi não ficou surpreso quando lhe contaram a vã tentativa dos *Beeru* para salvar seu filho. O espetáculo da vida cotidiana, por outro lado, não oferecia ao contrário a imagem de uma devoção quase exagerada dos adultos pelas crianças? Ela nem deixava lugar para a severidade: como os Aché teriam podido ser cruéis?

As crianças eram preciosas para eles, contudo, por vezes as matavam.

Constatando a inferioridade numérica das mulheres, eu ficava tão espantado quanto os antigos cronistas quando se inteiraram da coisa. Mas como explicar um tão constante déficit de mulheres entre os Guayaki, atestado desde o começo do século XVII e verificado na segunda metade do século XX? Nem mesmo se podia invocar uma eventual anomalia genética que teria feito as mulheres parir mais meninos do que meninas. Pois, estabelecendo as genealogias dos Aché atuais, era fácil ver que as meninas nasciam quase tão numerosas quanto os meninos. Mas uma boa parte dentre elas desaparecia em seguida e, aos pedidos de explicação, a resposta era toda vez lacônica e evasiva: "Ela já morreu, foi por causa da vingança". O que era feito delas? Queriam os Aché esconder alguma coisa?

Não, não se tratava de coisas secretas de que convinha manter-me à distância. Era seu universo religioso. O mundo guayaki da crença acha seu fundamento na convicção de que os mortos, fantasmas invisíveis, não querem se separar dos vivos. Isso, sabe-se bem, as experiências passadas e presentes o provam: os mortos se obstinam em permanecer nas paragens habitadas. Como então engajá-los no caminho da morada das almas? Como desembaraçar-se dos mortos? Há vários meios. Primeiro, quando alguém morre, deixa-se imediatamente o acampamento para estabelecer um outro à boa distância. Espera-se, ao fazê-lo, que o *ianve* do defunto não saiba encontrar o rastro dos Aché. Geralmente, é o que acontece, fica-se ao abrigo. Mas, se é uma criança que morre, permanece-se lá onde se está. As crianças não são perigosas, elas ainda não têm *ianve*, essa "alma" agressiva e astuta que adeja à noite em torno dos fogos. E mesmo pode-se enterrar o pequeno cadáver sob o abrigo, não se arrisca a nada. É o que fizeram os últimos agregados que apareceram em Arroyo Moroti. Uma das crianças estava doente e morreu alguns dias mais tarde. Seus pais cavaram um buraco sob o *tapy*, tornado assim a tumba de seu filho.

Não se deve subestimar as almas. Elas fazem tantos estragos entre os vivos que se pode praticamente atribuir-lhes a responsabilidade de quase todos os falecimentos. Os mortos são muito hábeis em se manifestar sob tal ou qual aparência. Ora os Aché as reconhecem a tempo para evitar sua agressão, ora as almas são mais rápidas. Foi assim que, um dia, tendo partido à caça, Tokangi e Karekyrumbygi acham-se frente a frente a um enorme jaguar,

Matar

de pé sobre um tronco de árvore que a tempestade lançou à terra. A fera, nada intimidada, está perto de saltar sobre os dois homens. Mas Karekyrumbygi, caçador vigoroso cuja flecha não erra jamais, dispara duas, uma atrás da outra, que transpassam o peito do *baipu*. Tokangi sabe como agir, imediatamente ele reconheceu sua mãe, morta há tanto tempo que poucos se lembram dela. Ela ainda não conseguiu esquecer seu filho, que contudo já é um homem velho. Ela tentou matá-lo para não ficar só no *beeru prana*, a savana das almas mortas. E, para fazê-lo, tomou a aparência desse grande jaguar. Felizmente o jovem *bretete* (grande caçador) achava-se lá; senão Tokangi não teria saída. Jakugi, em compensação, teve menos sorte. Ele correu ao acampamento, pálido e mudo de pavor. Ele esfrega o ombro que traz uma marca de golpe. Alguém parte logo para procurar um carregamento de casca de *kymata* e purifica Jakugi. Ele estava abatendo um pindó quando, de uma árvore vizinha, um galho, quebrado pelo vento de junho, destacou-se, pouco faltando para cair-lhe sobre o crânio. Foi o ombro que recebeu o baque. Ele foi vítima de sua primeira esposa. Frequentemente também, as mulheres se agarram sobretudo a seus genros viúvos, "para vingar" sua filha morta, diz-se, mas também para tentar sua sorte com eles e fazê-los seus esposos na morada dos mortos. Dir-se-ia que as sogras mortas querem fazer amor com seus jovens genros.

Quando Tokangi e seu salvador apareceram no acampamento, carregando a fera, a façanha foi saudada como merecia. Não se mata todos os dias um jaguar. Possantes *chenga ruvara* das mulheres honraram o *baipu*, os homens soltaram *jeproro* apavorantes e Karekyrumbygi, o flechador, foi submetido a uma massagem de casca da árvore *piry*. Abater um jaguar não é matar qualquer caça, o caçador acha-se em perigo. É por isso que é friccionado também com uma grossa concha de caracol, para que não encontre outros jaguares, desejosos de vingar seu congênere. Uma vez o jaguar esfolado, os quartos são cortados e dispostos sobre uma grande grelha de madeira. Os Aché gostam da carne de jaguar e todo mundo pode consumi-la. Quanto à gordura, pode-se recolhê-la; ela serve para tratar, por aplicação, as dores nos ossos. Mas alguns Aché estimam que é melhor não se servir dela, pois provoca, segundo eles, erupções cutâneas que fazem o homem parecer com a fera malhada. Não se passava um dia sem que interviesse uma alma. Imediatamente davam-se conta, pois o signo de sua presença era a doença. Grave ou benigna, ela afetava sempre alguém: um resfriado ou uma indigestão ou um peso nos ossos. Mesmo quando se sabia que um tal ou uma tal estava doente porque tinha comido mel ou carne de macaco quando isso era interdito, tinha-se ao mesmo tempo logo a preocupação de identificar o morto que havia enviado, com a doença, sua alma para invadir o corpo do paciente. Não era muito difícil espantá-la: pelo ritual do *kymata tyrõ*, ora com pinturas de cera e de resina misturadas, cujo agradável perfume incomoda *Ianve*, ora com o envolvimento de todo o corpo com cinzas ou barro. As mulheres grávidas são muito hábeis em tratar das pessoas. A criança que carregam confere-lhes poderes terapêuticos bem superiores aos dos outros Aché. Sua saliva, que elas aplicam sobre a parte dolorida do doente, é muito potente. Ser tratado por uma mulher grávida é quase uma garantia de cura. Além disso, as mulheres sabem muito mais coisas que os outros, e bem antes deles. É a criança que lhes conta tudo. Se uma vara de porcos selvagens ronda a região, elas são as primeiras a sabê-lo: logo os caçadores, avisados, partem na direção indicada: acham lá os bichos e matam muitos. É bom também, em um bando, que haja ao menos uma mulher grávida, por uma outra razão: é que a criança a nascer escuta, antes de todo mundo, a aproximação dos inimigos, sobretudo os Brancos. Então ela diz à sua mãe e os Aché, prevenidos, escapam para longe. Enfim, último poder desses seres ainda não realmente vivos: antecipam o futuro, são capazes de prever a morte. Quando um Aché é afligido por uma doença incurável, dão-se conta imediatamente e fazem-no saber: tal pessoa vai morrer. Raramente se enganam. No mês de agosto, a mulher Karegi caiu doente, ela estava cada vez mais magra, e sua respiração era ruidosa. Ocuparam-se dela até o dia em que a jovem Brikugi, grávida, repetiu o que lhe havia dito a criança em seu ventre: Karegi vai morrer. Cessou-se de tratá-la, era inútil. Ela morreu com efeito alguns dias mais tarde e seu esposo, Bykygi, doravante viúvo, e então ameaçado pelo *ianve* de sua mulher, deixou seu abrigo para ir morar mais longe, na choça do irmão. Mas *Ianve* achou seu rastro e temeu-se um momento pela vida de Bykygi, em cujo corpo *Ianve* tinha conseguido se introduzir. Algumas aspirinas e pinturas bem negras e bem odoríferas conseguiram afastar a alma de Karegi.

Os Aché ignoram que seus vizinhos Guarani conhecem também esse diálogo entre a mãe e a criança que ela carrega em seu seio. Não na vida cotidiana: as crianças aí permanecem silenciosas. Mas no mito, no grande mito de origem de todos as tribos Guarani, que conta as aventuras dos gêmeos divinos, Nosso Irmão Mais Velho e Nosso Irmão Mais Novo. Todo o infortúnio dos homens e sua condição de habitantes da Terra Má provêm de que a mãe dos gêmeos, duplamente grávida das obras de seu esposo, o deus Ñanderuvusu, e de seu amante, Nosso Pai que sabe das coisas, recusou escutar seus filhos que, de suas entranhas, se dirigiam a ela: "Como?! Você que ainda nem nasceu, está falando comigo?". E ela se aplicou um palmada violenta no ventre esticado. Feridas, as crianças não lhe disseram mais nada; ela se enganou de caminho, chegando na casa dos jaguares que a devoraram: a história do mundo começara, ela dura ainda.

Quanto aos Aché, eles ouvem as crianças falar. Eles não poderiam abster-se. Os próprios mortos têm necessidade dos *kromi*.

Quando um homem na força da idade morre, grande é sua pena de ter que deixar a tribo, sua família, seus filhos. Dolorosamente, ele se arrasta pelos arredores dos acampamentos. Não são os cantos e os choros de sua parentela e de seus companheiros que vão persuadi-lo a se afastar, bem ao contrário. A aflição dos *irondy* contribui para retê-lo. "Era um grande caçador! Em quantidade, ele os flechava, os animais!" Que nostalgia! Mas também, que perigo para aqueles que lhe sobrevivem! Chora-se ao mesmo tempo sua ausência, mas gostar-se-ia que ele fosse para casa, na savana das almas, lá longe no oeste. Sabê-lo a adejar, invisível e tímido, perto dos fogos, terrifica os Aché. É preciso satisfazer o morto, dar-lhe o que deseja. Quando um *kybai gatu*, um bonito rapaz, morre, é inadmissível, há aí excesso, desordem: ele é vítima de uma injustiça, e ele sabe. É por isso que permanece lá, à espera da reparação a que tem direito. Ele não partirá sem tê-la obtido. A que a morte o condenou? À solidão: *jarõ*, só, tal é ele agora. Nisso reside sua maior perda, mas ao mesmo tempo a via da compensação. A ofensa recebida do mundo exige vingança: sempre há *jepy* quando um homem vigoroso morre. Vingam-no, mas segundo seu desejo; satisfaz-se seu desejo, e essa é a garantia de que o defunto deixará definitivamente esses locais onde não encontra mais seu lugar. Que deseja o *kybai gatu*? Ele quer abolir sua solidão; para empreender a viagem que conduz as almas às suas casas, ele quer um companheiro. Que se lhe dê, e ele parte. Quem será a alma irmã, consoladora desse cujo abandono torna triste e que chora na noite? Não, certamente, alguém que ele não estimava; bem ao contrário, é preciso encontrar nas trevas um desses que ele amava e que o faziam rir de contentamento. Mata-se um de seus filhos, quase sempre uma filha. É isso o *jepy* de um caçador, a vingança com que o honram os Aché. Ele carrega, montada em seu ombro, lá mesmo onde tantas vezes ele a levou para passear, sua filha. Eternamente, ela será fiel companheira de seu pai.

Quando ela nasceu, a maldição caiu sobre ele: ele estava *byja*, e os jaguares, em coortes invisíveis, vinham trazer à vida a resposta da morte. Eles queriam o pai, a fim de apagar o excesso provocado no mundo pela nova presença da "cabeça mole". As coisas devem permanecer iguais, e um mais chama um menos. Agora, o homem não existe mais. Ele se sabia mortal: não é bem o que proclamam as crianças quando vêm ao mundo? Em troca, elas abandonam o mundo junto com seu pai, que elas já mataram, e que é vingado. Ao menos matam-se as meninas; os meninos, com efeito, evitam desfazer-se deles. Futuros caçadores, eles fariam falta mais tarde à tribo. Contudo, eles também são votados por vezes ao *jepy*.

Jakugi é um homem pacífico. Em alguns momentos, ele sofre por se saber enganado. A apetitosa Baipurangi, sua jovem mulher, não pode dizer não e esquece com frequência o bom marido que tem: ele está sempre na floresta, a acossar a caça, marcar os ninhos de abelha ou coletar larvas. Não lhe falta nada e contudo ela não se contenta. Ele poderia bater-lhe mas não o faz. Quem toca flau-

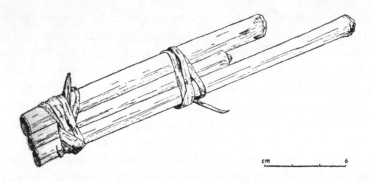

Fig. 17: *mimby*, flauta.

ta, tristemente, em plena noite? As cinco notas puras fogem dos tubos de cana. Elas chamam belamente a mulher que não quer mais dormir perto de seu esposo e que se refugiou um pouco mais longe, no *tapy* de seus pais. Quando está sofrendo, Jakugi não se torna violento, ele pega sua flauta. Nomeiam-no contudo *Brupiare*: é um matador.

Os Aché Gatu avançavam rapidamente, apesar da forte chuva que anunciava o verão. Os cães iam perder com certeza sua pista e os *Beeru*, lançados sobre o rastro dos índios, não os encontrariam. Os Pássaros do Trovão voltavam à terra, deixada alguns meses antes, portadores de água e de bruma. Chono, seu senhor, estava irritado e sua reprimenda contínua enchia todo o horizonte. Também os relâmpagos testemunhavam seu grande furor; ora aqui, ora lá, estalavam de maneira apavorante. Era preciso aproveitá-los para fugir. A longa fila de pessoas encontrou em seu percurso uma pequena clareira. Kimiragi, então esposa de Wachupirangi, carregava seu bebê de qualquer jeito, protegido na tipoia. Em outras circunstâncias, ela teria tido o trabalho de guarnecer de resina o baixo-ventre do *kromi*, para que os relâmpagos não o assustassem. Mas ela não tinha tempo. Chono, o Trovão, redobrou então em ferocidade. Ele lançava sua chama em torno dos Aché, queria matá-los. O choque abateu Kimiragi, sem forças porém viva. A criança estava morta, fulminada no seio da mãe. O Trovão Furio-

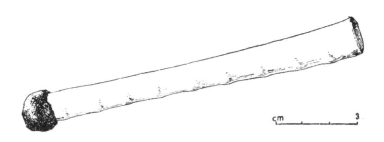

FIG. 18: apito de osso de urubu, fechado com cera.

so fez assim os Aché pagarem o retorno dos pássaros. Quando se julgaram em segurança, os homens ergueram o acampamento. Eles estavam aterrados. Primeiro fugir dos Brancos, depois sofrer o ódio de Chono. Os cantos fúnebres das mulheres aumentavam sua amargura. Mas foi a cólera que pouco a pouco apropriou-se do coração de Rambiangi, irmão de Kimiragi: seu *tuty*, o filho de sua irmã, estava morto e isso era insuportável. Ele não soube manter a calma, e não se teve tempo de apaziguá-lo, ele estava por demais *by-iã*. De desespero, agarrou seu arco e correu por todos os lados do acampamento. Ele quer vingar seu sobrinho preferido, os Aché sabem que ele vai fazê-lo. Chono, o poderoso de lá de cima, o ofendeu gravemente, e essa força que move Rambiangi desarma os Aché. Não há nada a fazer, eles não podem se opor, eles nem sonham mesmo. O peso do infortúnio cai esmagador sobre eles. Afrontar os homens, mesmo os mais cruéis, como os Brancos, pode-se fazê-lo; mas quando o inimigo é sobre-humano, quando a vida inteira do mundo se faz hostil, então *ete ikõ iã*, fica-se sem corpo, sem coragem, é a resignação.

As coisas más estão em movimento. A noite passou, Rambiangi não cessou de cantar. As palavras de morte, todo mundo as ouviu e, quando ao alvorecer o homem se ergue, sabe-se muito bem o que ele vai fazer. É como se os atos estivessem já cumpridos. Lá, estendido sobre uma esteira, dorme o pequeno Achipurangi. É

Matar

o primeiro filho da mulher Baipugi. Ele vai morrer. Rambiangi pegou com as duas mãos seu grande arco. A frágil nuca do *kromi* não oferece nenhuma resistência ao golpe. A mãe não olhou, o rosto nas mãos. Ao ruído surdo do choque, sua grande lamentação se eleva: o *doroparegi*, seu filho mais velho, o bonito Pênis que não tardaria a andar, mataram-no, para vingar! Mas nada de hostilidade contra Rambiangi, está-se bem para além da cólera e do ressentimento. O homem, o assassinato cumprido, fica absorto. Ele poderia agora aceitar qualquer morte, sem se defender. Ninguém contudo vai atacá-lo. Ao contrário mesmo, começa-se no acampamento a se agitar, pois o matador está em perigo: é preciso submetê-lo ao ritual de purificação. Quem o ameaça? Menos o *ove* de sua pequena vítima, inofensiva e leve sombra que o quati já içou até o mundo superior da Floresta Invisível, do que *Ianve*, o fantasma noturno. É preciso salvar Rambiangi, e é a isso que, lealmente, vão votar-se a mulher Wachugi e seu esposo Krajagi.

Durante vários dias, o *brupiare* não comerá absolutamente nada. Apenas tomará um pouco d'água e, certamente, sem entrar em contato direto com o líquido. Se esquecesse essa precaução, ele desencadearia o dilúvio universal, de que os Primeiros Ancestrais já foram vítimas nos tempos antigos. Para beber então, Rambiangi utiliza o pincel *koto*, que mergulha em um recipiente e suga em seguida. No que concerne ao *meno*, abstinência total: que mulher aliás sonharia em ter seu prazer com um *brupiare*? Ele está marcado e, enquanto o rito não tiver apagado essa marca, permanecerá nublado de uma aura de perigo que faz dele um ser marginal, o habitante provisório de um espaço para além dos homens. O casal purificador recobre o rosto e o torso de Rambiangi com uma espessa camada de barro. Espalha-se bem por toda parte, esfrega-se-lhe o corpo com força. A mulher toma um punhado e o derrama na boca do paciente, que os soluços sacodem. Mas é preciso que ele vomite realmente, pois *Ianve* talvez já tenha penetrado no corpo do matador, tomando, como é frequente, o caminho do ânus. Para impedi-lo de invadir completamente todo o interior, deve-se obrigá-lo a sair: assim convém vomitar. Wachugi enfia várias vezes seus dedos até o fundo da garganta de Rambiangi. *Ianve* entra pelo ânus e sai pela boca. É o contrário da comida. De fato, o fantasma quer fazer de sua vítima sua comida, quer nutrir-se de seu corpo devorando-o por dentro. Rambiangi vomita, ele está esgotado, mas *Ianve* foi seguramente expulso. Então o homem e a mulher desembaraçam o *brupiare* de sua carapaça de barro lavando-o com água onde mergulharam as aparas de *kymata*. Será preciso esperar vários dias para que Rambiangi, rigorosamente imóvel no exterior do acampamento, possa se considerar salvo. Então tudo voltará à ordem, ele se tornará o que deixou de ser um momento: *bretete*, um verdadeiro caçador.

Quando cai a noite, Kimiragi e Baipugi cantam. É o tempo de sua paixão. À primeira, Chono tomou seu filho, Rambiangi matou o da segunda. Mas foi Chono que havia arrancado Rambiangi de si mesmo. Uma só dor reúne-se em seu canto, e Rambiangi escuta seu lamento. Nem ódio nem remorso. Ninguém é culpado, e tudo isso vem de muito longe. Pode-se chorar contudo, é o papel das mulheres. Kimiragi e Baipugi choram.

O termo do infortúnio, não o haviam contudo atingido ainda. Coube a Jakugi fechar o ciclo de assassinato aberto por Chono. Sem alegria, tenso em sua tristeza, Jakugi contou como tornou-se *brupiare*. Os *kybuchu* escutavam em silêncio. Não estavam surpresos, vários dentre eles já haviam assistido a atos semelhantes.

Rambiangi matou uma criança cara ao coração de Jakugi. É por isso que as coisas não vão ficar assim. O pequeno se chamava Achipurangi, Belos Chifres. Quando sua mãe estava grávida, um caçador lhe ofereceu carne de uma vaca que havia flechado. Ela decidiu então que a criança a nascer teria um *bykwa*, uma "natureza" de Belos Chifres, e que tal seria seu nome. Mas pode-se ter vários *bykwa*; raros são os Aché que possuem apenas um. O segundo *bykwa* do filho de Baipugi era de carne de quati. Jakugi matou e trouxe o animal a fim de que a mulher o comesse. Ele era assim o *bykware* da criança, o "fornecedor" de sua natureza: uma espécie de pai. Entre o *bykware* e o *bykwapre* tecem-se sentimentos de respeito e de afeição. Tornado um velho fraco, o homem poderá contar com aquele cujo *bykwa* ele determinou e que lhe oferecerá caça. Profunda é a dor de Jakugi, não menor que aquela que torturou Rambiangi. Este a aboliu vingando seu *tuty* num assassinato. Por seu turno, Jakugi rumina o mesmo projeto; será preciso vingar-se. Por que a morte de uma criança deve sancionar a morte de uma outra? Elas não são contudo gente grande e seu *ove* não tem necessidade como aquele de um caçador, de companhia para ir embora. Os Aché o afirmam aliás: nada de *jepy* para um *kromi*. Quem então Rambiangi vingou? E quem Jakugi se apressa em vingar? Menos sem dúvida o primeiro seu sobrinho e o segundo seu "filho", que a comum ferida que eles sofrem. Chono e os *Beeru* empurram os Aché para além da dor. Sua companheira mais fiel é, cada vez mais, a morte. Por que Chono fulminou a "cabeça mole", senão para significar que ele não quer mais deixar que os Aché existam? De que adianta desde então obstinar-se na luta e ajudar os *kromi* a crescer, já que Chono ele mesmo os mata? Por vezes os Aché se sentem perdidos, fica-se louco numa tal privação. Mais nada diante de si senão a morte. Os homens matam crianças, eles se destroem. É o infortúnio índio, a festa trágica de seu fim.

Alguns dias se passaram. Rambiangi tinha escapado de *Ianve*, os Aché podiam partir. Jakugi consagrava todo seu tempo à caça. Ele flechava muitos animais para bem nutrir Pampingi, sua velha esposa, e para distribuir o resto aos *Irondy*. Mas, chegada a noite, ele não celebrava com nenhum *prerã* suas façanhas na floresta. Taciturno, deixava acumular-se nele a força necessária ao *jepy*: é preciso ser *kyrymba*, valente, para golpear. Matar um inimigo não é nada, faz-se na alegria; enquanto que abater alguém da tribo, isso exige muito, é preciso estar verdadeiramente *by-iã*, é preciso ser capaz de pronunciar as palavras irreversíveis das quais todos, ele mesmo e os outros, ficarão prisioneiros. "Uma noite, eu me sentei perto de meu fogo e comecei a cantar. *Ja bykware oo wachu gatu uare, kyra wachu uare, by-iã; cho bykware jepy verã cho!* O que partilhou o *bykwa* por causa do comedor da carne grossa e suculenta, por causa do comedor da boa gordura, esse está fora de si; eu, que partilhei o *bykwa*, quanto a mim, eu vou vingar!" O grupo dorme, parece, mas todos escutam; espera-se. Jakugi vai matar? O nome da vítima foi lançado. Secretos caminhos guiaram a escolha de Jakugi. Mas ele escolheu de verdade quem vai matar? Dir-se-ia antes que esse lugar mortal foi desde sempre reservado àquela que vai ocupá-lo. A jovem condenada, e só ela, podia prolongar e fechar o desdobramento das coisas que submetem os Aché, das potências subterrâneas que investiram Jakugi. O assassinato do menininho não fez o homem percorrer senão a metade de seu caminho. Essa perda o abate, mas não basta. É preciso exaltar ainda a dor. É desejo de Jakugi infligir-se a si mesmo uma ferida suplementar, o golpe mortal, o golpe de misericórdia que apaga um infortúnio grande demais. Ele canta e diz que amanhã, para vingar a morte daquele de quem ele constituiu o ser, ele vai matar a garota Kantingi: ela também é sua "filha", ela lhe deve em parte sua "natureza", ele contribuiu para formá-la, quando, após ter flechado um gato selvagem, ele o ofereceu à mulher grávida, que o comeu. Mataram seu "menino", ele mesmo vai matar agora sua "menina". Jakugi, confusamente mas sem se enganar, está em busca de sua própria morte.

"Eu cantei longo tempo durante a noite. Eu expliquei que, para a vingança, eu queria matar a filha de Wachugi e Krajagi. Eu dizia que no dia seguinte, quando a primeira luz aparecesse do lado do sol levante, então eu pegaria meu arco." Os dois Aché de que ele fala são o homem e a mulher que purificaram Rambiangi quando ele matou o garotinho. Eles salvaram um *brupiare* dos ataques de *Ianve*, e eis que muito perto deles um outro canta que se prepara para matar sua filha. Protegendo Rambiangi, eles sofreram a contaminação, ela os incluiu no círculo fatal que acreditaram apenas roçar; ela os fez solidários do infortúnio. "Eu cantava, muito alto, e a mãe da menina escutava, deitada sob seu abrigo. Ela escutava bem minhas palavras, ela sabia que eu queria matar sua filha, essa de quem eu era *bykware*. Quanto a Krajagi, o pai, ele também escutava que eu ia fazer o *jepy* sobre sua filha. Eu continuava a cantar. Ao cabo de um longo tempo, eu vi, na luz de seu fogo, sentar-se a mulher Wachugi. Ela começou o *chenga ruvara*." Ela chora, só. De hábito, as mulheres se sustentam mutuamente com seu canto proferido em comum. Mas, desta vez, ninguém virá em ajuda de Wachugi. Sua pena, ela a dirá na solidão. É por isso que ela não canta muito alto; não é para os outros, seu *chenga ruvara*. Entre duas correntes de soluços, as palavras: nenhuma recusa do que vai acontecer, nenhum protesto contra tal inesperado. Simplesmente o face a face da mãe que, em algumas horas, vai perder sua filha, e uma dor impotente. Chono pôs em movimento alguma coisa que não se pode mais parar. Isso, os Aché sabem bem. Krajagi está lá. Ele é vigoroso, ele ama sua filha. E ele não impede então Jakugi de fulminá-la? Mas não é do companheiro que se trata; atrás dele, movem-se as potências que odeiam os Aché. *Ure kwaty*, nós próprios, nós sabemos bem. Jakugi calou-se, deitado em sua rede. A mulher canta: "Aquele que foi produtor da natureza, ele vai matá-la, a bela menina". Ela recorda os laços entre Jakugi e a futura sacrificada, e o que ele vai fazer dela. Tímido apelo para renunciar, em nome desse parentesco? Talvez, mas destinado a ficar sem eco; Jakugi não pode matar ninguém senão sua *bykwapre*. À lamentação da mãe sucede logo o canto do pai. Faz-se saber a Jakugi que se estava na escuta de sua terrível mensagem. É uma noite triste entre os Aché, a morte está presente entre eles. Mas, e a menina?

Deitada perto de seus pais, no bom calor do fogo, corpo frágil mal emergindo da infância, ela repousa. Quem é ela? Não um bebê, certamente, nem mesmo uma menininha. Ela já pertence ao grupo das *kujambuku*, as mulheres grandes. Assim nomeiam-se as meninas de peito nascente, aquelas cujo sangue não tardará a correr: quase uma mulher. Ela não é ainda, e contudo ela o é, pois que iniciada já nos prazeres do amor. Todo mundo sabe, e não é aliás sem suscitar reprovação na tribo. Não se reprova à menina sua precocidade amorosa. Quase todas as *kujambuku* fazem a mesma coisa e não esperam o primeiro fluxo de seu sangue para escolherem amantes, por vezes mesmo um marido. Mas elas escolhem de fato? Antes é bem os homens que, desde que aparecem os primeiros signos de uma feminilidade promissora, lançam-se no *gaita*: cortejar as garotas. "Vem, *daregi*, vem sentar perto de mim!" Lisonjeada pelo interesse que lhe dirige um *kybai gatu*, e de se ouvir nomear mulher quando ela não é ainda, aproxima-se. "*Cho pravo!* Eu te escolho!", diz o homem. Divertem-se, é um jogo. Mas uma mão se estica sobre as coxas da jovem parceira, e mesmo um pouco além, carícia recebida com calma, mas não recusada. "Belas coxas! Elas são bem grossas. Vou pegar!" O astuto sedutor sabe que esse gênero de cumprimento é sempre bem-vindo. Ao redor, presta-se pouca atenção à sua manobra. Isso começa assim, e terminará ao pé de uma árvore. Um dia desses, Kajapukugi pedirá à pequena para acompanhá-lo no mato. Essas moças-flores, elas não dão os primeiros passos, mas compreendem logo.

Os Aché censuram a "filha" de Jakugi por ter escutado demais quem não devia: aquele que, esquecido de todas as regras, não temeu fazer *gaita* com sua própria *chave*! A bonita Kantingi deixou-se seduzir por seu *jware*, por seu quase-pai, ele que a banhou quando ela nasceu. Ele não deveria jamais fazer isso, ele é muito mais culpado do que ela, uma criança ainda, que não sabe. Mas não se castigam essas faltas, não é necessário. E depois se esquecerá depressa. Eis então: é ela que Jakugi diz que vai morrer amanhã. "Eu cantava alto, para que todos os Aché ouvissem bem: para vingar, a bela menina, eu vou bater-lhe e ela morrerá." Eles ouviam muito bem, com efeito, e também aquela cujo nome Jakugi clamou ao longo de toda a noite. Deitada sobre o abrigo de palma, jazendo inerte, como Kantingi poderia dormir, ela a quem se vai matar? Sozinha, em face do imenso terror que cresce nela; seu pai, sua mãe, doces e generosos, cantam a seu lado a triste aceitação do decreto de sua morte.

"*Kwẽ bu rõ*, na aurora, eu me levantei, peguei meu arco para ir matar a garota durante o sono. Mas ela tinha acordado, ela não tinha mesmo dormido durante a noite." Kantingi resistiu à fadiga, sabendo que Jakugi faria a vingança ao nascer do sol. Ela esperou, para poder vigiar os movimentos do homem. Tão logo ela o vê erguer-se, ela pula: "*Pacho eme! Pacho eme!* Não bata! Não bata!". Ela foge, ligeira, sob as árvores. Jakugi a persegue, suplicante, ela foge adiante sem se voltar. "Ela tinha fugido! Eu não pude golpeá-la. Estava completamente sem coragem!" Por hoje Jakugi renuncia. Mas o *jepy* não é senão adiado. Mais tarde, a jovem voltou ao acampamento. Ninguém lhe disse nada, as coisas estavam como de costume. Jakugi partiu para a caça. O dia passa, a noite cai. As famílias se instalam, cada uma perto de seu fogo. Todos os Aché dormem, salvo Jakugi e a garota. Como na véspera, ela espera a manhã para fugir de novo. Eles se observam no clarão das chamas, ele sentado sobre os calcanhares, ela deitada. Mas ela não dispõe do vigor do homem, nem da força que o mantém acordado. Ela é jovem demais para triunfar nessa espera que pouco a pouco faz os olhos se fecharem. Ela dorme. "Eu a matei na aurora, batendo-lhe sobre a nuca. Ela não viu nada, pois ela dormia. Sua mãe também dormia. Não o pai. Krajagi viu, ele disse: 'Ela, cuja natureza ele produziu, ele a matou. Foi um gato selvagem que ele flechara para o *bykwa* de minha filha!'."

Os Aché Gatu procederam fielmente aos ritos funerários, para se separar da jovem morta. Para ela também houve vingança, mas esta se limitou a um *jepy rave*. O *jware* culpado levantou seu arco sobre a cabeça de um Aché, mas sem abaixá-lo. A vida se tornou outra vez pacífica. Quanto a Jakugi, ele teve de se sujeitar ao mesmo tratamento que Rambiangi algum tempo antes. Purificaram-no: sua irmã e a mãe de sua vítima se encarregaram disso. "Aquela cuja filha foi morta, essa faz o *piy* ao matador." Elas o cobrem inteiramente de barro, metendo-o em sua boca, fazem-no vomitar; para que *Ianve* não produza o *baivwã*, para que não reste nenhum terror no peito, para que ele se sinta bem. É a mãe, Wachugi, que, com os dedos enfiados na garganta do homem, provoca os espasmos. Um homem foi buscar aparas de liana em quantidade e lava Jakugi. As mulheres cantam, ao mesmo tempo pelo luto da filha morta e por Jakugi que *Ianve* ameaça. "Quando o corpo voltou a ficar bem branco, as mulheres aplicaram, com sua lâmina de madeira, resina bem aromática, por toda parte. O perfume agradável impede *Ianve* de penetrar no corpo. Depois disso, minha esposa Pampingi colou, sobre a resina, bonita penugem branca de urubu. É preciso que o corpo do matador esteja bem leve; a penugem de urubu evita que o corpo se faça pesado. Uma vez purificado, eu tirei meu tembetá de osso de pequeno porco selvagem, que eu levava para matar a menina. O *beta*, é preciso não conservá-lo após se ter matado. Se não, *Ianve* quer entrar, ele produz o *baivwã*: o sangue torna-se muito espesso, põe-se a feder. Alguma coisa se enfia no ventre, como num buraco oco, é a doença do Tatu Invisível."

Durante os dias que se seguem, jejum total para Jakugi: nem carne, nem mel, nem água. Precaução suplementar: ele fica completamente imóvel, sob a choça, assim como sua mulher, a quem se traz comida. Enquanto ele está lá em meio aos companheiros, não se arrisca a nada. Mas se ele se deslocasse fora do acampamento, então *Ianve* se aproveitaria. Após cinco ou seis dias, ele começa a absorver, com seu pincel, mel misturado com água. É Wachugi, a mãe de sua vítima, que o prepara e lhe traz. Ela se ocupa do matador de sua filha como se fosse seu próprio filho, como se Jakugi devesse agora substituir, para ela, aquela que ele lhe arrebatou. É assim, entre os Aché. Um homem mata uma criança, para vingança: logo ele ocupa o vazio que criou, torna-se o *chave* da mãe, que ele nomeará doravante *chupiaregi*, minha madrinha. É por isso que ela o alimenta. *Upiaregi*: é a mulher que levanta do solo o recém-nascido, logo quando ele acaba de "cair". Ela ama seu *chave* como seu próprio filho. O *brupiare* mata um outro Aché: o golpe mortal que ele dá mata-o, a ele mesmo, ele morre ao mesmo tempo que sua vítima. Esses dias que Jakugi passa na imobilidade, no jejum, no silêncio, são os dias de sua morte, ele não é mais um vivo entre os outros, ele mora longe deles. Quem abrirá o caminho de sua volta, a quem cabe romper seu exílio, *fazê-lo renascer*, a ele, o matador? A nenhum outro, salvo a mãe de luto, cujos cabelos estão agora raspados. Ela dá ao *brupiare* sua primeira comida, ela ajuda em sua ressurreição; ele é para ela como uma "cabeça mole", ela é sua "madrinha": *chupiaregi*. Ele abateu sua filha, ele se torna seu "afilhado". Será demais para uma mãe? Mas é a regra dos Aché. Para além dos laços estranhos que tecem, entre o carrasco e sua vítima, o espaço secreto de sua reconciliação, experimenta-se na tribo a garantia de que a hostilidade não jogará umas contra as outras as famílias associadas no mesmo infortúnio.

A mais extrema diferença separa Jakugi de Wachugi. Tão profunda que só eles podem aboli-la. Eis por que ele morre por matar a filha da mulher, porque ele renasce no lugar da menina, para a mãe.

Toda uma manhã durou o relato de Jakugi. Por vezes ele o interrompia com longos silêncios crispados, que era preciso respeitar. Depois retomava. Ele teria podido ir embora dizendo, como de hábito, que partia à caça ou que tinha sono. Mas, daquela vez, obstinava-se em ficar, contra si mesmo, por decisão própria. Essas coisas, que um estrangeiro lhe rogava para recordar, queriam ser ditas, há muito tempo talvez. Mas como as palavras eram entrecortadas, relutantes, por vezes inaudíveis! E que paixão também, uma vez pronunciadas irrevogavelmente as palavras, ao repeti-las,

Matar

os punhos nervosamente cerrados. "Eu corri um pouco atrás dela. A *kujambuku* escapava para a floresta, ela gritava: 'Ele quer me bater! Não me bata!'. Eu, então, desprovido de valor, nenhuma coragem! Mas eu tinha cantado, era preciso fazer o *jepy*!" Ele partiu, assombrado talvez após tanto tempo com esse peso no fundo do peito que faz obstáculo às palavras. Ele é *brupiare*, Jakugi, ele que nenhuma violência habita. Não espera ele a noite para deixar sua flauta cantar sua pena, quando sua esposa é tão volúvel?

Os Aché Gatu e os *Irõiangi*, distantes no começo, os primeiros cheios de arrogância, os outros humildes apesar de sua superioridade numérica, terminavam contudo por ceder à força das coisas. A vida cotidiana partilhada em Arroyo Moroti e as expedições de caça comuns enfraqueciam as reticências, eles se sentiam cada vez mais *cheygi* uns dos outros, e os casamentos entre pessoas das duas tribos favoreciam progressivamente uma reconciliação sem segundas intenções. Os períodos de ociosidade permitiam as conversas, quando, "a pele da barriga bem esticada" de boa carne gorda, o sentimento de repleção inclinava à mansidão e ao diálogo. De que falavam? Sobretudo dos conflitos recentes com os *Beeru*, dos combates na floresta, bala contra flecha; ou ainda das coisas extraordinárias que um ou outro havia visto: uma serpente tão enorme que fazia medo, um jaguar negro, porcos selvagens em quantidade maravilhosa. Encontravam-se mais raramente os seres invisíveis, mas isso se dava de vez em quando. Acontece a Jakarendy deixar-se perceber, armado de seu arco e de suas flechas de samambaia; e então, tanto pior para os azarados Aché que ele surpreende. Jakarendy não é muito mau. O que ele prefere é apavorar as pessoas. Mas pode disparar suas flechas. Chachubutagi recebeu uma na perna, uma vez, não sangrava muito e contudo ele acreditou morrer. Jakarendy assinala sua presença no fim da tarde. Ele assobia caminhando, não se pode confundi-lo com um pássaro. Ele e sua mulher têm estranhos hábitos. Ela tenta raptar os meninos para fazer amor com eles; nesse momento, ele, ciumento, tanta agarrar o pênis dos *kybuchu*. Quando um Aché não encontra mais o ninho de abelhas que tinha marcado antes, ele sabe como explicar: foi Jakarendy que, para debochar dele, tapou a abertura da colmeia. Pois Jakarendy é senhor do mel.

Paivagi, pouco falante de hábito, conta, de tempos em tempos, como um dia encontrou Japery. Este é o senhor da água. Pode-se vê-lo, quando é dia, perto dos rios ou das cascatas. Ele é escuro de pele e fala fraquinho; não tem carne no peito. Paivagi sabia que não devia fugir; se não, ele teria recebido sobre a nuca um bom golpe da borduna muito negra de que se arma Japery. Ele ficou e Japery lhe ofereceu uma pele de capivara, esse roedor grande como um porco que vive na proximidade da água. É preciso receber o presente, depois pode-se ir embora. "Que medo!" Esses cacarejos que se ouvem, é Paivagi estourando de rir ao lembrar de seu pavor diante de Japery.

Os Estrangeiros gostam muito de falar dos Aché do Norte, terríveis, muito maus e canibais. Não faz muito tempo, eles desceram quase até o território de Karewachugi. Houve uma grande batalha, porque era preciso pará-los: "Muitas flechas! Grandes flechas! *Zzz, zzz, zzz!* Tínhamos muito medo. Todo mundo gritava, injuriávamos: *Aché canibais, nós vamos matá-los e tomaremos suas mulheres! Os urubus vão comê-los! Nós somos muito valentes!*".

"Nós os víamos, com seu *beta* no lábio, todos cobertos de pintura negra. Apavorantes! Então, escapamos. Um companheiro tinha recebido uma flecha no ventre. Nós o deixamos. Ele não podia caminhar, por causa dos intestinos que escorriam sobre suas pernas. Fedia muito." *Teeeh!*, faziam os ouvintes que conheciam a existência desses Aché ferozes, sem tê-los jamais encontrado. Eles estavam fascinados, esquecendo que em princípio não tinham nada a aprender desses Estrangeiros ignorantes. Mas não lhes cabia lamentar essa falta de rigor na condescendência, pois também a eles não faltava matéria para nutrir longas vigílias.

Todo mundo, mesmo as crianças, conhecia as façanhas de Terygi e as circunstâncias de sua morte. Era um antigo chefe dos Aché Gatu. Só os mais velhos o tinham conhecido em sua juventude. Terygi naquela época era ainda *yma wachu*, um homem muito forte. Ele tinha uma "natureza" de *tery*: é essa lontra gigante, maior que um homem, que pesca os peixes nos rios da floresta. A força e a coragem de Terygi tinham-se tornado lendárias. Sob sua direção, os Aché Gatu lutavam ao mesmo tempo contra outros Aché, que viviam no Leste, e contra os Brancos, então muito menos numerosos que agora. Naquele tempo, a gente de Terygi era poderosa, havia muitos bandos para ocupar infinidades de floresta. Paivagi se lembrava ainda como havia acompanhado seu pai quando de uma expedição contra os Aché Kyravwa: os Aché comedores de gordura humana. Terygi comandava. Seus homens tinham cercado, no alvorecer, um bando numeroso. Quase todos os Kyravwa foram mortos, suas mulheres capturadas. Foi uma grande festa, e os Aché Gatu partilharam as esposas dos vencidos. Terygi pegou três para ele, jovens; com a que ele já tinha, faziam quatro. "Eles sabiam caçar então, os Aché! Quando se é muito bom caçador, então pode-se ter muitas mulheres e alimentá-las todas. Nós próprios também nós somos *bretete*, mas há pouca mulher."

Uma das esposas de Terygi chamava-se Urugi. Ela não deveria ser sua mulher, já que era sua meia-irmã, eles tinham o mesmo pai. Mas havia muito poucas mulheres na tribo. De todo modo, era menos grave que esposar uma meia-irmã de mesma mãe. Isso seria verdadeiramente incesto, e Terygi se teria transformado em macaco guariba: "O *kraja* copula com a irmã". É aliás para compensar essa falta de mulheres, tornada muito perturbadora, que Terygi teria conduzido os seus ao ataque dos outros Aché, para se prover de esposas. O irmão de Urugi, Bujagi, tardou um dia para voltar da caça. No dia seguinte, seguiu-se seu rastro e seu corpo foi descoberto, dilacerado. Os homens reconheceram as terríveis feridas que podem infligir as garras dianteiras do grande tamanduá; ele é capaz, conta-se, de apavorar o próprio jaguar. Urugi cantava o luto de seu irmão. Irritado, um homem a ameaça com o arco. Terygi torna-se então *by-iã*, louco de raiva contra seu *vaja*, o marido de sua mãe. Com um golpe de machado de pedra, ele o abate. Chimbegi, irmão de Terygi, para vingar o homem morto, mata a flechadas todos os filhos do morto. Entre eles, havia um *beta pou*, um tembetá novo, que tentou fugir. Mas a longa flecha foi mais rápida; plantada nas costas, a ponta atravessava o peito.

Terygi desapareceu há muito tempo, mas continua-se a falar dele. Pois, circunstância estranha, foi seu próprio *ijagi* que o matou. *Ijagi* é o acompanhante. Todos os habitantes da floresta são escoltados por um companheiro; e, se os matam, eles têm um vingador. Assim os porcos selvagens têm por *ijagi* o pássaro *kweve*, que indica com seu canto a presença deles aos Aché, e é o jaguar que os vinga, como a quase todos os animais, quando os caçadores os flecharam. A mosca acompanha o guariba, a palmeira pindó é *ijagi* das larvas *guchu* e *pichu*. O pássaro *pipi* assinala os movimentos do quati, a borboleta *pana* os do tatu. O jaguar tem por companheiro o pássaro *myrõkije*, mas ele é o único, ele que é o vingador por excelência, a não ter *jepare*. Quanto aos Aché, também eles têm cada um seu *ijagi*: é o animal cuja carne forneceu seu *bykwa*. O *ijagi* de Chachugi é *chachu*, o grande porco selvagem; o de Jyvukugi é *jyvuku*, o felino escuro. Os animais-companheiros sabem muito bem se são flechados pelo portador de seu nome ou por um outro caçador. Toda caça morta é saudada com um canto, mas é preciso tomar uma precaução especial quando se mata seu próprio *ijagi*, deve-se dedicar-lhes cantos mais longos. É um pouco como se se houvesse matado um parente. É raro que, à chegada de um caçador, uma mulher não faça ouvir seu canto de lamento: é que o homem trouxe um veado, ou um quati, e que jaz sobre o solo o *ijagi* de um filho ou de um irmão morto. A mulher vê o animal e pensa no Aché que ela perdeu; então, ela chora sobre a caça.

O *ijagi* da grande lontra *tery* é a água, pois ela vive nos rios. Esse animal partilha com o jaguar a função de vingador, mas somente para *krombe*, a tartaruga do rio. Eram justamente tartarugas que Terygi queria pegar. Ele caminhava na água, perto da margem. *Tery* foi de repente sobre ele, chegando num nado silencioso. O homem, munido de uma metade de pau-d'arco, tentou defender-se, mas o bicho atacou-o no braço, arrancando-lhe um pedaço. Aos gritos, outros Aché acorreram, a lontra fugiu, trouxeram Terygi ao acampamento. Faltava-lhe um grande pedaço de carne, muito sangue havia corrido. As moscas cobriam a chaga, ele não tardou a morrer, por causa de seu *ijagi*. Ele estava muito magro, sem gordura. Soube-se então que esse *tery* era a alma de um Aché estrangeiro que Terygi flechara outrora. Chimbegi, que nomadizava ao longe com seu bando, foi avisado. Ele chegou, cheio de dor por ter perdido o irmão. Cantou todas as caças que haviam feito juntos, todos os Aché inimigos que haviam matado, e os assaltos contra os *Beeru* que começavam a penetrar no país Aché. "*Japave mano bu, jepy.* O irmão, quando morre, vinga-se." Da mulher Urugi, Terygi tinha três filhas, já grandes, Chimbegi matou todas as três, com um machado metálico, butim de um ataque contra os Brancos. Elas acompanharam assim seu pai na Floresta Invisível.

Tokangi conta muito bem isso, porque ele sabe: ele estava lá, ele viu seu pai Chimbegi matar as filhas de Terygi. Diferente de Paivagi, ele gosta de falar, lembrar as coisas do passado. Ele não faz grande coisa agora, está um pouco fraco, quase não caça. É a mulher Pichugi que faz sua comida; ele é seu marido secundário, desde que sua própria esposa morreu. Ela não faz amor com ele frequentemente, pois o *imete* é muito vigoroso. Ele tenta sua sorte, mas sem muita ilusão, com outras mulheres: "*Poko mi vwã! Tara iã!* Para tocar docemente um pouco! Não muito!", diz ele, com jeito: "Você não vai me recusar isso!", avançando a mão para um seio bem redondo. Raramente ele tem sucesso, mas não se zanga. *Kibioo*: contar, nisso ele tem prazer.
Ele não tem nenhuma dificuldade para explicar que é *brupiaty*: aquele que tem costume de ser um matador. Com efeito, sacrificou vários Aché, ao menos três. Não é como Jakugi; ele se anima narrando tudo isso que lembra sua juventude. O primeiro assassinato, ele o cometeu há muito tempo, não se lhe haviam ainda escarificado as costas e a mãe de Terygi, que os Aché chamavam Jarygi, a Grande-Mãe, vivia ainda. Mas ela chegara num ponto de decrepitude tal que não podia mais andar. Isso irritava muito Urugi, uma das esposas de Terygi. No fim, quando ficou evidente que suas forças a abandonavam, Urugi chamou Tokangi para que a matasse. Esse gênero de coisas, pede-se sempre às pessoas muito jovens. Tokangi pega imediatamente um machado metálico, aproxima-se da velha que, de costas, sentada com a face entre as mãos, está muito bem colocada. Com a parte posterior do machado, ele quebra a nuca no primeiro golpe. Purificaram-no em seguida, e foi uma filha de Jarygi que o fez vomitar. "*Wata kwa iã pute!* Ela não podia mais andar mesmo!", explica Tokangi, alegre.

Mais tarde, quando Urugi ficou viúva, ela coube em partilha a seu cunhado Chimbegi, pois o irmão recebe a mulher de seu irmão. Em compensação, ela julgava bastante *kybai gatu*, belo garoto, o filho de seu marido, Tokangi, e deu-lhe a entender. Ele não se fez de rogado. Como marido, ela tinha o pai, como amante, o filho. Talvez ela já pensasse nisso, quando levou Tokangi a matar Jarygi.

Os dois outros assassinatos eram para vingar. Jaivigi era o irmão mais novo de Tokangi. Ele estava caçando e não tinha visto, dissimulada sob as folhas mortas, a *chini* que dormia. A cascavel distendeu-se num jato e o mordeu no tornozelo. Jaivigi voltou ao acampamento. Mulheres foram rápido buscar folhas de uma certa árvore, esquentaram-nas para aplicá-las sobre a picada. Mas em vão: Jaivigi morreu, pois ele não era *paje*. Não se pode saber por antecipação se se é *paje* ou não. Somente a mordida de uma serpente venenosa permite dar-se conta disso. Se a pessoa sobrevive, é *paje*, possui em si alguma coisa que torna ineficaz a ação do veneno. Se não, morre. Os dois chefes, Jyvukugi e Karewachugi, são um e outro *paje*. Todos dois foram mordidos por uma *chini* ou uma *brara*, e eles só ficaram um pouco febris. Por vezes, abrindo um tronco para recolher as larvas, vê-se uma inteiramente negra, no meio de outras todas brancas. Àquela, nomeia-se *paje*, e só os homens *paje* podem comê-la.

Jaivigi morreu então, e, como o irmão vinga o irmão, cabia a Tokangi fazer o *jepy*. Seu pai Chimbegi veio avisá-lo. Ele quebrou o crânio de um menininho, e a mãe da vítima fez em seguida o *piy* de barro.

Com a morte de Terygi, os Aché Gatu tiveram um novo chefe, Kyrypyragi. *Kyrypyra* é um pássaro; seu nome significa "pelos do cu". O novo chefe era "afilhado" de Terygi. Ele herdou, com Chimbegi, mulheres de seu *jware*. Os Aché não mostram a seu respeito o mesmo apego que por seu predecessor. Era, diz-se, um homem muito violento, que fazia medo a todos. Não o amavam muito: *berugi iã, Achete*, não um dirigente, o contrário de um Aché. Um meio-irmão de Tokangi morreu dilacerado pelo jaguar. Para vingá-lo, Kyrypyragi matou uma das mulheres que ele tinha recebido na partilha. Era a mais jovem. Mas, para vingá-la, quando

Matar

de hábito não há *jepy* para as mulheres, um Aché matou a filha de Kyrypyragi e de uma outra esposa. Ora, tratava-se da chave de Tokangi, que experimentou grande dor. Ele se tornou *by-iã*, cantou e matou a golpes de arco a irmã dessa garotinha. Sua mãe, Piragi, acabava então de perder dois de seus filhos. Mas foi ela que submeteu Tokangi ao ritual de purificação, para que *Ianve* não o sufocasse. Tudo isso, o *brupiaty* conta com verve. Ele imita os gestos e repete o *ahn!* que acompanha o esforço, quando se bate o arco ou o machado sobre a nuca.

    Os *Irõiangi* escutam com atenção. Quando um Aché Gatu canta uma saudação a um animal e eles reconhecem o canto, ficam felizes: "*Ure wywy go nonga*. Conosco também é assim". E quando os costumes são diferentes, eles se espantam e explicam como eles mesmos fazem. Cada grupo aprende pouco a pouco a conhecer o outro pela troca de informações. As diferenças constatadas não são sempre bem acolhidas. A gente de Jyvukugi em particular se mostra severa: "Os Estrangeiros falam muito rápido! Eles são idiotas, eles não sabem falar". Eles se exprimem de fato mais rapidamente que os outros. "Que diz esse tal (um Estrangeiro)? — Eu não sei", responde uma mulher Aché Gatu. "Eu nem escuto, eles não sabem nada." Os *Irõiangi* têm tembetás metálicos, o que choca muito os outros. Além disso, os homens portam colares de dentes de jaguar ou de outros felinos, que são, para os Aché Gatu, reservados às mulheres: "Somente as mulheres têm colares! Nós, grandes caçadores, não os queremos!".

    Esses comentários desagradáveis, não os fazem pela frente, esperam estar entre os seus. Pensa-se no que se quer, mas as aparências são sempre corteses. Um Estrangeiro pila milho, depois cozinha a farinha. Como é celibatário, ele próprio tem que cozinhar. Quando os bolinhos estão prontos, ele oferece a um Aché Gatu: "Você não deseja comer um pouco dessa farinha de milho? Tome, pegue aí — Ah, não. Realmente, eu não vou comer. Minha barriga está enorme. Eu não tenho mais fome nenhuma, veja!". E batendo na barriga ele a estufa exageradamente, para mostrar ao outro que não sobra mais lugar nenhum. De fato, ele pensa seguramente que essa comida está infectada e que os Estrangeiros são imundos. Além disso, se aceita, torna-se vulnerável, pois não poderá recusar nada ao doador. Ora, como diz Jyvukugi, "os Estrangeiros mendigam sem cessar! É incrível como eles podem se empanturrar! Depois, eles têm diarreia e cagam por todo canto!". Está na ordem das coisas. Não se pode ter sido inimigo durante gerações e tornar-se de repente amigáveis companheiros. Aliás, os Estrangeiros não apreciam tudo dos Aché Gatu, mesmo se não o dizem abertamente. A prova é que, para o *tõ kybairu*, eles esqueceram de convidá-los. Mas isso não impede de comparar os hábitos. Os *Irõiangi* também fazem o *jepy* quando um caçador morre. Mas sua vingança não é como a dos Aché Gatu. Na fossa cavada na terra, depositam o cadáver. Para afastar sua alma, oferecem-lhe em sacrifício um de seus filhos, uma menina tão pequena quanto possível. Mas pode ser uma *kujambuku* às vésperas da puberdade. Metem-na na tumba, embaixo de seu pai. Os homens estão de pé, em torno do buraco. Um após o outro, eles saltam dentro, com os dois pés, sobre a criança que esmagam a chutes até que morra. Quando é uma *kromi*, é rápido, ela sucumbe quase imediatamente. Mas se se trata de uma "mulher grande", então os ossos são mais duros, leva tempo para morrer, ela grita que não quer, ela tenta sair da tumba. *Go nonga ure*: é assim que nós fazemos.

Os homens estão tristes, grande é a pena em seu peito. Enquanto os *chenga ruvara* das mulheres reverberam lugubremente, eles se batem com golpes de arco. As grandes feridas que se infligem lhes concederão enormes *pichua* no momento de morrer.

7.
VIDA E MORTE DE UM PEDERASTA

"Vocês morrem e os urubus vão comer vocês!", dizia Tokangi, advertindo os Aché doentes que não queriam voltar para Arroyo Moroti. Palavras familiares que se pronunciam sem pensar muito. Não se tem de verdade a intenção de inquietar o interlocutor. Antes o contrário: deixar aquele que parte à vontade, evocando os piores perigos que o esperam, mas tão improváveis que sua quase irrealidade até bastaria para tranquilizar quem, segundo fingem crer, estaria exposto a eles. É a polidez, não se deixa ninguém ir para a floresta sem acompanhá-lo com uma saudação amável. "Você quer flechar porcos selvagens? O jaguar vai estripá--lo. — Nada de jaguar! Eu sou muito valente!" Nada além de um alerta: "Você vai na floresta, está bem, você é um grande caçador. Mas preste atenção mesmo assim". É conveniente não esquecer jamais os perigos da floresta, mas não se dão conselhos, pois cada um sabe o que tem de fazer. Simplesmente, exagerando as coisas, lembram discretamente o que acontece.

Recorre-se quase sempre, para significar a agressividade da natureza, a três tipos de animais: o jaguar, senhor diurno e noturno dos bosques; depois os urubus, sem perigo para quem vive em boa saúde, mas à espreita de uma fraqueza daquele que está caído no chão: eles não esperam que o corpo imobilizado se tenha tornado um cadáver apodrecido. Finalmente as serpentes venenosas, *chini* e *brara* sobretudo, cujas peles malhadas de verde, negro e cinza se confundem tão facilmente com o solo ou, sobre os rasos ramos dos arbustos, com a vegetação, que quando se nota sua presença é frequentemente tarde demais: as pequenas presas perversas estão já enfiadas no pé ou no tornozelo, ou agarradas na batata da perna, raramente mais alto. E se não se é *pajé*, então é o fim, morre-se. O come-podre no céu, a serpente na superfície da terra e o *baipu* são eles as metáforas mortais da floresta. Prudência então no *kyvaity*, na obscura espessura verde dos bosques. Mas prudência porque se conhece, porque se é perito nisso. Os Aché ficam à vontade lá, eles estão em casa, podem mostrar-se pacientes nesse mundo — apavorante confusão para os outros —, que, com seus mil ruídos diferentes, perfumes de plantas e de húmus, murmúrio do vento ou da água, fala-lhes uma linguagem familiar. Não é como a savana. Aí, tem-se medo, fica-se vulnerável, exposto a tudo: espaço diferente, estrangeiro, hostil. É o mundo dos Brancos e das almas mortas.

Quando se veem os urubus reunir-se às dezenas e descrever lentamente no céu círculos preguiçosos que pouco a pouco os aproximam do chão, então sabe-se que estão vigiando uma presa: uma carniça de animal ferido de morte por um caçador ou uma fera, que veio morrer ali, ou um bicho paralisado mas ainda vivo cujos últimos sobressaltos os *briku* observam antes de deixar-se tombar sem pressa sobre ele. É o que se pensou quando um dia um caçador, que tinha ido passear a alguma distância do acampamento, assinalou na volta que vira rondar uma grande quantidade de urubus. Numerosos e à espera do último movimento de sua presa, esses pássaros são mais fáceis de flechar. Alguns homens foram então na direção indicada. Os Aché apreciam a carne dos urubus; além disso, as longas penas emplumam suas flechas e, dos ossos longos, fazem-se apitos de caça. Nós nos aproximávamos; efetivamente havia urubus. Sem ruído, para não espantá-los, atingimos uma pequena depressão livre de árvores. Muitos estão pousados, sinistras manchas negras, à toda volta sobre os galhos. Outros se agitam, empoleirados sobre alguma coisa que jaz por terra. Eles são numerosos e, enquanto os bicos se entregam à sua tarefa, as asas meio dobradas mascaram o que estão devorando. Um grito, decolam todos com plácido bater de asas, e se penduram bem perto sem inquietude.

O que se exala não são os perfumes da Arábia; o cadáver atacado exala seu fedor. O homem morreu há pouco, mas os *briku* abriram-lhe a barriga, o que facilita a putrefação, com as nuvens de moscas bêbadas de tudo o que ressuma e corre dos rasgões. Dois buracos sanguinolentos no lugar dos olhos, que os pássaros debicaram. A boca alargou-se; entre os dentes, os bicos forçaram a passagem, para regalar-se com a língua. Mas reconhecem-no mesmo assim, e, de todo modo, o tamanho do corpo não permite erro. É um Estrangeiro cujo alto talhe me surpreendera; ele ultrapassava em dez centímetros os mais altos dos caçadores. Ei-lo tornado agora comida de urubu. Os Aché não gostam de ver isso. Há alguns dias ele partiu, dizendo que se juntaria a duas famílias ocupadas na caça. Ele estava bastante doente e sem dúvida renunciou no meio do caminho; mas não pôde voltar ao acampamento. Morreu sozinho, e certamente viu deslizar no céu, um após outro, os urubus que fechavam pouco a pouco o círculo em torno dele. Eles estão imóveis; de alguns bicos pendem pedaços sangrentos. O lugar está em paz. Centenas de pequenas borboletas amarelas batem secamente suas asas sobre o cadáver de Krembegi.

Notável sob diversos pontos de vista, ele o era primeiramente por seu talhe excepcional, que fazia dele quase um gigante ao lado dos pequenos Aché. Mas nem por isso era mais vigoroso. Ele dava no conjunto uma impressão de moleza. A barriga, dura massa compacta no resto dos homens, mesmo em estado de repouso, era gorda e grande. Em suma, um estranho caçador. Mas ele era só isso? Seus companheiros de tribo não falavam de bom grado dele, e sempre reticentes. Quanto aos Aché Gatu, não mais eloquentes a seu respeito, suas expressões irônicas e seus sorrisos maliciosos bem mostravam que, se não diziam nada, nem por isso pensavam menos. Seguramente, Krembegi não era qualquer um.
Desejando um dia fotografá-lo, pois ele trazia os cabelos longos como uma mulher, enquanto os homens os usavam curtos, eu lhe roguei para pegar seu arco, pousado perto dele. Ele se levanta de boa vontade, mas recusa agarrar a arma. "Por quê? — Esse não é meu arco — Pegue-o mesmo assim — Eu não tenho arco, eu não quero tocar nesse arco." Ele fala com firmeza e um pouco de desgosto, como se eu lhe sugerisse fazer alguma coisa obscena. E completa, para me provar que não há aí má vontade, indicando-me um objeto que eu não imaginava que pudesse pertencer-lhe: "Eu vou

pegar minha cesta". Era o mundo Aché invertido: um homem sem arco, mas provido de uma cesta! Quem era Krembegi? As línguas se soltaram, quando a estranheza desse homem se revelou para mim. Sua história pouco a pouco me foi contada, primeiro pelos Aché Gatu, mais uma vez felizes em mostrar que, se desprezavam os Estrangeiros, tinham para isso sólidas razões, e que a existência de um Krembegi entre eles teria sido impensável. Mais tarde, os *Irõiangi* confirmaram e precisaram o retrato traçado pelos outros. Mas, do interessado mesmo, eu não pude obter nada. Tímido e reservado, ele fugia à conversa. Morreu sem ter dito nada.

A insistência das tribos Aché em propor a seus adolescentes o ideal do *bretete*, do grande caçador, provém, para além do que é concebido como regra ética do grupo e como ponto de honra individual, de uma necessidade propriamente econômica. Nômades de uma floresta afinal de contas bastante pobre em recursos vegetais comestíveis, não é da coleta que os Guayaki podem esperar o essencial de sua subsistência. Raízes, bagas, frutos, palmito, mel, larvas constituem sem dúvida um complemento considerável de comida. Tem-se o cuidado de não negligenciar nada disso, e as mulheres prospectam sem cessar, nas orlas das alturas, a provisão escondida que são encarregadas de recolher. Mas não se cai sempre em zonas ricas em árvores de que se podem comer os frutos, e a floresta só é generosa de acordo com a estação. É por isso que acontece que as *kuja* retornem ao acampamento sem que a cesta pese sobre a nuca; no fundo do *naku* pouca coisa: algumas larvas reservadas às crianças, sobretudo às "cabeças moles", pois é muito nutritivo, um rato, uma ou duas rãs, por vezes uma serpente, agarrada pela calda e prontamente batida contra um tronco, antes que morda, e que será assada. Pode-se contentar com isso de vez em quando mas, nesse regime, emagrece-se rápido e é deprimente.

O principal da comida, são os homens que o produzem. Na sociedade guayaki, é a seu grupo que cabe a tarefa de assegurar a provisão regular das pessoas, fornecendo-lhes a carne e a gordura sem as quais não se pode passar. *Bareka*, caçar: tal é sua função, a que eles se identificam e se reduzem com rigor. Um homem não pode pensar-se senão como caçador, não poderia ser ao mesmo tempo homem e não-caçador. Todo espaço simbólico da masculi-

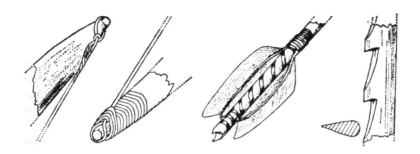

FIG. 19: amarração da corda do arco; emplumação das flechas; ponta serrilhada de um único lado.

nidade desdobra-se no ato do *jyvõ*, flechar, e é para ocupar seu lugar normal, seu lugar natural, que, desde a mais tenra idade, o menino é preparado. Os longos anos de aprendizagem vividos a correr os bosques com seu pai, a iniciação que faz dele um caçador confirmado, o gosto das mulheres pelos melhores *bretete*, os cantos noturnos dos homens que celebram com ênfase suas façanhas de arqueiros: tudo concorre para fazer os jovens assumirem, como seu próprio desejo pessoal, a vontade coletiva do grupo. É-lhes preciso tornar-se caçadores verdadeiros, pois deles dependerá a sobrevivência da tribo. Eles o sabem, aí repousa sua verdade e ata-se seu destino de homem: ser caçador ou não ser. Eles não têm escolha.

Quer dizer que os homens são de alguma forma vítimas, nessa sociedade, de uma alienação econômica, ao encontrar-se integralmente investidos da função de "produtores"? Que, constrangidos e forçados, eles se resignam a aceitar o estado de fato? Absolutamente. A caça não é jamais experimentada como uma corveia. Mesmo se é a ocupação quase exclusiva dos homens, sua séria tarefa diária, ela é sempre praticada como um "esporte". É um trabalho, certamente, esse de seguir sem descanso a pista dos animais; ficar, por vezes durante horas, a espreitar os movimentos de um veado ou de um bando de macacos; manter o arco esticado durante vários minutos para aproveitar o breve instante em que, através da espessa folhagem, se poderá visar o pássaro ou o quati

Vida e morte de um pederasta   211

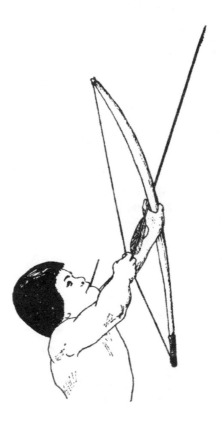

Fig. 20: posição de tiro ao arco.

já localizados. Sabem-nos escondidos sobre os galhos, lá no alto, mas não os veem; é preciso esperar que se mostrem e soltar a flecha pronta para ser atirada. E cavar o fosso onde cairá o tapir; aumentar a toca do tatu: o homem cava, e durante esse tempo o animal tenta fugir fuçando ainda mais no fundo das galerias. Competição que o caçador ganha, mas ao termo de um labor que frequentemente o leva a abrir uma verdadeira escavação onde ele pode desaparecer inteiramente. E depois, é preciso renovar constantemente o estoque de flechas. Sua ponta é de madeira muito dura, reforçada ainda pelo fogo. Mas, com o uso, elas se embotam ou se quebram. Frequentemente também elas se perdem, seja por que

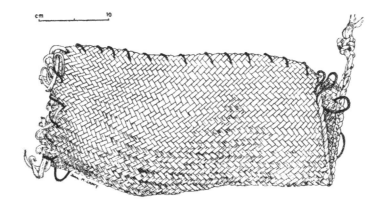

FIG. 21: *pepo*, estojo para plumas.

um bicho ferido escapou com o tiro que o atingiu, seja por que a flecha, perdendo sua ponta, prossegue sua corrida através da vegetação e desaparece. Em suma, quer os homens corram os bosques ou repousem no acampamento, eles são sempre solicitados por sua atividade de caçadores.

A caça é sempre uma aventura, arriscada por vezes, mas constantemente excitante. É claro, é agradável extrair de uma colmeia o belo mel odorífero; ou fender uma palmeira e assim trazer à luz a efervescência do delicioso *guchu* que aí deixaram os escaravelhos. Mas, nesse caso, sabe-se tudo por antecipação, não há mistério, nada de imprevisto: a rotina. Enquanto que acossar animais na floresta, mostrar-se mais astuto que eles, aproximar-se deles até ao alcance do arco sem deixar descobrir sua presença, ouvir o sussurro da flecha no ar, depois o choque surdo que interrompe seu voo no flanco de um bicho: tudo isso são alegrias conhecidas, muitas vezes experimentadas e contudo sempre renovadas, como se se tratasse da primeira caça. Os Aché não se cansam disso, do *bareka*. Não se lhes pede outra coisa, e é do que gostam acima de tudo. Eles estão desse modo, e sob esse ponto de vista, em paz consigo mesmos. Nada de divisão interior, nenhum rancor para perturbar sua alma. Eles são o que fazem, seu eu acede sem abalos à sua plenitude ao fazer aquilo com que, desde toda a eternidade, o grupo os compromete. Prisioneiros de um destino, talvez: mas aos olhos de quem? Os caçadores Aché, quanto a eles, vivem-no como liberdade.

Para ser *bretete*, é necessário vigor, destreza, agilidade; é preciso atingir uma condição em que o corpo e o espírito sintam-se à vontade, certos de si: é o *paña*. *Paña*: *pane-iã*, o contrário do *pane*. E o *pane* é o que mais apavora um homem. Pois, quando se é sua vítima, então fim do *bareka*. O braço fica sem força, a flecha voa longe do alvo, inútil e derrisória. Não se mata mais nada. Tristes retornos ao acampamento, quando o ombro direito não se inclina sob o peso de nenhum bicho. O caçador de mãos vazias, em lugar de celebrar sua presa com um canto sonoro, senta-se em silêncio ao pé de seu fogo. Se o *japã* — a flecha que perde o alvo — se produz várias vezes seguidas, então é preciso ponderar, pois tem-se o *pane* sobre si. Penosa humilhação, certamente, descobrir-se incapaz de ser o que se é: um caçador. Mas há algo talvez mais grave. Um homem com efeito jamais consome sua própria caça: tal é a lei que rege, entre os Aché, a repartição da comida. Eu mato um animal, minha esposa o corta, pois isso me é proibido. Ela conserva para si mesma e as crianças alguns pedaços, e o resto é distribuído aos companheiros: primeiro os parentes, irmãos e cunhados, depois os outros. Ninguém é esquecido na distribuição e, se há pouca carne, tanto pior, as partes concedidas serão menores, mas cada um terá a sua. Em troca, eu recebo dos outros uma porção da caça que eles trouxeram. Eu os alimento com minhas presas, eles agem do mesmo modo comigo. Um caçador, em suma, passa sua vida a flechar para os outros e a consumir a caça deles. Sua dependência é total, como a dos companheiros em relação a ele. As coisas são então iguais, ninguém jamais é lesado já que todos os homens "produzem" quantidades equivalentes de carne. É o que se chama *pepy*, a troca.

Mas se eu estou *pane*, que contrapartida poderia oferecer, com que caça anularia o dom recebido? Não se pode receber sem dar, não se pode ao mesmo tempo estar *pane* e respeitar a regra da reciprocidade. No fim, os companheiros se cansariam de sempre dar sem nunca receber. A um velho agora muito fraco para distender seu arco, traz-se comida. Isto lhe é devido, um filho não deixa seu pai de barriga vazia. É verdade que, se ele prolonga por tempo demais uma existência parasita, abandoná-lo-ão um dia ao pé de uma árvore, deixando-lhe um fogo aceso. Lá, esperará pacientemente a morte. Mas um macho vigoroso não é um velho. Se ele tem o *pane*, é que o merece, certamente fez alguma coisa de inconveniente: todo ataque à ordem das coisas se paga, o homem imprudente encontra aí seu castigo. De que adianta então assisti-lo, ele que é culpado e condenado? Isso de nada serviria. Felizmente, os casos persistentes de *pane* são muito raros.

Acontece a todo homem atravessar um período de má sorte, sua flecha indecisa parte rápido demais ou tarde demais, a mão não puxa com força suficiente a corda do arco. Mas pode-se remediar isso. A perfuração do lábio, as escarificações nas costas são destinadas a garantir aos jovens sua condição de *paña*. Da mesma maneira, se o *pane* os atinge, renova-se a operação. Eles mandam um companheiro fazer, ou fazem eles mesmos, novas escarificações, mas bem mais superficiais que os riscados cruéis do passado. Enrolando-se em torno do bíceps, elas o esquadrinham cruzando antigas incisões; algumas ornam o antebraço, outras a coxa. Pouco sangue corre e, uma vez cicatrizadas, após terem sido untadas com pó de carvão vegetal, essas escarificações de superfície desenham sobre a pele bonito entrelaçado. Quase sempre esse tratamento é eficaz, o *pane* desaparece, volta-se a ser *bretete*. E se isso se reproduz, recomeça-se tudo de novo. Esse gênero de má sorte sobrevém não se sabe bem por quê. Ela pode acontecer a qualquer um e não há caçador Aché que não exiba, além de seu *jaycha* sobre as costas, essas tatuagens terapêuticas. Jyvukugi mesmo traz várias.

Se a origem do *pane* é por vezes misteriosa, em algumas circunstâncias pode-se assinalar com toda certeza sua causa. Uma, tão fatal que ninguém sonharia um instante em brincar com fogo, é o ato de consumir sua própria caça, é a recusa da troca. Ao querer guardar tudo para si, só se ganharia a separação total e definitiva do mundo dos animais, já que o *pane* impediria doravante de flechar qualquer um. Quando não se quer mediatizar sua relação com a comida pela relação com outrem, arrisca-se simplesmente a ver-se cortado do mundo natural e rejeitado para fora dele, assim como se está afastado do universo social ao se subtrair à partilha

Vida e morte de um pederasta

dos bens. Eis o fundamento de todo o saber dos Aché e a razão de sua submissão a esse saber: ele repousa sobre essa verdade, a de que uma fraternidade subterrânea alia o mundo e os homens e o que acontece com uns não fica sem eco no outro. Uma mesma ordem os rege, não se deve transgredi-la.

Evita-se igualmente realizar certos atos conhecidos por atrair o *pane*. Os jovens caçadores, por exemplo, não chupam jamais o interior do crânio dos animais. É uma iguaria deliciosa, mas geradora de má sorte. É por isso que a reservam para os *chyvaete*, que, caçando pouco ou não mais, não se arriscam a nada. Vários méis são também proibidos aos jovens, sob pena de *pane*, como aquele da abelha *tei*. O mel de *tare*, por exemplo, simplesmente impediria os *kybuchu* de ter pelos pubianos. Mas há outra coisa. Ser grande caçador, o que é senão existir no arco? E o *pane*, em definitivo, não é o estabelecimento de um corte entre o homem e seu arco que se lhe torna assim exterior, como se este se insurgisse contra seu senhor? O arco é o próprio caçador: primeira tarefa de um "tembetá novo", ele fabrica, sozinho, seu primeiro arco de adulto. Esta arma é muito mais que um instrumento. Aliás, na morte de seu proprietário, ela se torna, assim como as flechas, *ove enda*, morada da alma desaparecida. Convém desembaraçar-se desses objetos tornados perigosos. Arco: insígnia e signo de homem, prova e meio de seu ser. O caçador morre: então, que desapareça também o arco, essa parte do homem que não poderia sobreviver-lhe, como seu último tembetá. Inversamente, o arco, pelo viés do *pane*, abandona você? Nesse caso, você não é mais um caçador, você não é mais nada.

A força mesma do arco torna-o vulnerável. Não é difícil atrair o *pane* sobre o caçador: basta afetar seu arco, ele se ressente logo dos efeitos, ele ficará *pane*. Um arco é o lugar extremo da virilidade, a metáfora irrevogável da masculinidade. É, a esse título, dessas coisas que convém proteger de seu contrário. Até onde se estende o espaço do caçador, qual é o limite que, uma vez franqueado, situa você no exterior do mundo viril? É o universo feminino. Uma ordem preside a disposição das linhas de força dessa geografia, ela mantém separadas as diferentes regiões. Se uma desordem as faz interpenetrar-se, o espaço masculino se acha contaminado, enfraquecido, degradado pelo contato com o espaço feminino. Em outros termos, se uma mulher toca o arco, o *pane* se abate sobre seu proprietário. É por isso que um severo tabu interdita às mulheres todo contato com o arco. Elas mesmas não se arriscam a nada, mas para os homens seria fatal. Inversamente, qual é para as *kuja* o equivalente do arco para os homens? É *naku*, a cesta, ilustração e realidade da feminilidade das mulheres. Quando uma *kujambuku* torna-se *dare*, logo após o ritual de reclusão e uma vez escarificada sua barriga, ela consagra seu acesso ao mundo adulto trançando com palmas sua primeira cesta. Ela sabe fazê-la, pois sua mãe lhe ensinou; quando era menininha, a mãe lhe fabricava bem pequenas. Agora, cabe a ela fazê-la e, até sua morte, ela terá uma cesta. Assim como o arco é o homem, a cesta é a mulher. De sorte que, se um caçador tocasse a cesta, ou ao menos se imaginasse — ato mais absurdo que ridículo — carregando a cesta como fazem as mulheres, a sanção seria a mesma: o *pane* castigaria o contato entre ele e a cesta.

São sempre os homens que sofrem as consequências. A aliança indevida entre masculinidade e feminilidade exerce seus efeitos em um único sentido, o perdedor não pode ser senão o homem. É claro que, a médio prazo, as *kuja* sofreriam elas também com o *pane*, já que os caçadores não trariam mais nada para comer. Mas tal é a potência da mulher, que ela é maléfica para homens. Para ser caçador, isto é, homem, é preciso constantemente ter cuidado com as mulheres, mesmo quando elas não estão menstruadas. Não se pode ser homem, dir-se-ia, senão contra as mulheres. Abolida esta distância e franqueado o limite, então se produz um contágio que faz o homem perder sua qualidade, sua masculinidade se esboroa: ele cai no espaço das mulheres. Arco-homem, cesta-mulher, eis o eixo que reparte as pessoas. O que acontece a um caçador sem arco? Torna-se uma pessoa da cesta.

Assim era Krembegi. Ele não brincava quando dizia "minha cesta", pois com efeito era a sua, fabricada com suas próprias mãos que os conselhos de uma mulher haviam guiado. Por que possuía ele uma cesta? Porque não tinha arco. E por que ele estava sem arco? Porque estava *pane*. Mas desde muito tempo, desde sempre mesmo. Não o tinham jamais conhecido capaz de flechar um animal e, rapidamente, a coisa se tornara clara: ele era *pane* como os outros eram *bretete*. Não era acidental, ele era assim por natureza. Mas ainda: por que, pela força das coisas, desprovido de arco, ele se munia de uma cesta? Ele teria podido não ter nada, ficar, se se pode dizer, entre arco e cesta. Mas é possível isso, não ser nem uma pessoa do arco nem uma pessoa da cesta? Existiria um tal espaço, fora do mundo da primeira infância, onde a diferença dos sexos permanece pouco marcada? Mas Krembegi era gente grande, não mais um *kromi*. Não podia mais abrir-se, para ele, esse universo neutro. Quando se é adulto, se é um ou outro, homem ou mulher, arco ou cesta: nada entre os dois, como terceira possibilidade. O que é, então, um homem sem arco? É um não-homem e, a esse título, ele se torna portador de cesta.

Eles eram dois em Arroyo Moroti, dois homens portadores de cesta, um e outro *Irõiangi*. O segundo se chamava Chachubutawachugi, Grande Porco Selvagem, de longa barba. Uma abundante pilosidade recobria seu rosto. E como podiam transcorrer longos períodos antes que ele conseguisse encontrar uma mulher disposta a barbeá-lo, sua barba crescia, tornava-se considerável. Mas eu lhe dei de presente um espelho e lâminas de barbear, que ele fixava sobre um pedaço de bambu fendido ao meio e bem apertado em seguida. Ele podia assim barbear-se mais frequentemente. Em reconhecimento, ele me chamava *apãio*, pai. Chachubutawachugi tinha uma cesta porque ele era *pane*. Mas contrariamente a Krembegi, seu vigor era grande e, se não utilizava mais o arco desde alguns anos, pois o *pane* o havia pego num só golpe, ele continuava contudo a caçar os quatis a unha e a perseguir os tatus em sua toca. Distribuía então suas presas e recebia em troca os presentes dos outros caçadores. Suas espáduas, estriadas de finas ranhuras negras, bem atestavam seus esforços para vencer, graças às tatuagens, a má sorte. Mas, de fracasso em fracasso, a verdade se impunha, ele acabou por resignar-se. A esposa de um de seus irmãos fabricou-lhe uma cesta. Ele vivia com eles, antes tolerado que acolhido com prazer. Quando sua cunhada estava de mau humor, ela não lhe dava nada para comer. Então, ele próprio cozinhava. Nenhuma mulher teria aceito tornar-se a esposa de um homem *pane*; ele era então obrigado a convir e a cumprir tarefas femininas. Casado outrora, sua esposa morreu, deixando-o só. Evidentemente, Chachubutawachugi não nadava em felicidade. Krembegi, este, está à vontade. Pouco falante, é certo, mas sereno. Ele partilha o abrigo de uma família e lá é bem recebido. A questão da cozinha não se coloca para ele, já que ajuda a mulher nos diversos trabalhos domésticos da vida cotidiana. Poder-se-ia crê-lo quase co-esposa do homem que o alberga. De manhã, ele se vai em companhia das *kuja* buscar larvas, frutos, palmito. Na volta, sua cesta não está menos carregada que a de suas companheiras. Pousa-a, senta-se sobre os calcanhares e, eficaz e diligente, começa a preparar a refeição da noite: descascar as bagas, as raízes, preparar o *bruee*, essa sopa espessa de palmito misturada com larvas. Ele vai buscar água, lenha. Quando não tem nada a fazer, descansa ou fabrica colares com os dentes dos animais que seu anfitrião flecha. São muito bonitos, bem mais agradáveis ao olhar que os das mulheres. Estas, com efeito, contentam-se em furar os dentes de todos os bichos que seus maridos matam, para enfiá-los em seguida em um fino cordão. De sorte que é um acúmulo de dentes de diferentes tamanhos, colocados na ordem de chegada dos animais. Esses colares podem ser muito longos, dois metros ou mais, e centenas de dentes de macaco, de cutia, de paca sobretudo (pois não se conservam os dos porcos e dos veados), retinem uns contra os outros. Quando uma mulher sente-se feliz, ela põe seus colares em várias voltas em torno do pescoço, radiante em arvorar a prova de que seu marido é um grande caçador. Depois ela os põe no fundo de sua cesta. Os colares de Krembegi mostram mais capricho. Ele seleciona somente os caninos de macaco e os escolhe de tamanho quase igual. Não é pequeno o trabalho de furar, somente com um dente de paca, todas essas minúsculas presas. Mas Krembegi tem paciência.

 Ninguém no acampamento presta-lhe atenção particular, ele é como todo mundo. Ele realiza apenas tarefas de mulher, todos sabem disso, é ponto pacífico. Assim Krembegi, nem mais nem menos anônimo que um outro na tribo, ocupa tranquilamente o lugar que o destino lhe fixou. Vive com as mulheres, como elas, não corta seus cabelos e carrega uma cesta. Ele está em casa nesse lugar, aí é ele mesmo, aí se reconhece. Por que seria infeliz?

Que diferença de Chachubutawachugi! Seguramente não é o caso que ele tenha, de sua parte, encontrado seu lugar ou que, ao menos, pareça satisfeito em achar-se onde está. Não. A prova é que ninguém o toma muito a sério. O que ele diz ou faz é acolhido pelos Aché com condescendência. Não debocham abertamente dele, isso não se faz. Mas antes o consideram ridículo, sorriem quando ele dá as costas. Os homens o desprezam um pouco, as mulheres riem escondido quando ele aparece com sua cesta. Mesmo as crianças, de hábito tão respeitosas com os grandes, esquecem em sua presença as boas regras da polidez e da arte do bem-viver. Pregam-lhe peças, são insolentes, recusam-se a obedecer-lhe. Por vezes, ele se zanga, tenta pegá-las, mas elas são muito rápidas. Ele desiste; sem graça, vai dar uma volta nos bosques ou se deita afastado. Fingem sempre acreditar que ele é avaro com o que traz da floresta, quando ele se mostra tão generoso quanto qualquer um. Ei-lo de volta. Partiu esta manhã, anunciando que ia buscar larvas. Ele cruza um grupo de homens. "Então? — Nada. Nada de *guchu*." E continua. Quando se acha fora do alcance da voz, um deles pronuncia: "Nada? *U pa modo!* Ele comeu tudo, sim!". E todos explodem de rir. É uma acusação certamente injusta. De onde vem então essa animosidade dos Aché para com o pobre Chachubutawachugi? É claro, por vezes acham nele um ar de palhaço, com sua mania de adornar o colo ou a cabeça com enfeites os mais inesperados. Ele vê uma ponta de metal, um cartucho de bala, um frasco? Não resiste, cata tudo isso, amarra num cordão e passa em torno de seu pescoço. Pode-se vê-lo assim, o peito recoberto com um colar constituído de uma dezena de frascos de penicilina, alguns abridores de lata de sardinha, pedaços de ferro-velho informes. Porta-o algum tempo, depois se cansa, até os próximos achados. Os *kybuchu* receberam uma vez uma bola de borracha, que logo puseram fora de uso. Isso foi para ele um achado. Cortou-a em duas metades, e com uma fez uma soberba calota que lhe recobria todo o crânio, até os olhos. Estava muito contente com sua ideia. Quanto aos Aché, consideravam o elegante com um ar de piedade. "Não admira! É bem seu gênero!" Em suma, esse homem vítima de *pane* achava ainda meio de se fazer notar por um dandismo de má qualidade.

Mas certamente há outra coisa pois, afinal de contas, os inocentes caprichos de Chachubutawachugi são compensados por sua atividade, certamente reduzida, mas nada negligenciável, de caçador de quatis e tatus. Ora, Krembegi, que nunca pega animal, não é objeto de nenhuma agressividade da parte dos Aché. É aliás por isso que assume sua sorte com tanta placidez. Em que então eles diferem, esses dois homens *pane*? Qual é essa diferença a que as pessoas são bastante sensíveis para tratar de modo desigual dois indivíduos negativamente semelhantes, na medida em que um e outro são excluídos do círculo dos caçadores? Normalmente, a atitude dos Aché a seu respeito deveria ser a mesma. Ora, não é nada assim. Entende-se então que o fato de estarem ambos sob o peso do *pane* nem por isso os torna idênticos. E, na verdade, não o são.

Homem = caçador = arco; mulher = coleta = cesta: dupla equação cujo rigor regula o curso da vida Aché. Terceiro termo, não há, nenhum terceiro-espaço para abrigar os que não são nem do arco nem da cesta. Cessando de ser caçador, perde-se por isso mesmo a qualidade de homem, vira-se, metaforicamente, uma mulher. Eis o que compreendeu e aceitou Krembegi; sua renúncia radical ao que é incapaz de ser — caçador — projeta-o de imediato do lado das mulheres, ele está em casa entre elas, *ele se aceita mulher*. Munido como elas de uma cesta, ele a carrega à moda delas: a tira passada sobre a testa. E Chachubutawachugi? É simples: ele não entendeu nada. Pois crê, o inocente, que é possível manter-se no universo da masculinidade após ter perdido o direito, cego que é em seu desejo de permanecer homem, ele que não é mais caçador, ele que não é mais considerado caçador. *Esse est percipi*, é verdade. Como o veem eles, os outros, quando o miram? Essa não é talvez a boa questão. De um certo ponto de vista, com efeito, Chachubutawachugi é invisível. Por quê? Porque ele não fica em parte alguma: nem entre os homens, por causa do *pane*, nem entre as mulheres, pois ele recusa, apesar de sua cesta, incorporar-se a seu grupo, habitar seu espaço. Mas esse lugar que se obstina em ocupar, a meio caminho, não existe. E nem ele, patético habitante de um impossível abrigo. Eis o que o torna "invisível", ele está alhures, em parte alguma, por toda parte. Como pensar a existência de Chachubutawachugi? Ela não é pensável, tropeço imóvel onde não se pode sonhar em voltar sobre seus passos, onde se teme ir avante. E é bem isso o que incomoda os Aché, o que sem saber reprovam no homem *pane*: sua incompreensível recusa em deixar-se levar pelo movimento lógico que deveria colocá-lo em seu novo, em seu verdadeiro lugar, entre as mulheres. Quando se tem uma cesta, é que se é uma *kuja*. Ele não quer, e isso introduz desordem no grupo, isso provoca confusão nas ideias das pessoas, no espírito mesmo do homem. Por isso fica tão nervoso, às vezes, tão pouco à vontade. Ele não escolheu a posição mais confortável, ele se atrapalha.

Basta ver Chachubutawachugi carregar sua cesta. Não à moda das mulheres e de Krembegi, conforme a disposição da tira feita para ser presa à testa. As mulheres andam de cabeça baixa, curvadas e olhando o chão. Ele não o carrega assim, seu *naku*: ele passa a tira pela frente, sobre os ombros. Ora escorrega e precisa retê-la com a mão, ora comprime-lhe a garganta, é muito penoso. Mas, dessa maneira, ele anda como um homem.

E Krembegi? Ele entretém com o arco a mesma relação que as mulheres: jamais toca algum pois esse gesto atrairia a má sorte sobre o possuidor da arma. Nada o distingue das *kuja*. Por isso, quando lhe sugeria pegar um arco para fotografá-lo, ele recusou e apanhou sua cesta. Mas isso não é tudo. Krembegi, em disjunção com o arco, separado da masculinidade, percorreu até seu termo a trajetória simbólica que o empurrava para o mundo feminino. Daí as reticências dos Estrangeiros, os subentendidos dos Aché Gatu. Que sabem dele os Aché, por que a uns repugna falar dele e os outros fazem-se sarcásticos? É que Krembegi é um *kyrypy-meno*, um ânus-fazer-amor, um pederasta.

As pessoas de sua tribo admitem o fato como uma saída normal, mesmo se se sentem um pouco incomodadas. Mas é por causa dos Aché Gatu que são, eles, nitidamente reprovadores: "Entre nós, nada de *kyrypy-meno*! É preciso ser *Irõiangi* para isso!". Mas todo mundo está de acordo: se Krembegi é o que é, ele o deve ao *pane*. Os Aché Gatu não o desprezam pessoalmente. Para eles, é antes cômico essa ideia de que um homem possa aceitar as homenagens de um outro oferecendo-lhe seu *kyrypy*. Riem entre si, mas veem nisso sobretudo uma prova a mais de sua própria superioridade sobre os Estrangeiros. Em todo caso, não se lembram de nenhum caso semelhante em seu grupo. Conta-se somente a história de Bujamiarangi. Foi há muito, quando Paivagi era ainda um rapaz. Um Aché partiu à caça e teve a boa fortuna de cair sobre um *kware*, um grande tamanduá que, surpreso, não teve tempo de desaparecer nas brenhas. O homem nem mesmo teve necessidade de flechá-lo, abateu-o a golpes de arco, quebrando-lhe a espinha. Nesse lugar, a vegetação era muito espessa, mato tufoso embaraçado de lianas e plantas rasteiras. O caçador deixou lá sua caça ainda ofegante e tratou de abrir na vegetação uma brecha batendo em frente com seu arco. Avançou assim algumas dezenas de metros, atingindo um espaço mais arejado, e voltou sobre seus passos para pegar o tamanduá e carregá-lo sobre as costas. Ele viu então alguém perto do animal e reconheceu Bujamiarangi, um rapaz muito jovem, que o seguira e estava agora perto do bicho. E que fazia ele lá? O caçador estava pasmo: Bujamiarangi fazia *meno* com o tamanduá morto! Tão absorto mesmo que não ouviu, de tanto prazer, aproximar-se o homem. Este não hesitou um segundo. Louco de raiva ao ver o uso que fazia o outro de sua caça, atirou-lhe uma flecha e Bujamiarangi desabou sobre o cadáver do *kware*. Ninguém, concluem os Aché, o reviu jamais.

Mas sobre o *kyrypy-meno*, não, eles não sabem nada. Não ser sensível aos encantos das mulheres, eis o que ultrapassa o entendimento dos Aché Gatu. Mas, ainda por cima, sofrer os assaltos de outros homens é o cúmulo! E tudo isso por causa do *pane*. O que se diz de Krembegi? Primeiro, certamente, que ele jamais vai "às mulheres". Mas por quê? Porque ele tem um pênis pequenininho, muito semelhante ao do quati. Comparam-no de bom grado às pontas que guarnecem as extremidades das flechas: realmente pouca coisa, ele não poderia utilizá-lo. A bem dizer, talvez sejam lá calúnias das más línguas. Mas quem são os parceiros de Krembegi? Será preciso admitir que os Estrangeiros sejam a tal ponto diferentes dos Aché Gatu que seus caçadores são todos amantes de *kyrypy-meno*? Pois, naturalmente, Krembegi não pode ser pederasta sozinho.

Parceiros, ele os tem. Mas não muitos, e não aqueles que se teria podido acreditar. Seria lícito imaginar que, na medida em que um homem como Krembegi é a inscrição no mundo ético-sexual dos Aché de uma certa desordem, de uma subversão de todos os valores admitidos e respeitados, seria lícito então supor que o campo de sua atividade sexual não depende de nenhuma regra, que cada um pode à sua vontade perseguir aí tão só a lei de seu prazer: em outros termos, que qualquer homem da tribo pode, se o move a vontade, servir-se de Krembegi. Ora, não é nada disso, as relações homossexuais não se atam anarquicamente, uma lógica rigorosa preside seu estabelecimento. Krembegi é o mundo Aché invertido, mas nem por isso é a contraordem da ordem social existente, ele não é sua negação; à sua volta desdobra-se um outro tipo de ordem, um outro conjunto de regras, imagem invertida, mas imagem contudo, da ordem e das regras "normais".

Que base última sustenta o edifício da vida social dos Aché? São as relações de aliança entre grupos familiares, relações que tomam forma e se realizam na troca matrimonial, na troca ininterrupta de mulheres. As *kuja* são feitas para circular, para se tornarem esposas de um homem que não seja nem seu pai, nem seu irmão, nem seu filho. É desta maneira que se fazem *picha*, aliados. Mas um homem, mesmo se ele existe como mulher, será que "circula"? Com que contrapartida se pagaria o dom de Krembegi, por exemplo? Não é imaginável, pois ele não é uma mulher, já que é pederasta. A lei maior com que se medem todas as sociedades é a proibição do incesto. Krembegi, porque é *kyrypy-meno*, acha-se no exterior dessa ordem social. Vê-se então cumprir-se até seu termo final a lógica do sistema social ou, o que dá no mesmo, a lógica de sua inversão: os parceiros de Krembegi são seus próprios irmãos. "*Picha kybai* (subentendido *kyrypy-meno*) *meno-iã*: um homem *kyrypy-meno* não faz amor com seus aliados." Injunção exatamente contrária àquela que rege as relações entre homens e mulheres. A homossexualidade não pode ser senão "incestuosa", o irmão sodomiza o irmão e, nessa metáfora do incesto, confirma-se e reforça-se a certeza de que precisamente o incesto não poderia ser cumprido (o verdadeiro: aquele de um homem e de uma mulher) sem pôr à morte o corpo social.

Eis por que os parceiros de Krembegi são pouco numerosos. Certamente, de vez em quando, um homem sem laço de parentesco com ele solicita seus favores, esse libertino do Bykygi por exemplo. Mas é raro, raramente essas coisas saem, se se pode dizer, da família. Tal foi o destino de Krembegi: *pane*, pederasta, invertido segundo a ordem sexual e segundo a ordem social, nada descontente de sua sorte. Mas agora terminou. Última má sorte, os urubus o estão devorando. Não seria conveniente deixá-los prosseguir. Vão enterrar Krembegi. Um dos homens volta ao acampamento para levar a notícia. Trará algumas mulheres, para que elas façam o *chenga-ruvara* da morte. Entrementes, os outros preparam a tumba. Com alguns golpes rápidos de facão, desbastam na mata um espaço de pequena dimensão no centro do qual é cavado o buraco. É um tipo de poço quase cilíndrico, apenas suficientemente grande para dar passagem a um corpo humano, e profundo de mais de um metro. O húmus que recobre em espessa camada o solo da floresta não é difícil de remover, os facões se enfiam facilmente. Os urubus esperam sempre, nada assustados com nossas atividades. Não tentam todavia aproximar-se do cadáver. Um homem se afasta um pouco sob as árvores; vai buscar *chipo*, fina liana utilizada como cordinha.

O mensageiro está de volta, acompanhado de três mulheres. Uma é a esposa do chefe Karewachugi; ela preside todos os atos rituais da tribo, sempre entoa o canto primeiro. As outras são cunhadas de Krembegi. Trouxeram duas esteiras de pindó. Acocoradas sobre os tornozelos, deixam rebentar o *chenga-ruvara*. Seus soluços parecem aqui mais lúgubres ainda que das outras vezes, pois não se mistura ao rumor, discreto mas constantemente presente, da vida do acampamento. Luz, silêncio, urubus. Os homens (entre os quais um irmão do morto) olham indiferentes. A desaparição de Krembegi não parece afetá-los. As palavras, tão precipitadas que nem mesmo são identificáveis, dizem algum elogio do morto? Eu não sei, mas duvido. Quando o adeus a Krembegi chega ao fim, os homens se ocupam dele. Rapidamente, porque fede, em gestos quase brutais, forçando um pouco pois a rigidez cadavérica já deve ter começado, eles dobram as pernas sobre o peito, bem alto. É a posição fetal; nela estamos antes de nascer, voltamos a estar quando deixamos de viver. Para manter o corpo assim, amarram-no solidamente com a ajuda das lianas há pouco colhidas. Mesma operação para os braços: dobrados para o torso, sobre os lados, os antebraços dobrados sobre os braços, cotovelos no corpo. Termina-se pela cabeça. Os homens se apoiam sobre a nuca, para abaixá-la sobre o peito. As mãos do morto são em seguida apoiadas contra as têmporas, dedos ligeiramente afastados e falanges um pouco dobradas, à maneira das garras de uma ave de rapina. A cabeça presa entre as mãos, e um sólido nó de lianas fixa-a nessa posição. O grande corpo de Krembegi parece agora uma espécie de bola presa numa rede. Ele está pronto para a inumação.

Uma esteira forra o fundo e as paredes do buraco, para evitar o contato direto entre o cadáver e a terra. Dois homens pegam o pesado pacote e o depositam na tumba, a face voltada para o oeste, em direção ao país dos mortos. Mas o corpo não está disposto direito, ele não repousa sobre os calcanhares. Inclinam-no para frente, quase sobre os joelhos, cabeça baixa e apoiada na parede. Um pedaço de pau fixado de través no buraco sustenta os antebraços, como se o morto estivesse debruçado num balaústre, meditando, a cabeça entre as mãos. Faz também pensar num animal procurando sair da toca. O cadáver em seguida é recoberto com uma segunda esteira, bem arrumada em torno da cabeça e do torso. De sorte que a terra com que se enche agora o buraco não o toque. Amontoa-se um pouco, mas o poço não está completamente repleto, somente até dez ou quinze centímetros da superfície. Em toda a volta da abertura são plantadas pontas de madeira; essa paliçada impedirá a terra de deslizar e ocultar a localização da tumba. Fará também obstáculo às empresas eventuais dos animais. Última operação do enterro: um teto de palha erguido acima da sepultura, quase ao rés do chão, tal um abrigo miniatura. E, de fato, é de uma casa que se trata: primeiro proteção contra a chuva, mas também meio de reter o morto em sua tumba. Senão ele sairia e seu fantasma iria atormentar os companheiros. Lá ele está em casa, é scu *tapy*: que ele fique aí. Não é como para as crianças pequenas; elas são enterradas deitadas sobre as costas, enroladas com duas esteiras, e enche-se completamente sua tumba, de que muito depressa não se verá mais vestígio. Não se tem necessidade de saber onde ela se encontra, não se voltará para lá. Não há *ianve* de crianças, elas deixam em paz os vivos. A prova é que se pode arriscar enterrá-las sob o *tapy*. Mas a tumba de Krembegi, é preciso poder encontrá-la. Se ele tivesse morrido no acampamento, as pessoas o teriam enterrado próximo, depois logo teriam ido instalar-se mais longe, fora do alcance de *Ianve*. Foge-se sempre das cercanias de uma tumba de adulto, após ter destruído ou queimado as posses do morto: a cesta e as esteiras de uma mulher, o arco e as flechas de um caçador. O arco é quebrado e lançado ao fogo. Quanto às flechas, se não as destroem, atiram-nas ao acaso em todas as direções: não são elas *ove enda*, sede da alma? Após a morte, mais nada deve subsistir que tenha pertencido ao defunto. Essas coisas são perigosas demais. Também, desde que se soube do fim de Krembegi, lançou-se sua cesta no fogo. A fumaça que se eleva no ar traça para *Ove* a via da partida definitiva. Os Aché não deslocam desta vez seu acampamento, a tumba está bastante afastada, *Ianve* não saberia reencontrar o caminho. É preciso em compensação que eles possam marcar a sepultura, pois voltarão para completar e concluir o ritual funerário.

Não se acaba com um morto pondo-o debaixo da terra. Quando decorreram várias semanas — o tempo necessário para que a putrefação tenha feito sua obra, deixando o esqueleto a nu —, os Aché que, entrementes, continuaram a nomadizar na floresta, voltam ao lugar da inumação. Quer eles se encontrem próximos ou afastados, cedo ou tarde é preciso marcar a irreversível separação entre o companheiro defunto e os vivos: despedem-se, mas sobretudo desembaraçam-se dele. De que maneira? O teto que protegia a tumba é demolido, reabrem-na. No buraco, um esqueleto com ossos mantidos juntos pelas lianas. Tiram-no, tomando cuidado para não tocá-lo. Senão, o contato provocaria o *baivwã*, quase sempre mortal para quem ele afeta. Um homem parente do morto toma um pedaço de pau bifurcado, passa as pontas nas órbitas e separa o crânio. Depois, com seu arco, ele bate fortemente e o quebra. Em seguida, joga-o num fogo aceso para a circunstância, onde é calcinado, as órbitas vazias voltadas para o alto, para que *Ove* saiba bem que é nessa direção que é preciso ir embora. O resto da ossatura é igualmente queimado ou deixado simplesmente no lugar; a tumba não é recoberta, tudo é abandonado, as pessoas se vão. Enquanto o momento do enterro foi cumprido quase com solenidade, a segunda fase é expedida como que às pressas. Na verdade, que acabam de fazer os Aché? Eles mataram uma segunda vez o morto, batendo e queimando seu crânio. Até o presente, ele só estava meio-morto, já que seu fantasma permanecia ainda no crânio. Agora está feito, *Ianve* é enxotado, o morto é abolido. Por que, então, dar-se ao trabalho de refazer ou conservar a sepultura? Ela não serve mais para nada, não há lá senão alguns ossos de que os animais e a umidade logo darão cabo. A operação não dura mais que alguns minutos, e contudo vem-se por vezes de muito longe para conduzi-la a contento: é o único meio de empurrar os mortos para além dos vivos.

O que de fato é um *manove*, um morto? É, certamente, alguma coisa terrível, que inspira temor, tanto mais que os *manove* são agressivos e invisíveis. Piores que tudo, eles são os inimigos absolutos dos Aché: tal é a malvadez perversa dos mortos que querem matar os vivos. Um Aché morto não é mais uma pessoa, é outra coisa. Os mortos não quereriam ver reinar senão a Morte. Há de algum modo um parentesco entre os mortos e essa metáfora de tudo que o mundo em volta contém de perigos mortais para os Aché: o jaguar. Eles não o proclamam assim, decerto, mas o que fazem mostra que o sabem bem. Quando se preparava o cadáver de Krembegi, colocaram-lhe as mãos nessa estranha posição, contra o rosto, os dedos em forma de gancho. É quase isso: não ganchos, mas garras. "Por que as mãos assim? — *Baipu pypõ vwã*. Para que haja a marca do jaguar." *Pypõ* é o rastro de um pé humano ou de uma pata animal na terra ou no barro. Aqui não se nomeia a impressão mas, diretamente, o que a deixa: a pata mesma do jaguar, que as mãos abertas do morto imitam, dedos afastados e dobrados. Por que os Estrangeiros impõem a seus mortos essa surpreendente disposição na tumba? Assim procedendo, reconhecem a verdadeira natureza dos *manove*, sua nova maneira de existir: *os mortos são jaguares*. Não somente são excluídos da comunidade dos vivos, mas estes os expulsam mesmo do mundo social da cultura, transformando-os em jaguares, rejeitando-os para o lado da natureza. "Nós colocamos as mãos aqui; então vira um *baipu*. Um fantasma de Aché tem a cabeça como a do jaguar." Aliás, as "almas" não se tornam jaguares? *"Ove rõ baipu o."* *Ove* se transforma em *baipu*. Raramente os Aché se acham face a face com um jaguar real. Quase sempre o felino dissimula de fato um fantasma que escolheu essa aparência para agredir alguém. Qualquer um, homem ou mulher, jovem ou velho, pode se transformar em jaguar. Mas os únicos de quem se sabe por antecipação que tal será efetivamente seu destino são os homens *yma chija*, as naturezas fortes, Jyvukugi, por exemplo. A *ove* dos outros Aché torna-se um Barendy, um "ser luminoso", uma estrela no céu. Para lá chegar, *Ove*, levada pelo quati, trepa ao longo das lianas que pendem das grandes árvores, ou se alça para o alto por um raio de sol. O corpo de Barendy é coberto de pelos. Ele não fala, mas faz muito barulho com o ânus quando aparece ao cair da noite. Então os Aché tapam as orelhas e guardam silêncio: senão Barendy se deixaria cair sobre eles, iria queimar-lhes os pelos como eles mesmos fazem com a caça e os assaria. Tão logo o ouvem se aproximar, cobrem depressa os fogos com terra para não atrair sua atenção. Mas não é ele o senhor do fogo. É Dyvitata, de corpo bem branco, e cujo ânus, quando se desloca nos ares, deixa atrás de si um rastro de chamas: *kyrypy tata*, fogo-no-cu.

Em todo caso, mesmo se *Ove* vira um Barendy, ela não fica necessariamente congelada nessa forma, ela pode, segundo as circunstâncias, virar jaguar ou mesmo serpente venenosa, ou ocupar uma árvore para fazê-la cair sobre o Aché que quer matar, ou ainda revestir-se da aparência de um outro animal, como a lontra que matou Terygi. Sabe-se que Krembegi vai viver agora convertido em pássaro *jakuchã*, forma última dos pederastas. Onipresentes, ora nomeadas *ove*, ora *ianve*, multiformes, mas mantidas à distância graças aos esforços dos Aché, as "almas" são a própria pessoa defunta, ou somente seu duplo maléfico? Tal é certamente o resultado da morte: um desdobramento do *manove* em fantasma inimigo de um lado, e em "espírito" neutro do outro, o qual vai inocentemente habitar, do lado do sol poente, a morada dos mortos, que os Aché descrevem seja como uma grande savana, seja como a Floresta Invisível. Quando os Aché Gatu e os Estrangeiros confrontavam sua concepção respectiva do destino dos mortos, eles se espantavam com as diferenças. Os primeiros afirmavam que a Floresta Invisível contém somente árvores *chingy* (*Ruprechtia laxiflora*), enquanto que para os outros não crescem lá senão as *baikandy* (*Ocotea*) de troncos cobertos de musgo. É aliás por isso que, tanto quanto possível, eles enterram seus mortos à sombra dessas árvores. Lá nessa savana ou nessa floresta situadas acima do mundo terrestre, as "almas" enrugadas como os fetos no seio materno repousam ao pé do senhor dos lugares, Chono, o Trovão. Chegando lá no alto, *Ove* chora, à espera dos *pichua*. Então a tempestade se desencadeia, chuva e estrondo no céu.

Uma coisa é certa, um ponto sobre o qual Aché Gatu e *Irõiangi* concordam: *Ove* prepara e decide a morte do Aché, "*Ove* fabrica uma panela de barro". Kybwyragi explicou com solenidade, e os Estrangeiros sentados a seu lado aprovavam calorosamente: "*Go! Go nonga!* É isso! É assim!".

O *ianve* dos Aché, a *ove* dos Aché, põe as ossadas na panela, na panela de barro que ela mesma fabricou. Aí ela deposita as cinzas, as cinzas dos ossos, os ossos reduzidos a cinzas: em sua própria panela. Com os ossos, ela coloca também o crânio. A *ove* dos Aché fabrica sua panela.

As ossadas bem batidas, depois calcinadas no fogo, ela as coloca na panela, seu próprio esqueleto reduzido a cinzas que ela mesma traz. É lá que ela as coloca, suas próprias ossadas, na panela por ela mesma fabricada.

Então, quando a *ove* da pessoa se vai, quando ela vai embora em sua panela, quando ela bate a panela que ela mesma fabricou, então é que a morte já chega, é com vistas à morte que ela coloca as cinzas.

Os Aché de antigamente por sua vez, os mortos de outrora, faziam suas próprias panelas; mas esses de agora não fabricam. É quando se é velho que se fabricam as panelas.

Lá ela coloca as cinzas, as cinzas do crânio, as cinzas do esqueleto. Todos os ossos são lá colocados, e também os cabelos, todos os cabelos raspados, tudo isso é posto na panela.

Além disso o Aché[2] espreme, do ventre trinchado, os excrementos; seus próprios excrementos, ele os coloca, os excrementos do morto, o conteúdo de suas entranhas. Tudo é posto na panela.

No coração da escuridão profunda, *ove* coloca em sua panela os excrementos da pessoa, depois as cinzas, as cinzas do esqueleto, e os cabelos e o crânio completamente queimado pelo fogo, tudo.

Quando o Aché está para partir, quando a *ove* do Aché bate a panela por ela mesma fabricada, então ele vai morrer. Ela bate, na boca penetram as cinzas do crânio: então chega a morte, então chega a doença mortal.

Ela bate os ossos daquele que morre, ela bate seu crânio, ela bate a panela: vem então a doença mortal, chega a morte. No coração da escuridão, *ove* bate.

É isso: a morte das pessoas é de fato preparada antecipadamente, *Ove* decide, e quando ela bate e quebra a panela onde estão reunidos — antecipação do que mais tarde será realmente realizado — ossadas, cinzas, cabelos e excrementos (imaginários), o tempo chegou, ela abandona o corpo. Nesse momento, *Ove* coloca entre as raízes de uma árvore a panela contendo as cinzas, onde vêm juntar-se os Pássaros de *Ove*, que são na maior parte os mesmos pássaros do Trovão. De dia, eles estão agachados na panela, apertados uns contra os outros. Eles a deixam de noite, companheiros da "alma" que se arroja para a Floresta Invisível.

Se os inimigos e vizinhos dos Aché, os Machitara, ouvissem isso, eles ficariam muito surpresos. Pois, outrora, eles punham seus mortos na terra e depois, ao menos para os grandes chefes e xa-

---

[2] O informante fala indiferentemente da alma do morto (*ove*) ou da pessoa morta (*Aché*).

mãs, recolhiam o esqueleto e o encerravam em uma grande urna funerária, ela mesma colocada numa tumba. O que entre os Guarani era ritual efetivo encontra-se entre os Aché, mas pensado simplesmente na crença em *ove moo kara*, panela que não é mais que a urna funerária mítica. No ponto de partida da história coletiva dos Aché, houve a grande panela de Baiõ. Quebrada por um menino sem tembetá, ela deixou escapar, com uma torrente de cinzas, a lua e a noite. Isso se passava na Floresta Invisível, num tempo em que os jaguares não existiam ainda. Quanto ao destino individual das pessoas, ele se cumpre nessa urna funerária imaterial. Nas cinzas que, da fenda inscrita na urna de Baiõ, deslizaram para fora, estava talvez a prefiguração dessas outras cinzas a que os ritos funerários reduzem os Aché, e que *Ove* junta na sua pequena panela. Conviria então ver no mito da grande panela de Baiõ não somente o discurso Aché sobre a origem da ordem cósmica e da sucessão regular do dia e da noite, mas também — e como espantar-se com isso? — ouvir a palavra, pela primeira vez enunciada, de que o preço pago pelos humanos pela ordem que lhes torna o mundo habitável é a morte. Quando o sol começou a deslocar-se no céu, os Aché viraram verdadeiramente Aché. Mas, no mesmo lance, eles tomavam lugar nessa ordem inelutável que faz dos homens seres transitórios. O mito de Baiõ, completado pelo da urna de *Ove*, é o mito de origem da Morte, imanente a todo o pensamento da vida.

Esse discurso mitológico não projetaria assim uma luz a mais sobre a atitude dos Aché, em sua vida de todos os dias, com relação à cinza? Se a cinza dos mitos é, no pensamento dos índios, a metáfora da morte, então a cinza real, essa dos fogos, é a metonímia da outra. Estar coberto ou manchado de cinzas, o que é senão trazer inscrita sobre o corpo a verdade de seu destino, a marca de sua finitude? Então se espanam, tiram logo o pó, pois são coisas que não se tem vontade de ver, é o signo precoce demais do que um dia advirá.

Krembegi não era um caçador, nenhum duelo honrará sua morte. Além disso, aos Estrangeiros repugnava entregar-se a tal sob o olhar dos Brancos. Mais de um trazia sobre o crânio grandes cicatrizes, vestígios de justas anteriores, e os caçadores se vangloriavam dessas marcas. Quando um grande *bretete* desaparece, seus companheiros limpam na floresta um espaço, campo de seu confronto. Último adeus ao *manove*, esses combates visam não a matar o adversário, mas pôr à prova seu valor. Na arena preparada, um homem se agacha sobre os calcanhares. Os joelhos sustentam os braços cruzados sobre os quais repousa a cabeça. Trata-se de bater no crânio. O homem não oferece nenhuma resistência, ele não tenta esquivar-se do golpe. É necessário que o receba sem gritar e sem cair. Face a ele, o batedor, de pé e munido de seu arco, solidamente apoiado nas pernas, brande a madeira e o abate, justo no lugar bem visível onde a tonsura deixa a pele a nu. O golpe é aplicado com bastante força para provocar uma ferida, mas bastante controlada para não pôr em perigo a vida daquele que o recebe. Bate-se só uma vez, a pele é rachada, o sangue salpica os ombros do ferido. Ele é valente, ele não cai por terra. Então, se ele quer, é sua vez e o outro toma seu lugar. Novamente um só golpe é dado, e o duelo acaba. Torneio leal em que os bravos somente se ajudam a tomar medida de si mesmos. Nenhum rancor entre eles após os encontros. É ao contrário com alegria que se exibem as grossas cicatrizes, signo do *kyrymba*, da coragem. Àquele que as tem não faltarão os *pichua*.

Enquanto se enterrava Krembegi, vários Aché Gatu, que não tinham jamais visto os Estrangeiros proceder ao ritual funerário, pediam-lhe explicações, que os outros forneciam com gentileza. Portanto eles mesmos procediam diferente. Nesse momento eu soube o que se passava. Mas não foi sem custo, pois no começo eles me haviam mentido descaradamente.

8.
OS CANIBAIS

Para os *Irõiangi*, a coisa não deixava dúvida: os Aché que nomadizavam a nordeste de seu próprio território eram canibais. Quanto aos Aché Gatu, eles formulavam a mesma acusação a respeito de uma outra tribo outrora soberana da floresta que se estende até o rio Paraná, e de que não se tinha mais ouvido falar desde a época em que Terygi guerreava contra eles para roubar-lhes as mulheres. Além disso, acrescentavam, os sobreviventes tinham sido todos capturados ou mortos pelos Brancos. Essas afirmações não eram muito dignas de crédito pois, num e noutro caso, falava-se de inimigos, quer dizer, de pessoas que é bom carregar de todos os opróbrios: eles são sempre feios, covardes, estúpidos, não sabem falar e, acima de tudo, são comedores de homens. *Aché Kyravwa*: comedores de gordura humana. Como dar fé a esses discursos tão veementes, como verificá-los? O canibal é sempre o Outro! No que concernia a eles mesmos, tanto os Aché Gatu quanto os Estrangeiros, a questão não se punha, naturalmente. Entretanto, quando da minha chegada entre os Guayaki, eu estava quase convencido de que todos esses índios praticavam a antropofagia, pois essa reputação que se lhes atribuía datava de longe, precisamente do tempo da instalação, nessas regiões, dos primeiros missionários jesuítas. Eu esperava então — excitação deliciosa — encontrar-me no meio de uma tribo canibal. Decepção: eles não eram.

Evidentemente não se podia verificar isso colocando simplesmente a questão: vocês são? Aliás, nos primeiros tempos de minha estadia, eu ignorava o termo *kyravwa*. Mas, interrogando as pessoas, os Aché Gatu sobretudo, sobre a maneira como procediam com seus mortos, a resposta me pareceu sem equívoco: *ure juta*, nós os enterramos. E descreviam, com muitos detalhes, a tumba, a posição do corpo depositado no fundo, e como enchiam o buraco. "Junta-se bem a terra, amontoa-se — gesto de mãos batendo e desenhando no ar o relevo da tumba sobre o solo — e o morto é enterrado. — E depois? — Depois, nada. Vai-se embora, por causa de *Ianve*." Tudo isso não deixava de ser espantoso, pois o ritual funerário dos Aché Gatu estava reduzido à sua mais simples expressão: como se eles não o tivessem. Mais bizarro ainda, o tipo de enterro que descreviam era exatamente o que se pratica no mundo ocidental cristão: uma tumba estendida no comprimento do cadáver, que é colocado deitado de costas, enquanto muito frequentemente os índios sul-americanos procedem como os *Irõiangi*, corpo em posição fetal num buraco cilíndrico. Lá, nada disso. Poder-se-ia pensar que a similitude entre o enterro Aché Gatu e o ocidental resultava de uma simples coincidência. Quanto à pouca complexidade do ritual, eu estava tentado a deixar por conta da perda, julgando que isso era uma ilustração a mais da regressão cultural em que a história dos Aché os havia mergulhado, e que eles honravam seus mortos outrora, antes de se tornarem nômades, com cerimônias menos expeditivas. Era plausível, mas não muito convincente. Contudo, os Aché Gatu mostrando-se unânimes em suas descrições, eu era obrigado a ficar por aí e a tomar como tolices tudo o que contavam a propósito dos Guayaki não somente os paraguaios, mas também os Machitara-Guarani e os cronistas.

Contudo o padre Lozano era categórico quando falava dos Caaigua — aqueles da floresta — que não são outros senão os Aché: "Toda sua intrepidez é conduzir o assalto de noite, por traição, contra os que estão dormindo; menos por desejo de se vingar, ou por cobiça do butim, que estimulados por seu apetite de carne humana, pois eles se empanzinam, como faria um tigre, com o cadáver dos defuntos; e a esses ataques eles o chamam guerra e se dão assim a si mesmos o nome de belicosos". Que pensar de tudo isso? Seja que os Guayaki, canibais noutros tempos, cessaram de sê-lo por razões desconhecidas; seja que as informações do historiador — que, na ocorrência, contentava-se em reproduzir os relatos dos Guarani, então inimigos jurados dos Caaigua — eram inexatas e que a acusação de antropofagia dirigida contra esta tribo era puramente caluniosa. A segunda hipótese era mais verossímil, pois não era a primeira vez que os Brancos, na América do Sul, qualificavam de canibal uma população indígena. Quando as primeiras vagas de conquistadores espanhóis atracaram nas ilhas, depois no litoral da Venezuela e das Guianas, encontraram lá poderosas sociedades, muito dadas à guerra contra seus vizinhos. Eram os índios Caribe, que partilhavam com os Tupi-Guarani o hábito de matar cerimonialmente seus prisioneiros de guerra e depois devorá-los em grandes festins para os quais convidavam os amigos. Em seguida a esse primeiro contato entre antropófagos e ocidentais, estes, horrorizados, batizaram o que lhes parecia o cúmulo da selvageria com o nome que se davam a si mesmos aqueles que se regalavam com a carne de seus semelhantes: canibal é a deformação espanhola de *carib*.

Ora, à medida que os Brancos acentuavam sua penetração no continente, descobriam cada vez mais tribos antropófagas, e a América do Sul chegava quase a aparecer não mais como o Paraíso Terrestre, assim como Colombo tinha acreditado por um momento ao aproximar-se do delta do Orinoco, cujos diversos braços confundiu com os sete rios do Éden, mas como um Inferno cujos habitantes não sonham senão em comer-se uns aos outros. O que se passava na realidade? Na maior parte dos casos, o canibalismo foi tão simplesmente inventado: não como fruto de uma imaginação — o que teria sido desculpável em se tratando de pessoas ancorando nos rios de um mundo totalmente desconhecido — pronta a exagerar os riscos corridos e as disposições bárbaras desses selvagens de que não se tinha certeza que fossem mais homens que bichos, mas como uma mentira cínica destinada a encobrir e justificar a política dos colonizadores brancos. Com efeito, já que os teólogos, ao termo de longas e pacientes controvérsias, haviam decidido que os habitantes do Novo Mundo eram criaturas de Deus providas de uma alma imortal, já que a humanidade lhes era reconhecida de maneira cristã, não se podia ao mesmo tempo proclamar a santa vontade de evangelizar esses espíritos até então prisioneiros das trevas e do Mal, e reduzi-los à escravidão. Era um ou outro. Naturalmente, as decisões das cortes de Madri e de Lisboa não faziam o jogo dos Conquistadores que, menos preocupados que os clérigos e os funcionários espanhóis e portugueses em ganhar almas para o Senhor, mais sonhavam, de sua parte, em fazer fortuna aqui embaixo, e o mais rápido possível. Mas, para isso, era preciso explorar os índios e escravizá-los. Como contornar uma legislação destinada a "proteger" esta mão de obra gratuita, e contrária por isso mesmo aos interesses dos novos senhores da América?

A guerra às tribos era interdita e reputada ilegal, salvo em um caso em que se tornava legítima e mesmo recomendável: quando se tratava de índios canibais. Contra eles, luta de morte e sem piedade. O problema se achava resolvido: bastava proclamar que tal tribo praticava a antropofagia para justificar as expedições dirigidas contra ela. Doravante, desde que se tinha necessidade de escravos, ia-se buscá-los sob o piedoso pretexto de que essas pessoas eram perigosas para seus vizinhos, que matavam para comê-los. Era falso, quase sempre, mas muitas tribos pereceram nas plantações ou nas minas dos europeus, desejosos somente de agir livremente nos feudos que se repartiam, para fazer crescer mais facilmente seu lucro. Em suma, a reputação de antropofagia era rapidamente adquirida nos séculos XVI e XVII e a lista das populações canibais se estendia à proporção das necessidades de escravos colonos.

Não teria sido o mesmo com os Guayaki? Eu me inclinava a pensar assim. Talvez os primeiros jesuítas, seguindo nisso um exemplo generalizado na época, tivessem atribuído levianamente a esses índios — tão bárbaros que se recusavam a ouvir as palavras de paz — um dos dois pecados capitais que os europeus de então fingiam crer que os indígenas americanos passavam seu tempo a cometer: primeiro a antropofagia, em seguida o *pecatus nefandus*, a homossexualidade. No Brasil contemporâneo, designam-se ainda frequentemente os índios com o nome de *Bugres*, do francês *bougres*, que quer dizer, búlgaros: esse povo era, naquele tempo, tão renomado entre os ocidentais pelo seu gosto da inversão sexual, que dizer búlgaro (*bougre*) ou sodomita era a mesma coisa. Esse substantivo tornado adjetivo foi a seguir generosamente aplicado aos índios. Em suma, os Guayaki, como os outros, eram falsos canibais e o padre Lozano errou ao tomar a sério velhas fofocas. Meu trabalho entre os Guayaki perdeu aí um atrativo certo, mas as coisas eram assim e não se falou mais nisso.

Dois meses se passaram desde minha chegada entre os Guayaki. Continua a fazer muito calor, os mosquitos não se desarmam, e tudo isso não encoraja muito a fazer avançar a ciência. Cada dia, contudo, traz seu lote mais ou menos copioso de informações e, mesmo se preguiça ou langor tropical freiam o gosto para o trabalho e o sentido do dever, basta olhar em torno de si a vida cotidiana: um mínimo de atenção permite sempre descobrir alguma coisa de novo. Eis-me um dia em companhia de Jygi (Rã). Desde que em janeiro o jaguar devorou Chachuwaimigi e que um pouco mais tarde Perechankangi, Vagina-Pau Seco, apagou-se, de velhice provavelmente, Jygi é a mais idosa entre os índios. Pequena velha seca e muito alerta ainda, ela não resmunga ao encher sua cesta e partir para a floresta com um ou outro de seus filhos. Ela não se ocupa muito do que se passa em torno dela e, se algum pequeno trabalho não a absorve, ela brinca, gentil e terna avó, com seu *kimonogi*, seu neto. Ela nutre pouca simpatia para com os Estrangeiros, que de bom grado acusa de serem sujos e grosseiros. Quando Japegi, seu filho celibatário, rompeu suas relações amorosas com a esposa de Kajawachugi, Jygi regozijou-se. Isso não a entusiasmava muito, a perspectiva de ter por *Katy*, nora, uma mulher *irõiangi*.

Partindo do princípio — nem sempre fundado — de que os velhos veem mais longe que os outros e são então os melhores informantes, e considerando-se o fato de que Paivagi não me leva em absoluto a sério — sem dizer, ele me considera verossimilmente como um pouco *tawy*, idiota —, eu pedi a Jygi que concordasse em conversar um pouco comigo. Ela aceitou e, de joelhos, examina em minha choça todas as minhas posses de *Beeru*, sempre beliscando em um saco os bombons que ela tem alguma dificuldade em tirar do papel. Eu queria interrogar Jygi sobre os filhos que ela teve — e que foram numerosos, sete ou oito — com seus diferentes maridos: aliás, quase todas as mulheres Aché tiveram mais de três filhos. Por que a população da tribo decresceu tão fortemente, quando ao contrário deveria aumentar ou, ao menos, permanecer estável? Primeiro por causa das perseguições dos Brancos, que abateram dezenas de índios; em seguida — mas em menor grau — pelo fato dos assassinatos de crianças, ora rituais no caso da "vingança", ora cometidos por uma conveniência pessoal, quando por exemplo uma mulher mãe já de uma criança não desmamada pare um outro bebê, que é preciso suprimir por impossibilidade de poder aleitar ao mesmo tempo dois lactantes e nomadizar na floresta transportando dois *kromi*. Se todos os filhos de Jygi tivessem sobrevivido, eles seriam agora adultos na maturidade, pois o caçula, Japegi, é um homem de uns trinta anos. Ela conta, e é a melancólica ladainha que nem me afeta mais, tanto já ouvi: "*Beeru mata, Beeru juka*, os Brancos o capturaram, os Brancos o mataram". Por vezes Jygi pergunta: "Você não encontrou fulano, um de meus filhos? Os Brancos o levaram para aquele lado", e ela indica uma direção. "Eu não o vi, eu não estive lá ainda." A bem dizer, escuto com um ouvido um pouco distraído, ambos estamos à beira da sonolência, ela contudo mais acordada pois não cessa de sugar os *kramero*. "E esse então, quem era? — Uma garota, grande assim." Põe a mão na altura de uma criança de três ou quatro anos. "Ela está morta? — Morta. Os Aché a mataram — Por quê? — Para vingar — Ah! Bom. E então, eles a enterraram, *juta*." Eu nem mesmo espero que ela o diga, já que é assim que procedem os Aché. "E aquele outro? — *Juta-iã, kaimbre, duve rõ u pa modo!*" Nesse momento, eu não presto senão uma atenção flutuante ao que ela acaba de dizer, antes inclinado a abandonar-me ao torpor de uma tarde silenciosa povoada somente por um ranger estridente, parecido ao de nossas cigarras. De fato, é o tom de Jygi que me põe alerta: ela falou com uma voz mais forte, ligeiramente irritada.

"Você falou o quê?" Ela repete e insiste: "*Cho memby juta-iã rõ u pa*". Silêncio. Olho-a, bruscamente teso e perturbado, como quem descobre de repente o que havia renunciado a encontrar por ter por longo tempo buscado em vão. Então, mais nenhuma vontade de fazer a sesta, é o caçador à espreita de uma caça inesperada. Jygi, sonhadora — na realidade, ela saboreia seus bombons —, não me dá mais atenção. Mas é irrevogável, ela falou, não poderá mais voltar atrás. Quase perdi o fôlego. Quando respondi em seu lugar que se havia enterrado sua filha vítima de um assassinato ritual, ela corrigiu vivamente: "Enterrada não! Ela foi assada; em seguida eles a comeram!". Depois ela confirma: "Minha filha, não a enterraram. Os Aché a comeram". Eis então: os Aché Gatu são mesmo canibais, eu não duvido um segundo de que essa velhinha toda preguejada e cheia de rugas me tenha dito a verdade. Rapidamente, mas sem deixar Jygi adivinhar — ela poderia se assustar — o valor do tesouro que acaba de pôr em minhas mãos, eu lhe pergunto quem, outrora, comeu sua filhinha, como foi cozida e de que maneira foi consumida. A tudo ela responde de boa vontade, demorando somente por seus esforços de memória, pois foi há muito tempo que isso se passou. Eu aproveito e a interrogo a propósito de mortos mais recentes: mesma coisa, os Aché Gatu assaram e devoraram seus *manove*. Que dia ótimo! Inútil exigir mais, Jygi se cansaria e, além disso, tenho vontade de saborear sozinho minha descoberta. Dispenso a deliciosa Rã agradecendo-lhe com uma sinceridade que ela está longe de suspeitar. "Você falou muito bem! — *Go!* Eu sei contar muito bem!", ela aquiesce sem pestanejar. Ela leva o saco de bombons, ela bem os mereceu.

No dia seguinte, inquérito policial a partir das informações de Jygi. Primeiramente: obter confirmação de todas essas informações; em segundo lugar: saber por que me enganaram. Vocês vão se ver comigo, Tokangi, Jakugi e outros *kamevwã*, mentirosos! Eu me regozijo antecipadamente pensando na confusão em que vou poder mergulhar esses espertos, e passo à ação. Primeira vítima, meu "pai", Tokangi, tão prolixo em descrever as longas tumbas onde pretensamente se colocam os mortos. Ele até contou como tinha com suas próprias mãos cavado a de seu padrinho Kyrypyragi. Este, sucessor de Terygi na chefia da tribo, caiu um dia numa emboscada armada pelos Brancos e morreu crivado de balas. Os Aché fugiram mas voltaram alguns dias mais tarde ao local a fim de prestar os últimos deveres ao desaparecido. "Eu sou o enterrador de meu padrinho", afirmou Tokangi. Lembro-lhe de nossa entrevista, que ele não esqueceu, e ele confirma: "Sim, eu cavei a tumba de Kyrypyragi". Vou pegá-lo em flagrante pois, precisamente, Jygi comentou em detalhe o destino póstumo deste homem.

Deixo meu pai comprometer-se um pouco, depois: "Muito bem! Eis agora como as coisas se passaram. Foi Jygi quem me contou tudo". (Eu sou obrigado agora a indicar uma fonte que Tokangi não poderá contestar.) E repito o que aprendi na véspera. Meu interlocutor está muito atento, ele até aprova com a cabeça, várias vezes, como se dissesse: "Sim, sim, é isso mesmo!". Ele não parece muito surpreso com meu saber tão recente, e, se eu contava obter dessa maneira um triunfo fácil, perdi meu tempo. Apenas um *Teeh!* pouco espantado, seguido de um "*Nde kwa ma, ko!* Então, você acabou por saber!". Nem o menor esforço para sair da contradição, ele a aceita muito tranquilamente.

O caso de Kyrypyragi é perfeito, já que Tokangi e Jygi estavam presentes quando ele morreu. Uma vez certos de que os Brancos não rondavam mais a região, os Aché voltaram ao local. O cadáver estava já em vias de putrefação e não se pôde proceder como de costume. Com suas facas de bambu, os homens cortaram as porções de carne consumível: músculos das espáduas, das pernas, dos braços. Jygi mesma, então grávida dessa garotinha que mais tarde os Aché mataram, recebeu um pouco de carne do braço. O pênis, tiveram de deixá-lo: *ine pute*, fedia muito. Quanto a Tokangi, ele não comeu, pois não se come o padrinho. Em compensação, ele enterrou efetivamente os restos não comestíveis, assim como havia dito, mas não em uma fossa ao comprido; cavou simplesmente um buraco destinado a proteger o cadáver dos animais. A princípio, era preciso voltar mais tarde para quebrar e queimar o crânio, se os Brancos não infestassem demais a região. Meu "pai" mentiu então de fato, enganando-me sobre a forma da tumba, e por omissão, evitando falar-me da antropofagia. Ele concorda de bom grado: "*Kamevwã provi!* Eu menti um pouco!". Mas por que esconder isso? Se uma pressão religiosa qualquer — católica ou protestante — se tivesse exercido sobre os Aché Gatu, ter-se-ia podido compreender que os índios tivessem renunciado ao que se lhes apresentava como um gravíssimo pecado. Mas não houve, graças aos céus, nenhum esforço de evangelização, jamais eles viram religiosos. Tokangi me põe a par: foi seu "protetor" *beeru*, desde muito tempo ao corrente desta prática — para ele infame — dos Guayaki, que lhes proibiu formalmente e sem dar a razão, que de resto ele tinha sido incapaz de formular, de falar disso a quem quer que seja. Ele não teria suportado a vergonha de ser considerado chefe de uma tribo de canibais. Os índios, perplexos de ter que se calar ao que não era para eles senão um ritual em sua vida religiosa, obedeceram. E se não fosse Jygi, a quem sem dúvida, em vista de sua idade, ninguém havia julgado conveniente transmitir a ordem, e que ignorava então esse novo tabu, eu não teria talvez jamais visto que Lozano dizia a verdade tratando os Caaigua como desenfreados canibais. Muito rápido, os Aché Gatu souberam que eu sabia, nenhum dentre eles tentou esquivar-se e todos, desde logo, aceitaram evocar esses fatos que não exigiam nenhum segredo. Simplesmente, em comum acordo e para nos evitar a uns e outros inúteis complicações, convencionou-se em não abordar jamais essas questões em presença do paraguaio que, até o fim, não se ligou ao teor de um bom número de nossas conversas.

Ao mesmo tempo aborrecido com a atitude dos índios que à sua revelia tinham querido me esconder alguma coisa — eu não me considerava (pode-se bem perguntar por que) digno de sua inteira confiança? —, e radiante com essa ocasião de estudar o que é o mais profundamente estrangeiro à nossa cultura, a antropofagia — o etnólogo não partilha menos, pelo menos no início, das fascinações próprias ao Ocidente —, eu consagrei ao problema tempo o bastante para que os Aché pudessem considerar-me um obsedado pelo canibalismo, até mesmo um praticante desse rito.

"*Ure ro Ache vwa, Aché kyravwa.* Nós somos comedores de homens, comedores de gordura humana." Os *kyravwa*, que os Aché Gatu situavam a leste, eram eles mesmos. Desde que não faziam mais mistério, ficou então claro que o eram, e apaixonadamente. Seria pouco dizer que apreciavam a carne humana, eles eram doidos por ela. Por quê? *Eẽ gatu*, explicavam, é muito doce, melhor ainda que a carne de porco selvagem. O que mais se aproxima dela, do ponto de vista do sabor, é a carne do porco doméstico dos Brancos. Mas, acima de tudo, há gordura. Um homem é mais gordo que qualquer animal da floresta; entre a pele e a massa muscular, há sempre uma camada espessa de *kyra*, e isso é realmente bom. "*Kyra gatu!* Gordura boa!", comentavam meus informantes brincalhões beliscando-me o bíceps. "*Gaiparã! Jypi pute!* Está magro! Bem seco!", eu respondia, e todo mundo caía na gargalhada. Representam-se comumente os canibais como tipos de monstros perversos que matam seu próximo para se saciar. É bem nesses traços que Lozano os imaginava. Parece que em outras regiões do mundo, na Polinésia notadamente, o componente alimentar da antropofagia foi essencial, fundado talvez sobre a raridade crônica dos recursos em proteínas. Circunstâncias históricas excepcionais podem igualmente conduzir homens, que se acreditavam até então perfeitamente ao abrigo de semelhantes "horrores", a abandonar-se a isso para sobreviver. Foi o caso — mas não se gosta muito de falar disso — no curso dos combates nas ilhas do Pacífico, tanto entre as tropas norte-americanas quanto entre as japonesas e também, diz-se, nos campos de extermínio nazistas. Não há nada disso evidentemente entre os Aché, cujo regime alimentar era marcado antes por um excesso de proteínas, pois que a carne constituía o principal de sua alimentação. Eles não matavam para comer, eles comiam simplesmente seus mortos. A diferença é considerável: é a que distingue, ao menos em princípio, o exo do endocanibalismo. Os Guayaki são endocanibais ao fazerem de seu estômago a sepultura última dos companheiros. Mas não se mata ninguém por isso, os únicos Aché eliminados por assassinato são as velhas mulheres impotentes e meninas muito jovens para o ritual do *jepy*. Mas mesmo o exocanibalismo, que consiste em consumir humanos exteriores à tribo, quer dizer, inimigos, não implica em absoluto que se faça a guerra aos vizinhos hostis para regalar-se. Os Tupi-Guarani, grandes canibaleiros, como diziam os cronistas franceses do século XVI, massacravam e comiam em solenes cerimônias seus prisioneiros de guerra: eles não os capturavam para o repasto antropofágico. Era o destino de um cativo ser devorado por aqueles que o capturaram. Mas até o dia fatal, o prisioneiro vivia livremente na vizinhança de seus senhores, por vezes mesmo tomava mulher, tinha filhos, esperando o momento — inelutável — da execução, que podia não ter lugar senão anos mais tarde. Thevet e Léry ficavam escandalizados, mas não mais que os Tupinambá diante do procedimento dos Brancos para eles completamente absurdo e bárbaro, de privar os prisioneiros de sua liberdade encerrando-os em calabouços.

Quando Terygi e os seus exterminaram uma parte dos Aché inimigos para se apropriar de suas mulheres, comeram sem exceção todos os homens que tinham flechado. Mas não os atacaram para isso. Era antes uma boa ocasião, tanto mais bem-vinda quanto rara ela era — não é todos os dias que se matam num só golpe sete ou oito *Irõiangi* — de regalar-se com essa iguaria especialmente deliciosa, a carne humana. Conversando com Jyvukugi, eu lhe perguntei se ele já havia comido da carne de não-Aché, por exemplo, de Machitara. Sim, ele tinha provado uma vez um Guarani que caçava solitariamente na floresta. Ele tinha vindo se meter no meio do grupo de caçadores Aché. Antes mesmo que o infeliz pudesse esboçar um gesto de fuga, as longas flechas tinham-no transpassado, e a tribo fez um festim, do qual não participaram, bem entendido, os homens que tinham lançado as flechas. Aqui, igualmente, tratava-se menos de rito que de comer bem: por que se privar, agora que se acabava de matar um inimigo? "E da carne de *Beeru*, você comeu, Jyvukugi? — *U iã wyte*, eu não comi ainda", responde, e seus olhos se dobram num sorriso debochado. Diria a verdade? De qualquer modo, isso não é muito importante, e ele não falará mais. Em suma, mesmo quando os Aché Gatu mataram pessoas exteriores à tribo e as comeram em seguida, eles não as tinham matado contudo para esse fim. Eu não registrei senão uma exceção, ainda que bastante ambígua. Um homem foi flechado outrora por causa do desejo de uma mulher de comer carne humana. Bujamiarangi (um homônimo daquele que copulava com o tamanduá) era um Aché incestuoso. Um dia, ele esqueceu que essa linda *dare* que partilhava sua choça era sua própria filha, ele não viu nela mais que uma mulher desejável, e a possuiu. Essas coisas acontecem raramente e as pessoas, comentando severamente e zombando do culpado, não julgam que lhes caiba castigar a falta: sabe-se bem que em sua morte os Bujamiarangi se transformam em veado. Mas ele tomou gosto e persistiu em fazer *meno* com sua filha, em lugar de gozar uma vez e não pensar mais nisso. Sua obstinação indispôs os Aché e uma mulher exigiu que seu marido se encarre-

Os canibais 245

gasse de matar Bujamiarangi: "Quem faz amor com a própria filha, falta-lhe totalmente valentia, os Aché não querem ver isso. Vá flechá-lo!". E ela acrescentou, para dar a seu marido uma razão suplementar para realizar o assassinato: "Estou com vontade de comer carne de Aché. Aquele que é preciso flechar, o possuidor da própria filha, é Bujamiarangi". O marido matou o pai incestuoso e os Aché o comeram. O que foi mais potente na alma da esposa irritada: o horror do incesto ou o desejo de carne humana? E o primeiro poderia ser apenas um álibi para o segundo? Para descrever a ação de Bujamiarangi, os Aché utilizavam muito menos o termo adequado *meno* — fazer amor — que seu equivalente, mas bem mais brutal e selvagem no próprio espírito dos índios: *uu*, ou bem *tyku* — comer. "Bujamiarangi come sua filha, e eu quero comer Bujamiarangi", eis de fato o que dizia a mulher. Queria ela, mas sobre um plano inconsciente, copular simbolicamente com o pai comendo-o realmente, da mesma maneira que ele próprio comia simbolicamente sua filha copulando realmente com ela? Talvez, com efeito, a ambiguidade semântica das palavras pudesse suscitar uma necessidade de carne fresca que disfarçava secretamente um desejo de ordem bem diferente. Por que os Aché seriam menos sensíveis que nós à carga erótica que a linguagem deixa por vezes irromper?

Descrições de repastos antropofágicos, eu os obtive em quantidade, pois até sua chegada em Arroyo Moroti, isto é, um pouco mais de três anos antes, os Aché Gatu tinham comido todos os seus mortos, salvo se era muito arriscado para eles permanecer, por causa dos Brancos, no local do falecimento. Comer carne humana não é consumir carne de caça; é um ato que, para além de sua forte dimensão profana de gulodice, envolve também toda uma profundidade sagrada, na medida em que é tratamento dos mortos pelos vivos. Os *Irõiangi* os enterram, os Aché Gatu os comem: cemitérios ambulantes, de alguma forma. Não há exceção à regra. Quaisquer que sejam a idade, o sexo, as circunstâncias da morte — violenta ou "natural" — todos os mortos são comidos. Assim, as crianças que pereceram vítimas de assassinatos rituais foram comidas (salvo essas, raras, de quem se diz que são *braa pute*, muito escuras), bem como as mulheres velhas que se despacham quando não podem mais andar (ainda que ninguém, entre os Aché, assegurasse ter algum gosto por essas velhas tão ressecadas que não têm a menor gordura sob a pele). Era preciso realmente, para que os Aché renunciassem a esses banquetes fúnebres, obstáculos insuperáveis: seja que estivessem doentes e por demais sem coragem, seja que a proximidade dos Brancos os impedisse de dispor do tempo necessário para a realização correta do ritual.

A primeira coisa a fazer, quando um bando perde um de seus membros, é avisar o resto da tribo. Sabendo-os próximos, a um ou dois dias de marcha, envia-se um rapaz para adverti-los que um tal morreu e que é preciso voltar: eles chegam imediatamente. Mas por vezes os *cheygi* estão longe demais para que se tenha tempo de esperá-los. Não se pode adiar por muito tempo os preparativos. Nesse caso, uma vez que as coisas são concluídas, vai-se ao encontro dos ausentes para oferecer-lhes, em penhor de amizade, alguns pedaços conservados para eles. "*Pire raa!* Tomem a pele!", diz-se-lhes. Eles ficam contentes de ver que não os esqueceram, e isso é mais proveitoso para os outros. Descuidar-se em levar aos amigos longínquos um pouco da carne do companheiro desaparecido seria sentido como uma injúria sem desculpa, imperdoável, seria um motivo suficiente para que as hostilidades se desencadeassem entre ofensores e vítimas, e doravante só se trocariam flechas. É tão grave quanto recusar um presente; é preciso, certamente, aprender a dar, mas também a receber. É a mesma polidez. Os Aché Gatu contam ainda esta grande cólera de um homem do tempo de Terygi. Ele tinha matado guaribas e, como é normal, deu-os a seu irmão. Mas este, sem dúvida de mau humor, fingiu não ver a carne e não a tocou quando ela foi cozida. O doador se espantou: "Então você não come essa carne de *kraja*? — Não, eu não como", responde o outro secamente. O caçador fica indignado, num instante ele se torna *by-iã*. Ele desfere um grande golpe de arco sobre o crânio do malcriado que foge, mas que uma flecha logo pega e mata. Os Aché o comeram. O assassino todavia teve que fugir, abandonando sua mulher, pois sua vida estava em perigo. Pediu asilo a um bando amigo.

Os canibais

Quando todos os *irondy* convocados estão lá, a festa começa. Primeiro, constrói-se o moquém, *byta*. Confia-se essa tarefa aos jovens recentemente iniciados. Eles plantam na terra quatro paus bifurcados, com mais ou menos cinquenta centímetros de altura, sobre os quais são apoiadas quatro barras. Essa armação é completada com travessas um pouco espaçadas, ligadas às barras com lianas. Obtém-se assim um platô de mais ou menos 1,50 m de comprimento, um metro de largura, sob o qual será aceso um grande fogo. Sobre o *byta*, põe-se a grelhar todos os Aché mortos, com exceção de crianças muito pequenas, que se cozinham nas panelas de barro.

Durante esse tempo, ocuparam-se do cadáver. Com sua faca de bambu, um homem — de preferência o padrinho do morto, se está ainda vivo, corta o corpo. A cabeça e os membros são separados do tronco, braços e pernas são desarticulados, órgãos e vísceras são extraídos de seu alojamento. A cabeça é cuidadosamente raspada, barba e cabelos se se trata de um homem; em princípio é a esposa que se encarrega disso, assim como uma mãe raspa a cabeça do filho. Diferentemente das partes musculosas e dos órgãos — a carne propriamente dita —, a cabeça e os intestinos são cozidos nas panelas. Nada é eliminado do corpo de um homem; do corpo da mulher, tira-se somente seu *pere*, seu sexo, que não é consumido; enterram-no. Acontece por vezes que os intestinos não sejam comidos: não em razão de um tabu alimentar, mas porque fedem demais; nesse caso enterram-nos igualmente. Todo o resto é disposto sobre o *byta*. Embaixo há muitas brasas, as chamas não atingem o moquém, a carne cozinha lentamente. A gordura, a deliciosa *kyra* de Aché, espoca e escorre em grossas gotas odoríferas ao longo das ripas. Para não perder nada dessa gostosura, pegam-nas com os pincéis, que são em seguida sugados com grande ruído. Quando está bem cozido, quer dizer, quando não se vê mais nenhum traço de sangue, reparte-se a carne entre os assistentes.

Quem participa do repasto, quem come o morto? Todos os presentes, jovens e velhos, homens e mulheres, todo mundo salvo os parentes próximos do defunto. Um pai e uma mãe não comem seus filhos, os filhos não comem seus pais e não se comem entre si: esta é a regra. Mas, como toda regra, isso não se respeita sempre escrupulosamente, toleram-se algumas infrações. Jakugi, por exemplo, cometeu uma quando os Aché comeram seu pai, Wachugi. Este, de fato, suicidou-se: estranho fim, pois isso não acontece frequentemente entre os índios. "Eu era do tamanho desse *kybuchu*", diz Jakugi mostrando-me um menino; ele tinha então uns dez anos. Wachugi atravessava um período de infelicidade. Sua mãe, já muito velha, morreu. Ele foi muito afetado e chorou bastante. Ele tinha necessidade de gentileza, de conforto: foi contudo aquele momento que sua mulher escolheu para travar uma intriga galante com Tatuetepirangi, Tatu de Corpo Vermelho. Era demais para Wachugi, ele desejou não mais viver. Que fez ele? Realizou um ato que os índios sabem muito perigoso, mortal mesmo: ele consumiu mel da abelha *irõ* sem misturá-lo com água. Comer mel puro é expor-se a essa doença que não perdoa, o *baivwã*. O resultado previsível não deixou de produzir-se, Wachugi alcançou sua morte, caiu doente e morreu. É poderoso o mel puro. Conforme os ritos, os Aché o cozinharam. "E você, Jakugi, você comeu seu pai?" (eu faço a pergunta quase inutilmente, já que os filhos não comem seus pais) — "Sim, eu comi. Da carne da perna", e mostra a batata da perna — "Oh! Jakugi! Você comeu seu pai, e contudo *ja apã u iã*, não se come o pai! — Não muito! Só um pouquinho! Assim!" E ele mede com a mão o que equivale ainda assim a um bife de bom corte. "Eu era pequeno, eu não sabia, me deram e eu peguei." Ele arranja desculpas, e com razão, pois ele não deveria ter aceito. Mas mesmo assim não é muito grave, a rigor pode-se permitir esse gênero de infração. Em compensação, as mais severas proibições não são jamais transgredidas: não se verá jamais um irmão comer a irmã, um pai comer a filha, uma mãe comer seu filho e reciprocamente. Os membros da família de sexo oposto não se comem entre si. Por quê? Porque comer alguém é, de uma certa maneira, fazer amor com ele. Que um pai coma sua filha e ele se encontra então, metaforicamente, em estado de incesto, como Bujamiarangi. Em suma, os Aché não comem aqueles com quem é proibido fazer *meno*: proibição do incesto e tabu alimentar se recobrem exatamente no espaço unitário da exogamia e da exocozinha.

Por outro lado, qualquer um pode comer qualquer coisa? Sim, excetuando-se a cabeça e o pênis. No que concerne à primei-

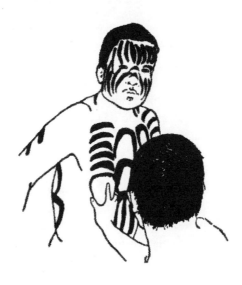

FIG. 22: uma mulher aplica pintura em seu marido doente.

ra, ela é, como a cabeça dos animais, reservada aos anciãos, homens e mulheres, e interdita aos jovens caçadores, sem dúvida pela mesma razão: eles seriam vítimas do *pane*. Quanto ao pênis — como a cabeça, cozido —, ele é sempre destinado às mulheres e, entre elas, àquelas que estão grávidas. Elas têm assim a certeza de dar à luz um menino. Quando os Brancos mataram Kyrypyragi, Jygi precisamente achava-se grávida. Infelizmente, não se pôde recuperar o pênis desse cadáver já apodrecendo e Jygi, a quem normalmente o teriam dado, teve que passar sem ele. Resultado: ela pariu uma menina, o que teria sido evitado se tivesse podido comer o pênis.

Um "legume" acompanha a carne humana: cerne ou broto de palmeira pindó, cozido com a cabeça e as vísceras, assado no moquém com a carne. Não é um simples acompanhamento. O vegetal preenche aqui uma função bem precisa: neutralizar a "dureza" excessiva, a "força" grande demais, o *myrakwa* que faz da carne humana uma comida diferente de todas as outras, e perigosa para aqueles que a consumissem pura. Como o mel puro, a carne humana não misturada a outra coisa produz o *baivwã*; a água e o pindó — comidas neutras que nenhum tabu onera — abolem o poder nocivo do mel e da carne. Misturada ao palmito, ela perde sua "força", pode-se comê-la sem medo, ela tornou-se uma carne como as outras. E pode-se então comentar tranquilamente: "*Pire kyra wachu! Kyra gatu!* Pele bem gorda! Boa gordura!". Não se come tudo no curso desse repasto, é demais. O resto, enrolado em palmas e samambaias, será consumido frio nos dias seguintes, ou levado aos *cheygi* que não se pôde avisar. Quanto aos ossos, quebram-nos para extrair o tutano. As mulheres, sobretudo as velhas, adoram. O banquete está terminado. Resta submeter os jovens que construíram o *byta* ao ritual de purificação. Lavam-nos com a água onde se mergulharam as aparas da liana *kymata*, para evitar-lhes o *baivwã*. Depois, como entre os *Irõiangi*, quebra-se o crânio e queima-se. Isto feito, vai-se embora. O moquém é deixado ali mesmo, ao menos quando serviu para assar um adulto. Duas razões para isso, explicam os índios: se os *irondy* vêm a passar por lá, compreenderão que um Aché morreu, e eles o chorarão. Mas se os visitantes são Estrangeiros, portanto inimigos, saberão que há na região canibais, ficarão com medo e fugirão. Se o *byta* foi utilizado para uma criança, destroem-no.

Raramente as pessoas agem sem saber por quê. Quase sempre tem-se alguma coisa a dizer a propósito do que se faz — mesmo se, o mais frequentemente, esse discurso é inadequado e mais marcado de ideologia que de verdade. Ora, tal parecia contudo ser o caso dos Aché Gatu que, não fazendo mais nenhum mistério de sua antropofagia, mostravam-se curiosamente incapazes de fornecer a menor explicação para esse rito: eles eram canibais sem saber por quê. "Por que vocês são *kyravwa*?" As respostas não variavam: "Porque nós fazemos como os ancestrais", ou ainda, tautologia rigorosa que não esclarecia nada: "Nós comemos os Aché porque nós somos canibais". Não se podia obter mais. Era irritante e contudo a boa-fé dos índios não podia ser posta em dúvida: por que, falando de seu canibalismo com a mais inteira liberdade, estariam interessados em esconder o sentido que eles mesmos davam a essa prática? No máximo, eu obtinha uma referência puramente alimentar. Kybwyragi conta como, dez ou quinze anos antes, eles comeram Prembegi, esposa de Tokangi. A mulher tinha morrido por causa do *baivwã* do mel. Kybwyragi, então recém--iniciado, ergueu o moquém e seu irmão, igualmente jovem, cortou o corpo. Tokangi não comeu nada pois *ja ime u iã*, não se come o cônjuge. "Eu (diz o narrador), eu comi muito — Por quê? Tinha uma quantidade de gordura! — Mas por que você desejava comer gordura? — Eu não queria continuar sendo magro." Evidentemente, era para ele uma razão suficiente e eu tinha errado, parece, em me obstinar a procurar no canibalismo Aché razões mais nobres que as do apetite.

Os Estrangeiros não ignoravam que seus novos aliados eram *Kyravwa*. Eles o sabiam antes de algum modo, já que para todo grupo Aché os vizinhos são canibais. E quando chegaram a Arroyo Moroti, mostraram-se muito prudentes e reservados em suas relações com os Aché Gatu: estes eram, afinal, bem capazes, pensavam, de matá-los num dia de grande fome para devorá-los. Nada disso aconteceu. Interrogados sobre a antropofagia dos outros, também eles forneciam uma explicação alimentar: "Os Aché Gatu são canibais porque eles gostam de carne humana. — E vocês, por que vocês não são? Porque nós não gostamos de gordura de Aché". Não experimentavam a menor simpatia por esse costume, julgado com reprovação, mas não o diziam publicamente. Não se sabe jamais o que pode acontecer. Em suma, as opiniões de uns e outros convergiam: um canibal é alguém que gosta de carne humana. Até o dia em que, trabalhando com Kybwyragi, eu lhe pergunto por que os Estrangeiros não eram, como ele, canibais. Ele responde imediatamente, peremptório: "*Manomba o*. Oh! Mas eles, eles vão morrer todos! — É mesmo? Por quê? — Porque eles não comem seus mortos". Enfim! As coisas vão se esclarecer.

"*Ache pete bu rõ, ove ikõ ruwy, ove tarã ikõ, Aché jachira vwã Beeru endape*. Quando se enterram os mortos, é como se as *ove* chegassem, há almas em quantidade, que querem levar os Aché para a morada dos ancestrais. Então, *kyrymba iã*, tem-se muito medo. *U pa bu, ianve ikõ iã, ianve veve ma*. Se se comem as pessoas, então não há *ianve*, *ianve* parte voejando." É isso: o canibalismo é uma técnica suplementar de luta contra as almas dos mortos. Para eliminar a alma, é preciso comer o corpo; se não se o consome, *ove* e *ianve* ficam perto dos vivos, prontos a agredi-los, a penetrar em seus corpos para provocar aí o *baivwã* e no final matá-los. Sem nenhuma dúvida para os Aché Gatu, é por isso que os Estrangeiros morrerão logo; eles vivem literalmente no coração de uma nuvem de almas. "Quando não se comem os mortos, há *baivwã*, fica-se muito doente, é a morte." Mas por que diabo os Aché Gatu não disseram tudo isso antes! Estranhamente, foi preciso, para conhecer as razões do que faziam, questioná-los sobre os *Irõiangi*, lembrar-lhes do fato de que estes não são canibais, atrair sua atenção para esta diferença. Remetidos diretamente a si mesmos, eles não deixavam a tautologia: nós somos canibais porque nós somos canibais. Mas arrancados dessa imediata e límpida certeza, articulam de pronto a verdade sob o modo negativo: não ser canibal é condenar-se à morte.

Kybwyragi é certamente o melhor informante entre os Aché. Sutil e paciente, compreende de imediato o que se lhe pede e parece ter prazer em explicar as coisas da tribo, enquanto que para os outros, mesmo para Jyvukugi, as entrevistas se tornam logo fastidiosas. Por vezes, na falta de vocabulário, ou quando as questões são difíceis de formular, eu começo dizendo: "Suponha que eu seja um Aché. O que eu faço nesse caso?". O interlocutor, muito espantado, me olha e não deixa nunca de dizer: "*Teeeh!* Você é um Aché, você. — Não! Absolutamente! Faço de conta que sou!". E o homem explode de rir, tanto que isso lhe parece cômico. Não se sai disso. Com Kybwyragi não é jamais assim, ele antecipa logo a questão que eu procuro colocar, sua resposta é sempre de uma grande clareza. Infelizmente, ele é também, dentre os Aché, o mais "colaboracionista" com os Brancos. Ele crê que para a tribo é a única carta realista e que é preciso jogá-la. Mas ele se engana. Jyvukugi, ao contrário, se mantém na recusa altiva de pactuar com os *Beeru*. Ele foi constrangido a viver entre eles, mas que não se lhe peça mais.

É sobretudo a Kybwyragi que devo a explicação dos Aché sobre seu canibalismo. Ela se funda sobre a ideia de *pakryra*. Esse termo é incompreensível, já que eu o escuto pela primeira vez, mas

Os canibais 253

ele me é perfeitamente analisado, com método. Kybwyragi parte do contrário de *pakryra*: "Você corre bem rápido, muito. Então, você tem que se sentar para descansar". E imita o corredor arfante, o peito se eleva, bate com a mão no lugar do coração e diz: "*Pakombo*, o coração batendo, isso é quando se está no estado de não-*pakryra*". Prossegue: "Você tem um grande medo, você viu o jaguar, ou então te anunciam a morte de um parente. Você fica completamente sem coragem, você está quase morto". E ele desaba, encostado em uma árvore, parece esgotado, sem vida. "Agora também, *pakombo*, seu coração bate muito forte. É que você perdeu o *pakryra*." E pouco a pouco, à força de palavras precisas e gestos expressivos, Kybwyragi me faz descobrir o que é o *pakryra* que as almas dos mortos arrancam aos vivos. É a situação psicofisiológica do homem normal, sem inquietude, não duvidando de si mesmo: a boa saúde, o bom equilíbrio tanto no coração quanto no corpo. O contrário disso, *pakryra-iã*, é a angústia. Ela pode te atacar de diversas maneiras: um grande pavor consecutivo ao encontro súbito de uma fera, ou uma notícia muito má. Mas o grau mais forte, quase insuperável, é a angústia provocada pela presença invisível dos mortos, é *a angústia mesma da morte*. "Quando não se comem os mortos, fica-se na angústia. Quando se os comem, fica-se bem tranquilo, o coração não palpita. A angústia é a doença mortal, a calma é a saúde. Quando se está angustiado, fica-se sem força."

Um falecimento introduz no seio do grupo uma desordem de natureza sociológica, mas pessoalmente experimentada pelos membros do bando. É uma desordem que não é abstrata, ela é mesmo tão profundamente vivida que produz uma inquietude insuportável e batimentos muito rápidos do coração. A fonte da angústia, sabe-se bem identificá-la: é *ove* que quer penetrar em teu corpo, porque ela acaba de perder o seu, que está lá, último ponto de apoio para ela no mundo dos vivos, duplo visível doravante inerte dela mesma, obstinada a assombrar os lugares que não deve. Sugerem-no o pensamento e a prática dos índios. Seu pensamento: a morte libera a alma do corpo que até então a retinha como "prisioneira" incapaz de fazer mal; mas ela recusa sua nova liberdade, ela busca imediatamente escapar tentando encontrar um outro corpo, tentando invadir o de um vivo. Mas isso leva sempre à morte, por causa do *baivwã*. Como impedir isso? Resposta da prática: para acabar logo com as investidas da alma, é preciso comer o corpo que ela acaba de abandonar. Faz-se obstáculo à conjunção de um corpo vivo e de uma alma de morto estabelecendo uma disjunção entre ela e seu antigo corpo. Quando a morte quebra a unidade viva corpo-alma, cada um dos dois termos componentes subsiste doravante por si, exterior ao outro, estão definitivamente separados. Eles não podem mais coexistir: não é isso mesmo que diz o ritual antropofágico? Os Aché comem o corpo de seus mortos, e isso impede as almas de penetrar no dos vivos. A barreira oposta a *ove* é o corpo mesmo que, vivo, ela habitava, e que agora acha-se lá onde precisamente ela gostaria de ir, no corpo dos vivos que o ingeriram. Se *ove* persistisse em seu esforço para atacar o espaço interior do corpo vivo, o que encontraria lá? Seu antigo envelope, agora despedaçado e consumido, os restos mastigados daquilo com que ela não pode mais entreter relação, o duplo material — destruído, abolido — daquilo que ela própria é. A conjunção — pela perspectiva do repasto canibal — entre corpo vivo e corpo morto é a disjunção entre vivos e "almas mortas", e a supressão do cadáver, tratado como comida, obriga *Ove* a se tornar irrevogavelmente pelo que ela é: um fantasma sem espessura que nada mais tem a fazer perto dos vivos. Leva-a então a fumaça que, das cinzas do crânio voltado para o oeste, sobe no céu para perder-se no mundo superior, Floresta Invisível, Grande Savana, país dos mortos.

É fácil, para nós ocidentais, seguir o pendor natural dessa repulsa diante da antropofagia e imaginar, entre os que sabem que um dia sua vizinhança os comerá, um semelhante sentimento de desgosto e de terror. O que pode pensar um Aché Gatu quando, sentindo sua morte próxima, ele sabe o que estão já antecipando seus parentes e amigos? A certeza: daqui a pouco, eu serei cortado e posto a grelhar sobre o *byta*, os companheiros se regalarão com esse corpo que é o meu, eles quebrarão os ossos para sugar o tutano; esta certeza, podem encará-la calmamente, sem pavor? Se for esse o caso, será preciso então emprestar aos Aché uma impassibilidade mineral, uma indiferença à sua sorte digna dos mais rudes estoicos? Absolutamente.

A perspectiva, para um moribundo, de tornar-se dentro em pouco comida dos outros não o aflige de modo algum. Bem ao contrário, é ele mesmo que, no último momento, quando sente que *Ove* vai deixá-lo, é ele mesmo que, num último diálogo com os outros, insiste para ser comido. Por quê? Porque ele sabe bem que, em pouco tempo, vão acontecer coisas que não poderá controlar: *Ove* ou *Ianve* tentará matar os companheiros. Ele conhece bem a situação, é preciso que seja comido. E pede isso, triste sem dúvida em deixar os amigos e os mais chegados, mas preocupado antes de tudo em não causar-lhes nenhum aborrecimento. Não é que ele tema não ser comido, sobre esse ponto ele pode estar seguro. De todo modo, os *irondy* estão lá, em torno dele, inquietos e pressurosos: "Quando você estiver morto, não queira nos deixar doentes!". Mas há, talvez, pessoas a quem se liga por uma afeição mais profunda, e é sobretudo essas que ele quer proteger de *Ove*. Então lembra-lhes de que terão de comê-lo.

É sempre o mesmo o último diálogo que têm os Aché e o moribundo. Foi assim com o pai de Kybwyragi, com a mulher Prembegi, e com muitos outros. Quando Prembegi morreu, ela tinha dois maridos: o principal, Tokangi, e o secundário, Pyteragi (Costas Peludas, pois ele tinha uma "natureza" de tamanduá — animal coberto de uma pelagem espessa e longa). Dos dois, ela preferia o segundo, amava-o muito mesmo. Quando os Aché se deram conta de que a doença do mel matava Prembegi, perguntaram-lhe: "Você vai nos enviar o *baivwã*?" — Nada de *baivwã*! Comam-me completamente!". Chamou então seu esposo Pyteragi, já todo em prantos, e fez-lhe sua última recomendação: "Eu não quero que o *baivwã* te deixe doente e te faça morrer. Coma-me! Assim, nada de doença, *Ianve* não entrará". O que ele fez, e não ficou doente. Última prova de amor da mulher pelo esposo, último ato de amor do marido para com a mulher.

As numerosas conversas a propósito do canibalismo davam voz a outros aspectos do mundo religioso dos índios. "*Cho rõ X ove*", diziam eles por vezes. "Eu sou a alma de fulano." Tratar-se-ia de uma crença na reencarnação, no sentido de que a pessoa que afirma ser a *ove* de um Aché morto seria efetivamente, sob uma aparência diferente, a alma reencarnada? Pode-se duvidar disso, pois parece que *Ove* não apresenta nenhuma determinação pessoal, ela é um puro princípio neutro sem influência sobre o novo vivo que a abriga. Com efeito, um homem pode ser a alma de uma mulher e, reciprocamente, uma mulher pode ser a alma de um homem. Mas isso não os afeta: um portador de *ove* feminina permanece integralmente um macho, uma portadora de *ove* masculina não perde nada de sua feminilidade. "Ser" a *ove* de fulano não acrescenta nenhuma propriedade ao que eu sou, não me transforma absolutamente. Aquele ou aquela cuja alma eu porto não vive em mim, eu não sou em nada diferente desses que não são a *ove* de ninguém.

Pois nem todos os Aché são a alma de alguém e, além disso, esta crença na "reencarnação" não prevalece senão entre os Aché Gatu. Os Estrangeiros a ignoram. E é normal, já que o meio pelo qual alguém "se torna" a *ove* de um morto é o canibalismo. "Eu sou a *ove* de Terygi", diz, não sem orgulho, Kimiragi, esposa de Jyvukugi. Por quê? Porque quando Terygi morreu, a mulher Dokogi estava grávida. Os Aché Gatu comeram seu chefe e deram o pênis a Dokogi para que ela parisse um menino. Contudo foi uma menina que veio ao mundo, Kimiragi. De sorte que, com efeito, Kimiragi pode se dizer *ove* de Terygi. Da mesma maneira Kybwyragi é a *ove* de Brevipurangi, esse filho de Kyrypyragi que um jaguar matou. A mãe de Kybwyragi, então grávida, comeu o pênis do rapaz. Respondendo à espera geral, ela deu à luz um menino: Kybwyragi é a *ove* de Brevipurangi.

Essa transmigração da *ove* apresenta uma vantagem, na medida em que permite datar mais ou menos alguns acontecimentos e introduzir um mínimo de ordem cronológica no passado recente dos Aché. Desprovidos de todo cômputo do tempo, mal distinguindo o ciclo sazonal anual pela aparição do frio, recortam a duração da vida tribal segundo os fatos marcantes que se produziram, e dizem: "Foi quando Jakugi recebeu seu tembetá, quando os Brancos mataram Chimbegi, quando se comeu Chachugi etc.". Para os

Os canibais

índios, é uma precisão bem suficiente, eles se orientam imediatamente. Mas, e para os outros? Consegue-se ver mais claro graças ao canibalismo. Kimiragi, por exemplo, é uma mulher de mais ou menos quarenta anos. Ora, ela é a alma de Terygi, cujo pênis sua mãe comeu. Portanto a morte de Terygi remonta a mais ou menos uns quarenta anos, no começo dos anos 1920. Da mesma maneira, pode-se datar a morte de Brevipurangi do fim daquele decênio já que Kybwyragi, portador da alma desse Aché, é um homem de uns trinta e cinco anos. E como o pai de Brevipurangi — Kyrypyragi — sobreviveu-lhe alguns anos, adivinha-se que este último, sucessor de Terygi na chefia da tribo, dirigiu os Aché Gatu durante talvez uma dezena de anos. Prova de que, apesar da má reputação que deixou, os Aché não estavam muito descontentes com ele. Senão eles o teriam abandonado. Tudo isso é pouco, incerto, frágil. Mas não se tem escolha, é preciso não desprezar nada, e é o único meio de satisfazer esse gosto maníaco do ocidental pelo calendário.

Em julho tive de me ausentar alguns dias. De volta a Arroyo Moroti, constatei que os Estrangeiros não tinham ainda voltado do lugar distante onde celebravam a festa do mel. Sozinhos, alguns de seus *kybuchu* não haviam seguido os mais velhos e, entre eles, Wachugi, pequeno e valente caçador de uns doze anos. Sem hesitar aceitou acompanhar-me ao acampamento de Jyvukugi, situado a várias horas de marcha dali. Ele trotava em silêncio atrás de mim: impossível caminhar lado a lado, e sobretudo os Aché só sabem se deslocar em fila indiana. Vez por outra, quando eu não via mais qual direção tomar, com um breve *"Govety!* Por aqui!", ele me colocava no caminho certo. Súbito, ele diz, como incapaz de calar por mais tempo uma notícia extraordinária: *"Ache rõ Baipugi kromi u pa modo.* Os Aché comeram o filho de Baipugi. — *Nde Kaury! Kamevwã!* Você está brincando! Você está mentindo! — *Kaury iã! U pa modo!* Não estou brincando! Eles o comeram!". Eu sabia bem que ele não mentia, provocava-o um pouco para incitá-lo a me dizer mais. Mas, visivelmente, tudo isso o interessava menos que a mim e ele se contentou em explicar que os Aché Gatu, desejosos de comer carne humana, haviam cozinhado para comer o pequeno Brikugi. Ele me deu também o nome de todos os participantes do repasto. Eu podia me dar por satisfeito em ser posto ao corrente (teriam os outros me contado? Não estou certo disso) e em saber quem eram os protagonistas. O pai, a mãe e a irmã mais velha do pequeno relataram em seguida como isso se passou.

As circunstâncias, em primeiro lugar, eram propícias para retomar a antropofagia a que os Aché Gatu não tinham renunciado senão desde sua chegada a Arroyo Moroti. Lá eles estavam sós, os *Irõiangi* tinham partido, assim como os Brancos. Ninguém para incomodá-los. Por outro lado, eles estavam muito deprimidos, uma epidemia de gripe, agravada pelo frio de junho e julho, havia levado uma dezena de Aché, inclusive Krembegi e o velho Paivagi. Não estava em questão evidentemente, para os Aché Gatu, comer seus mortos, o *Beeru* tendo formalmente proibido tais práticas. Mas dessa vez, pelo fim de julho, nenhum controle se exercia sobre eles. Eu estou além disso persuadido de que as incessantes conversas a propósito do canibalismo tiveram seu papel nessa ocorrência e que, à força de discuti-lo, o desejo de recomeçar trabalhou os Aché Gatu, para quem a carne humana devia parecer então como único remédio para a melancolia e a apatia que os invadiam.

Foi exatamente assim que Pikygi explicou as coisas: "Eu estava doente, sem coragem. O filho de Baipugi morreu. Carne de Aché é muito bom para não ficar doente. Eu queria sarar". O pequeno Brikugi era um belo bebê de mais ou menos dezoito meses, que começou a andar pouco tempo depois de nossa chegada entre os índios. Ele ia, titubeando e soltando gritos ora de alegria ora de medo, de sua mãe Baipugi a seu pai Kandegi, no meio de um círculo de Aché enternecidos que o encorajavam à meia-voz. Todo mundo gostava muito dessa criança: de todas as que tinham nascido após a capitulação dos índios, ela foi a única sobrevivente, o que tinha dado um pouco de coragem às pessoas. Pikygi, igualmente pai do pequeno — ele tinha feito amor com Baipugi grávida —, não sentia por ele menos afeto que o pai principal, Kandegi. O menino caiu doente e todos nós cuidamos dele, os Aché com sua ternura, os *Beeru* com seus medicamentos. Pelo meio de julho, ele parecia estar muito melhor. Mas, em nossa ausência, breve contudo, seu estado piorou bruscamente e ele morreu, o *kromi* que regozijava os olhos e o coração dos Aché Gatu. Quanto ao que veio em seguida, eles contaram quase com indiferença. Apenas a mãe, cabeça inteiramente raspada em sinal de luto, chorou ao falar. Sem dúvida teria sido melhor deixá-la em paz. "Eu tenho vontade de comê-lo. Não o enterrem! Há muita gordura", disse Pikygi, após ter feito o *jeproro*, esse grito selvagem dos caçadores Aché. Ele soltou o grito, tão profunda era a sua dor, mas também para afastar *Ove*. "*U eme! Pete rõ mi!* Não comam! Cubram-no de terra!", responde Baipugi. Outrora, nos bosques, ela não teria dito nada, mas aqui a pena e a tristeza mudaram as coisas. Contudo, ela não está zangada com Pikygi, ela compreende bem seu desejo. Intervém então Kandegi, o pai: "Se você não enterrar, coma-o então!". E Pikygi repetia: "Eu estou muito doente, quase morto! Eu tenho grande vontade de comer carne humana para sarar. Quando se come carne de Aché, sara-se logo". Em contraponto, o doce lamento da mãe: "Krei sufocou meu filho durante a noite. E agora, eu também vou morrer". Quem era Krei? Era Airagi, avô paterno do pequeno, outrora morto pelos Brancos. Vendo seu filho Kandegi doente — quase todos os Aché o estavam naquele momento —, ele se irritara com Baipugi, sua nora. Julgou-a responsável pelo mal de seu filho e, para puni-la, matou seu menino Brikugi. O pai, morto desde muito tempo, velava ainda por seu filho, ele o vingou.

 Baipugi raspou então a cabeça do menino e enterrou os cabelos, "para que se pudesse comer a pele", diz ela. Pikugi corta o pequeno corpo, retira as entranhas e as enterra: "Não se comerá a barriga, fede muito". Depois, em diversas panelas de barro, ele repartiu os pedaços, misturados, como numa espécie de guisado, com *tangy*, palmito de pindó novo. Pôs-se tudo para cozinhar. Com efeito, os Aché não assam sobre o moquém as crianças muito pequenas. Pela simples razão de que não haveria bastante para todo mundo. Enquanto que, cozido na água com *tangy*, pode se oferecer a cada um uma ração dessa sopa. Quando estava cozido, os presentes comeram, salvo a mãe e a irmã, Baipurangi, esposa de Jakugi. Os homens e as crianças mergulhavam seus pincéis no

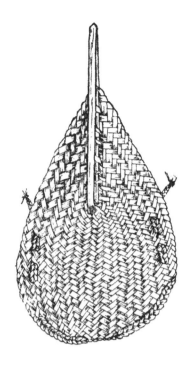

FIG. 23: *pekã*, abano. Serve para avivar o fogo e afastar os mosquitos.

líquido gordo e exclamavam entre cada bocada: "*Tapia gatu!* Boa esta gordura!". Eles comeram tudo, não achando necessário reservar uma parte para os Aché Gatu ausentes como se fazia outrora. Jyvukugi e Kybwyragi, na caça já há alguns dias, não tiveram nada em sua volta; mas eles não ficaram zangados, as coisas tinham mudado.

Jakugi, muito apaixonado por sua mulher Baipurangi, sofre duplamente: ela lhe é infiel e, até o presente, não lhe deu nenhum filho. Ele deseja um menino e queria aproveitar a ocasião desse repasto. Estende-lhe o pequeno pênis da criança para que ela o coma. Mas ela maldosamente recusou dizendo que "não se come o irmão!". É verdade. Mas o motivo de sua recusa reside menos na vontade de respeitar o tabu alimentar que na intenção de ferir Jakugi. Também, quando ele bateu em sua mulher, mais obedecia

Os canibais 261

a um movimento de cólera do que ao desejo de "vingar" o pequeno Brikugi. Pikygi se irritou: ele é o pai de Baipurangi, pois é ele o primeiro marido de Baipugi. Ele acertou alguns golpes em Jakugi, que não revidou. Depois disse à sua filha para vir dormir sob seu abrigo: "Por favor, não seja mais possuída por seu marido!". Ela obedeceu e, vinda a noite, Jakugi pegou a flauta para cantar sua tristeza.

Alguns dias mais tarde reapareceram os Estrangeiros. Anunciaram-lhes a notícia. Eles não ficaram muito surpresos em saber que os outros tinham comido o filho de Baipugi. Em compensação, acharam muito curioso — alguns ficaram mesmo bastante chocados — que os *kybuchu* tivessem participado do repasto canibal. Com efeito, os Aché Gatu haviam convidado os meninos porque, entre os Aché, não se deixa ninguém olhar quando se está comendo. Os *kybuchu irõiangi* tinham então se tornado canibais, sem de resto ficarem muito impressionados, menos, em todo caso, que seu pais: "Estava bom? — Muito doce, muito bom! — *Teeh!*". Eles não acreditavam em seus ouvidos. Não lhes dava prazer saber que os meninos comeram carne humana. Mas não manifestam reprovação, a fim de não vexar os Aché Gatu que, certamente, tomariam a crítica para si. Eles dizem simplesmente, sacudindo os ombros, que "são crianças, eles não sabem!". Eu converso com um jovem *betagi* Estrangeiro cujo lábio foi perfurado o ano passado: "Nós mesmos, nós não somos comedores de Aché!", ele proclama com força — "Por quê?". Ele hesita um segundo, depois: "*Oo iro pute!* É carne muito amarga!". À nossa volta achavam-se dois ou três *kybuchu* que comeram Brikugi. Eu observo ao *betagi* que essa carne não deve ser tão amarga, pois que os meninos a comeram. A objeção pérfida o atinge, e o rapaz fica embaraçado. Vira-se para um dos *kybuchu* e pergunta: "*Jro ko?* É amarga? Diz! — Amargo nada! Eu comi fígado!". Triunfo do rapaz, que grita: "O fígado não é amargo! A pele é que é muito amarga!". O argumento é indiscutível e ele conclui: "Somos nós os bons Aché! Os outros são canibais!". Tom de absoluto desprezo. Ele restabelece em proveito de seu grupo a hierarquia: os inferiores são os outros.

Nós visitamos o lugar do repasto. Os Aché tinham preferido realizar seu rito à distância do acampamento. Baipugi pôs-se de joelhos e chorou pela morte de seu filho. Depois ela indicou um fogo: "Elas estão lá, as cinzas, as cinzas dos ossos que se queimaram". O crânio e o pequeno esqueleto tinham sido quebrados e lançados ao fogo. Mas nem tudo estava calcinado. A mulher revolvia levemente com as pontas dos dedos as cinzas mortas e mostrava um fragmento: "Isto é a omoplata de meu filho. E isto um pedaço de sua cabeça, e do osso de sua perna". As lágrimas corriam em sua face apagando pouco a pouco as pinturas negras do luto, e esse rosto lasso, perturbado, vazio, dizia também do fim dos Aché.

9.
O FIM

Nunca mais revi os índios Guayaki, apesar de várias estadias ulteriores no Paraguai. Eu não fazia questão. Que teria com efeito encontrado? Em minha chegada a Arroyo Moroti, eles eram em número de uma centena. Deixei-os um ano mais tarde: não restavam mais que 75. Os outros, mortos de doença, corroídos pela tuberculose, falta de cuidados, falta de tudo. Os sobreviventes? Destroços desesperados por ter tido que deixar sua pré-história, lançados que foram numa história que não lhes concernia senão para aboli-los. Trata-se na verdade de pouca coisa: apenas uma página a mais no monótono recenseamento — com datas, lugares e números mais e mais precisos — da desaparição das últimas tribos índias. Que é feito agora dos valentes caçadores Aché? Pelas últimas notícias, obtidas em 1968, não sobreviviam mais que uns trinta. Pouco importa aliás, seu número, se estão de todo modo condenados, eles e os outros. A empresa, inaugurada no fim do século XV, chega agora ao fim; um continente inteiro estará livre de seus primeiros habitantes, e esse Mundo poderá logo, a justo título, se proclamar Novo. "Tantas cidades arrasadas, tantas nações exterminadas, tantos milhões de povos passados no fio da espada, e a mais rica e bela parte do mundo transtornada pela negociação das pérolas e da pimenta! Mecânicas vitórias." Assim Montaigne saudava o triunfo americano da civilização ocidental.

E os Aché? Eles não viam que a perda de sua liberdade os impedia de sobreviver? Certamente eles estavam resignados, eles aceitavam passivamente sua sorte. Em raras ocasiões, um homem deixava explodir sua cólera e gritava que queria flechar os Brancos, mas não passava daí. A que aliás os teria conduzido uma revolta? Os *Beeru* pululam, eles sabiam bem, e outros logo substituiriam os que eles matassem. Não tinham escolha, era preciso ficar lá. A morte na alma, davam-se conta disso, e Jyvukugi, mais lúcido que a maioria de seus companheiros, sabia dizer do que se ressentiam. Roguei-lhe um dia que cantasse *prera* de caça para gravá-lo. Mas ele preferiu escolher um outro tema. Cada estrofe, salmodiada num tom de uma tristeza e de um desgosto profundos, morria num pranto, prolongado em seguida pela delicada melancolia da flauta. Cantou naquele dia o fim dos Aché e seu desespero de ver que estava tudo acabado.

Os Aché, quando eles eram Aché verdadeiros, quando os Aché eram verdadeiros Aché, então eles flechavam animais, então ela era boa, a gordura do quati. E agora, os Aché não são mais Aché. Oooh!

Os Aché, quando outrora eles eram Aché verdadeiros, eles flechavam muitos quatis na floresta e todos comiam a pele com gordura espessa. Os Aché não são mais os Aché. Oooh!

Os Aché, os Aché na floresta, eles flechavam todos os animais; os porcos selvagens fedorentos, para matá-los, eles juntavam suas flechas, havia muita carne para comer. Mas os Aché não flecham mais os animais da floresta. Oooh!

Os Aché na floresta juntavam suas flechas para matar os porcos selvagens, eles se regalavam com a carne cujo sangue era bem seco. Agora eles rolam na cinza, os Aché. Eles não flecham mais animais na floresta. Oooh! E agora, quando na floresta escuta-se gritar os animais, os Aché não vão mais flechá-los. Oooh!

Os Aché que outrora matavam jacu, de que comiam a boa gordura, eles ficaram todos magros, eles fedem ao pé de seus fogos, todos negros de cinzas, eles fedem muito. Eles não acossam mais animais na floresta, os Aché, eles pararam de flechar.

Os Aché, na floresta, juntavam suas flechas para matar os grandes porcos selvagens. E quando tinham comido a deliciosa carne, eles ficavam todos bem contentes, os Aché. Eles não atacam mais os animais na floresta. Oooh! Quando eles escutavam na trilha a arruaça dos grandes porcos, o barulho dos maxilares batendo, então os Aché matavam os animais, e de suas presas, eles comiam a boa carne das patas, eles a sugavam como crianças, eles eram todos felizes. Eles não matam mais animais, os Aché! Oooh!

Jyvukugi cantou longo tempo, passando em revista a maior parte dos animais que os Aché caçam. Ele evocou também o grito dos pássaros anunciando a época de ir visitar os *cheygi* para a festa do mel: e, cada vez, para reconhecer que estava acabado, que tudo isso tinha desaparecido para sempre. Sem dúvida ele exagerava ao proclamar que os Aché tinham renunciado à vida da floresta para rolar nas cinzas de seus fogos; eles continuavam a caçar. Mas não era mais igual, Jyvukugi não se enganava, ele lia claramente o destino da tribo, ele via bem que já se deixava revelar o fedor da morte.

De minha parte, desejo dar preferência à lembrança da piedade Aché, daquela gravidade de sua presença no mundo das coisas e no mundo dos seres. Testemunhar uma fidelidade exemplar a um saber muito antigo, que num instante a selvagem violência do nosso dissipou. Guardar viva, por exemplo, a memória da acolhida senhorial que os Estrangeiros, no retorno da floresta, reservaram a essa mulher branca deles ainda desconhecida. Eles a viram e logo suas mulheres, de joelhos e face escondida entre as mãos, entoaram um potente *chenga ruvara*: não de luto ou de tristeza, mas de prazer e de amizade, como se faz na intenção de quem é bem-vindo. Na falta de poder pronunciar o *l*, ausente de sua fonética, os Aché impuseram a seu nome uma leve transformação e ela tornou-se, para todos, Erenagi.

É absurdo disparar flechas na lua nova, quando ela desliza por sobre as árvores? Não para os Aché: eles a sabem viva, sua aparição no céu faz correr nas *kuja* o sangue menstrual, fonte possível de má sorte para os caçadores. Eles se vingam, o mundo não é inerte, é preciso defender-se. A esse preço, os Aché souberam com tenacidade, séculos a fio, manter no coração secreto da floresta sua

O fim

furtiva e tímida existência de nômades. Mas o abrigo foi violado, e foi como um sacrilégio.

Era noite. *Iva javu*, a tempestade falava. Por toda parte, os rugidos do trovão, a chuva fustigando as choças de palma, o vento que torcia os altos ramos dos velhos gigantes da floresta. Quando Chono deixava, em breves intervalos, um instante de silêncio, ouvia-se o ruído seco do mato quebrado pela força de tormenta. A violenta luz branca dos raios arrancava das trevas o acampamento silencioso, a ponto de apagar por instantes a claridade dos fogos de que o vento curvava as chamas. Tudo isso, eram os *pichua* de uma mulher *irõiangi*, morta na véspera, e que os Aché acabavam de enterrar. Seu genro, Kajawachugi, sentado ao pé de seu fogo, observava pensativamente, sempre atiçando o fogo com um gesto distraído. Eram realmente grandes *pichua*, Ove havia se juntado ao senhor do alto, Chono. Isso durava muito e cabia a Kajawachugi acalmar a sogra. Após cada trovão, ele gritava com uma voz aguda, cabeça erguida para o céu: "*Nde pichuare, baky emeeee!* Você que faz todos esses *pichua*, queira não mais choveeer!". Foi assim durante duas horas, enquanto a velha não foi apaziguada. Por fim ela consente em ouvir a súplica do homem. O vento caiu, a chuva cessou, Chono afastou-se para o norte. Os Aché nem acordaram, Kajawachugi tinha protegido seu sono. Além do alegre crepitar do fogo, não se ouvia mais que o bater das gotas d'água sobre as folhas. Até bem depois que no céu limpo apontaram as estrelas, a chuva continuou a deslizar lentamente do alto das árvores.

FOTOGRAFIAS

Acampamento guayaki na floresta.

O velho Paivagi.

Chachubutawachugi.

Krembegi.

Recolhimento de larvas.

Chachubutawachugi no momento de partir
rumo à procura de mel na floresta.

Construção da casa reservada à iniciação dos meninos.

Construção da casa reservada à iniciação dos meninos.

Os *kybuchu*.

Os *kybuchu*.

Os *kybuchu*.

Menina.

O *kybuchu* Wachugi.

A mulher Pichugi e seu bebê.

Pinturas curativas.

Preparativos do parto.

Ritual de purificação após o parto de Pichugi.

Ritual de purificação após o parto de Pichugi.

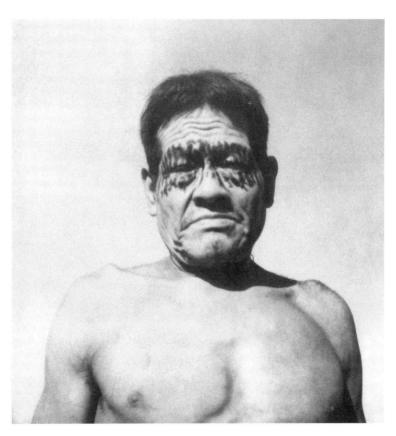

O velho Tokangi.

Homem doente.

Chachubutawachugi e seus adornos.

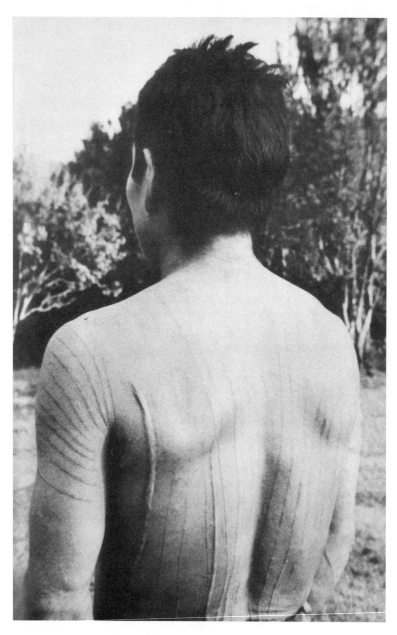
Ritual de iniciação: as escarificações.

O *betagi* Kajapukugi.

Pesca com arco.

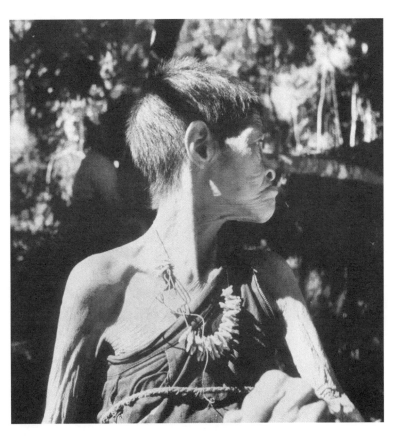

A velha Perechankangi (Vagina-Pau Seco).

Canto pela morte da mãe.

Jakugi.

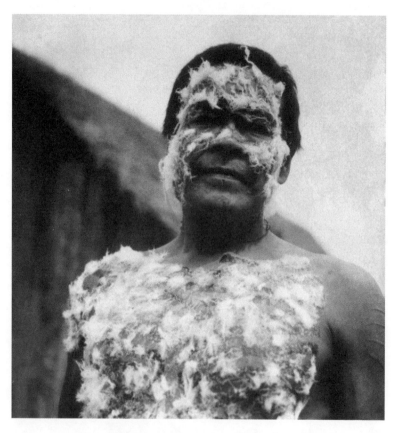
Homem doente recoberto de penugem de urubu.

Jyvukugi, o "chefe" dos Aché Gatu.

Jyvukugi, o "chefe" dos Aché Gatu.

Ritual de iniciação da jovem Chachugi.

NOTA SOBRE A GRAFIA DOS TERMOS GUAYAKI

Para simplificar as transcrições de termos indígenas, as convenções fonéticas foram reduzidas ao essencial.

"j" se pronuncia "dj", como em inglês;
"ch" se pronuncia "tch", como em espanhol;
"y" é a sexta vogal do guayaki, próxima de um "u" gutural.

~ indica nasalização. Todas as vogais podem ser nasaladas.

O guayaki, como todas as línguas tupi-guarani, não conhece nem o "f" nem o "l".

ÍNDICE DAS ILUSTRAÇÕES

Desenhos de Jean-Marc Chavy

FIG. 1: *daity*. Recipiente para transportar líquidos 13
FIG. 2: tipoia para carregar o bebê 16
FIG. 3: tipos de flecha dos caçadores guayaki 21
FIG. 4: bola de cera *ganchi* utilizada como cola.
Ela é comprimida
em torno de um bico de tucano 23
FIG. 5: machado de pedra e machado metálico,
montados de modo semelhante 61
FIG. 6: *naku*, a cesta das mulheres 63
FIG. 7: *prachi*. Principal ferramenta dos homens
para a fabricação das flechas 75
FIG. 8: maxilar de capivara 78
FIG. 9: *prachi* de ponta metálica. 79
FIG. 10: *dave*, esteira de palha pindó. 113
FIG. 11: *koto*, pincel para tomar líquidos. 115
FIG. 12: *kara*, panelas de cerâmica
decorada com impressões
feitas com a ponta de uma concha de caramujo 116
FIG. 13: produção de fogo 119
FIG. 14: *tapy ywa*. Casa iniciática dos meninos 123
FIG. 15: *pabwa*, corda utilizada
na caça a unha aos quatis 148
FIG. 16: *ambwa*, cocar cerimonial dos caçadores 167
FIG. 17: *mimby*, flauta 188
FIG. 18: apito de osso de urubu, fechado com cera 189
FIG. 19: amarração da corda do arco;
emplumação das flechas;
ponta serrilhada de um único lado 211

FIG. 20: posição de tiro ao arco............ 212
FIG. 21: *pepo*, estojo para plumas 213
FIG. 22: uma mulher aplica pintura
em seu marido doente............ 250
FIG. 23: *pekã*, abano. Serve para avivar
o fogo e afastar os mosquitos............ 261

SOBRE O AUTOR

Pierre Clastres nasceu em Paris, em 1934. Formou-se em filosofia na Sorbonne em 1957, tendo como professor, entre outros, Gilles Deleuze, e durante os anos de licenciatura se orientou para a etnologia, frequentando seminários de Claude Lévi-Strauss e Alfred Métraux. Após casar-se com Hélène Clastres, também formada em filosofia, realizou missões etnológicas entre diferentes tribos indígenas no Paraguai: os Guayaki, ou Aché, em 1963, os Guarani em 1965, e os Chulupi em 1966 e 1968. Em 1966, um ano após seu doutorado, tornou-se membro do Laboratório de Antropologia Social do CNRS, em Paris, dirigido por Lévi-Strauss, onde permaneceu até 1974. Passou ainda breves temporadas com os Yanomami, na Amazônia venezuelana, em 1970, e com os Guarani, no Brasil, em 1974. Em 1975 tornou-se *directeur d'études* da École Pratique des Hautes Études, 5ª seção, em Paris. Faleceu em um acidente automobilístico em 1977, em Gabriac, no sul da França.

Publicou os seguintes livros: *Chronique des indiens Guayaki* (Plon, 1972, baseado em sua tese de doutoramento defendida em 1965), *La société contre l'État* (Minuit, 1974), *Le grand parler: mythes et chants sacrés des indiens Guarani* (Seuil, 1974) e *Archéologie de la violence: la guerre dans les sociétés primitives* (L'Aube, 1977). Postumamente foram publicados os volumes *Recherches d'anthropologie politique* (Seuil, 1980) e *Mythologie des indiens Chulupi* (Peeters, 1992).

Este livro foi composto em Sabon pela Bracher & Malta, com CTP e impressão da Edições Loyola em papel Pólen Soft 80 g/m² da Cia. Suzano de Papel e Celulose para a Editora 34, em agosto de 2020.